Religião, gênero e sexualidade: fundamentos para o debate atual

SÉRIE PANORAMA DAS CIÊNCIAS DA RELIGIÃO

Religião, gênero e sexualidade: fundamentos para o debate atual

Ocir de Paula Andreata

Rua Clara Vendramin, 58 | Mossunguê | CEP 81200-170 | Curitiba | PR | Brasil
Fone: (41) 2106-4170 | www.intersaberes.com | editora@intersaberes.com

Conselho editorial Dr. Ivo José Both (presidente) | Drª Elena Godoy | | Dr. Neri dos Santos | Dr. Ulf Gregor Baranow ‖ *Editora-chefe* Lindsay Azambuja ‖ *Gerente editorial* Ariadne Nunes Wenger ‖ *Assistente editorial* Daniela Viroli Pereira Pinto ‖ *Preparação de originais* Rodapé Revisões | *Edição de texto* Letra & Língua Ltda. - ME | Floresval Nunes Moreira Junior ‖ *Capa e projeto gráfico* Sílvio Gabriel Spannenberg (*design*) | schankz e Vectorium/Shutterstock (imagens) ‖ *Designer responsável* Iná Trigo ‖ *Diagramação* Estúdio Nótua ‖ *Iconografia* Regina Claudia Cruz Prestes

Dados Internacionais de Catalogação na Publicação (CIP)
(Câmara Brasileira do Livro, SP, Brasil)

Andreata, Ocir de Paula
  Religião, gênero e sexualidade: fundamentos para o debate atual / Ocir de Paula Andreata. Curitiba: InterSaberes, 2021. (Série Panorama das Ciências da Religião)

  Bibliografia.
  ISBN 978-65-5517-900-2

  1. Ciências sociais 2. Gênero e sexualidade 3. Debates 4. Religião – Aspectos sociais I. Título II. Série.

20-53059   CDD-379

Índices para catálogo sistemático:
1. Gênero e sexualidade: Políticas públicas educacionais: Educação 379

Aline Graziele Benitez – Bibliotecária – CRB-1/3129

1ª edição, 2021.

Foi feito o depósito legal.

Informamos que é de inteira responsabilidade do autor a emissão de conceitos.

Nenhuma parte desta publicação poderá ser reproduzida por qualquer meio ou forma sem a prévia autorização da Editora InterSaberes.

A violação dos direitos autorais é crime estabelecido na Lei n. 9.610/1998 e punido pelo art. 184 do Código Penal.

SUMÁRIO

7 | Apresentação
12 | Como aproveitar ao máximo este livro

17 | **1 Conceitos fundamentais à abordagem do tema**
18 | 1.1 Ontologia e individuação
31 | 1.2 Religião e espiritualidade
47 | 1.3 Moralidade e cultura

65 | **2 Construção sociocultural de gênero e sexualidade**
65 | 2.1 Gênero e sociedade
81 | 2.2 Abordagens culturais da sexualidade
99 | 2.3 Confrontos religiosos de gênero e sexualidade na Antiguidade

116 | **3 Conjugalidade nas culturas do *ethos* bíblico**
118 | 3.1 Conjugalidade no *ethos* bíblico
132 | 3.2 Conjugalidade nos monoteísmos bíblicos
153 | 3.3 Conjugalidade nas grandes religiões

177 | **4 Conflitos religiosos atuais de gênero e sexualidade**
178 | 4.1 Fundamentos antropológicos da formação cultural brasileira
194 | 4.2 Religiões brasileiras e conflitos atuais de gênero
210 | 4.3 Para uma ética religiosa inclusiva da sexualidade

230 | Considerações finais
234 | Referências
244 | Bibliografia comentada
249 | Respostas
252 | Sobre o autor

APRESENTAÇÃO

A plasticidade cultural do gênero humano
Pensar a sexualidade e o gênero no âmbito do religioso é um dos temas mais desafiadores no momento, principalmente se a empreitada requer uma discussão sobre as questões do debate atual, o que, por si só, requer a colocação do fundamento histórico da cultura religiosa sobre o assunto. No entanto, a emergência do tema propicia o empreendimento da discussão.

A sexualidade define o gênero não necessariamente em termos biológicos, mas do modo como com ela se relaciona. Nesse sentido, então, talvez a forma mais profunda seria colocar o espírito reflexivo sobre o ponto mais longínquo ao olhar, e este ponto bem pode ser o prazer (*hedoné*). A questão do prazer centraliza outros temas correlatos à reflexão, pois evoca a concomitância do surgimento da consciência, da descoberta do desejo, da normatização da vontade, da sobreposição do sagrado, até a dessacralização da razão. Nesse entorno, de algum modo, formam-se as relações de gênero.

As relações de gênero são construções afetivas contínuas da cultura humana através dos tempos e espaços históricos. O homem é um ser histórico e cultural. A cultura define o sujeito humano em cada lugar, época e sociedade. O sujeito humano é constituído pela consciência de si. E, se o ser humano que tem consciência é sempre, essencialmente, um ser de desejo e de relações afetivas, também é religioso e um ser social. Dessa forma, é preciso colocar a reflexão sob a moldura da evolução cultural humana para, com base nisso, considerar as questões do sujeito nos devidos contextos.

O ser humano que chega hoje à sociedade pós-moderna global é um ser deixado só e por si, sob o fundamento arenoso do niilismo e sob a face do tédio e do medo. O gozo do prazer, que antes era cheio de culpa, hoje é pleno de inquietação na sociedade da ansiedade. A sexualidade performática, orientada pelo pornográfico como mau paradigma, acaba esgotando o desejo, esvaziando a alma e provocando a assexualidade como fenômeno novo da falta de identidade.

Nesse ínterim, os elementos do religioso, o qual se torna cada vez mais grandiloquente e mercadológico, já não satisfazem mais a alma sequiosa do homem da sociedade líquida. A teologia, portanto, faz-se e refaz-se sem, contudo, parecer alcançar êxito em sua prédica. A teologia também convocada ao diálogo se acanha, prisioneira de dogmáticas tradicionais e arquiteturas hermenêuticas consagradas. Contudo, é preciso pensar o novo no fenômeno cultural, pois o homem como ser moral carece sempre de significação e sentido. Esse é nosso desafio nesta jornada de estudos e reflexões. Esperamos alcançar os fundamentos da questão e o porto seguro da reflexão.

As ciências do homem têm suas hermenêuticas. A hermenêutica é a ciência e a arte da intepretação. No mundo dos fenômenos, uma realidade é a **coisa em si**, outra os **fatos** desta, e outra, ainda, sua **interpretação** e suas **versões**. O fenômeno do gênero é uma natureza manifesta na vivência da sexualidade, e esta é moldada pela cultura; logo, o gênero é construção cultural como moldagem de uma natureza ontológica[1], e o sujeito é o produto resultante. Sabemos que a sexualidade é uma essência ôntica da alma humana, de mesma ordem e mesmo valor que o sagrado, e

---

1 Ontologia, do grego *ontós* (ser) e *logia* (estudo), é a "ciência que estuda o ser", desde o ser do universo, ao ser de cada ente existente na natureza e no mundo. Conforme Mora (2001, p. 523), a ontologia "estuda o ser enquanto ser" e é a área de saber a que Aristóteles chamou de "filosofia primeira", mais tarde denominada "metafísica", ou seja, "a primeira de todas as ciências, a própria ciência da vida".

que ambos, sexualidade e sagrado, formatam a cultura pelo tempo e espaço histórico.

Disso decorre que a abordagem do gênero e da sexualidade de fato precisa ser considerada pela moldagem da cultura religiosa. Inicialmente, isso é campo de estudo da história. Mas, na leitura da história como verdade do ser, temos o problema da hermenêutica, isto é, de saber por qual óculos se veem os fatos. As ciências humanas buscam conhecimentos de fatos culturais. O conhecimento do gênero e da sexualidade humana precisa ser, então, visto pela perspectiva da **antropologia**.

A antropologia é a ciência que, desde os séculos XIX e XX, tem buscado conhecer a **cultura** no campo exato onde ela acontece. Nesse sentido, o diferencial de seu objeto e de seu método é trazer informações *in loc* dos fatos com base nas **vivências** das pessoas em seus próprios *ethos*, experiência que rompeu hermenêuticas e quebrou paradigmas. O conhecimento de povos distantes questionou o significado filosófico-teológico ocidental europeu sobre gênero.

Por outro lado, a ciência da sexualidade parece mais um elemento do campo da psicologia. A psicologia do século XX avançou bastante o conhecimento sobre as montagens secretas da dinâmica da sexualidade na subjetividade humana. Desvendou parte dos meandros do desejo e os mecanismos inconscientes da repressão em função da moral social, fato que produz os sintomas. Colocou definitivamente a concepção do gênero como uma construção sociocultural. Chegou a propor o triângulo amoroso entre *mãe-filho(a)-pai*, no chamado *complexo de Édipo* e no mito do parricídio original, como universais. A antropologia, no entanto, provou que o tabu do incesto, sim, é universal em todas as culturas, mas que o Édipo é ocidental.

Noutras culturas, como na sociedade trobriandesa, pesquisada por Bronislaw Malinowski no início do século XX, na qual impera a concepção da formação do gênero pela matriz matrilinear ou pelo direito materno e na qual a figura paterna tem menor importância, choca o modelo consagrado ocidental. Esses fatos questionaram os pressupostos da sexualidade das ciências, da psicanálise e também da teologia. A teologia monoteísta é antiga e assenta sua fé sobre fundamentos morais racionais e por tradições milenares consolidadas como sagrado.

Portanto, neste momento da história do século XXI, a questão de gênero provoca reflexão na teologia, uma vez que é necessário que esta reveja a consistência da rocha dos próprios fundamentos de verdade, que se baseiam nas Escrituras Sagradas, a versatilidade de compreensão da dinâmica do fenômeno e a capacidade de integração de novas formas de vivências.

Na teologia, a abordagem desse estudo concentra-se na cultura do *ethos* bíblico, de cujos fundamentos saem os três grandes monoteísmos – judaísmo, cristianismo e islamismo –, que permeiam o cerne da cultura ocidental de onde nossas concepções são originárias. A antropologia teológica deve levar mais em conta a antropologia cultural.

A teologia do *ethos bíblico* tem posturas bem demarcadas de diferenças quanto aos costumes das culturas históricas circunvizinhas, especialmente contra a concepção politeísta e sexista da natureza, ritualizada nos cultos religiosos de fertilidade. A história bíblica da experiência de implantação da visão monoteísta do mundo foi tumultuada e poucas vezes implantada com êxito duradouro, como se relata no Antigo Testamento, em cujas admoestações morais dos profetas perduraram o juízo, a condenação e a interpretação escatológica dos fatos históricos de exílio. Todavia, também o texto sagrado contém sua visão do erótico e sua integração do prazer sexual, especialmente nos Livros Poéticos e de Sabedoria do Antigo Testamento, ao passo que o Novo Testamento é mais moralista e restritivo, dando um lugar negativo ao desejo e ao prazer.

Neste livro, propomos percorrer o tema por esses vários campos de saberes. No Capítulo 1, com o uso da teologia e da filosofia, destacamos o primeiro fundamento na ontologia e no processo de individuação; daí em diante, refletimos sobre os conceitos de *religião* e de *espiritualidade* como os aspectos objetivo e subjetivo do fenômeno; e por fim, apontaremos o lugar da moral na cultura para a formação do gênero. No Capítulo 2, com o uso da antropologia e da sociologia, mostramos a diversidade cultural humana que formata o fenômeno do gênero e, por este olhar, verificamos as abordagens bíblicas da sexualidade. No Capítulo 3, examinamos as faces das relações afetivas e amorosas sob o aspecto da conjugalidade, nas diversas culturas religiosas, mesclando a leitura fática com a análise ética de suas normas e costumes. Finalmente, no Capítulo 4, trazemos o tema para nosso tempo atual e para o debate no contexto social brasileiro, onde a cultura original é de miscigenação e tolerância, mas, recentemente, também de discriminação e violência.

Após esse percurso, esperamos poder contribuir com abundantes referências de autores, obras e concepções, com o fim último de ampliar seus recursos de compreensão e estudos e aguçar a continuidade das pesquisas sobre o tema.

COMO APROVEITAR AO MÁXIMO ESTE LIVRO

Empregamos nesta obra recursos que visam enriquecer seu aprendizado, facilitar a compreensão dos conteúdos e tornar a leitura mais dinâmica. Conheça a seguir cada uma dessas ferramentas e saiba como elas estão distribuídas no decorrer deste livro para bem aproveitá-las.

Introdução do capítulo
Logo na abertura do capítulo, informamos os temas de estudo e os objetivos de aprendizagem que serão nele abrangidos, fazendo considerações preliminares sobre as temáticas em foco.

Exemplo prático
Nesta seção, articulamos os tópicos em pauta a acontecimentos históricos, casos reais e situações do cotidiano a fim de que você perceba como os conhecimentos adquiridos são aplicados na prática e como podem auxiliar na compreensão da realidade.

Para refletir
Aqui propomos reflexões dirigidas com base na leitura de excertos de obras dos principais autores comentados neste livro.

Fique atento!
Ao longo de nossa explanação, destacamos informações essenciais para a compreensão dos temas tratados nos capítulos.

Importante!
Algumas das informações centrais para a compreensão da obra aparecem nesta seção. Aproveite para refletir sobre os conteúdos apresentados.

Curiosidade

Na Antiguidade, os estoicos representavam os pen[sadores] intelectuais pertencentes ao estoicismo. Segundo Br[...], o estoicismo, que abrangeu o período entre o sécu[lo...] século II d.C, foi a escola helenista de filosofia mais [...] mundo cultural e político greco-romano.

O debate sobre a questão de gênero, que ganhou [...] após a segunda metade do século XX, tem sido, na v[...] série de "deslocamentos" do ponto de objeto sobre [...] e sequente "cadeia de significantes", como diria o psi[canalista Ja]cques Lacan (1901-1981). O objeto da sexualidade já p[...] significantes do desejo, da liberdade de gozo, da pol[ítica do con]trole do corpo alheio, e chegou à norma geral sobre [...] sexualidade e conjugalidade pós-modernas. Então, [...] pontos significantes são tópicos do tema maior da [...] Em nossa opinião, o objeto está sim no desejo, ma[s...]

Curiosidade
Nestes boxes, apresentamos informações complementares e interessantes relacionadas aos assuntos expostos no capítulo.

Luz, câmera, reflexão!

Para uma visualização do *Papiro Erótico de Turim*, docu[mento sobre] a sexualidade no antigo Egito, a fim de que você possa [...] fundo cultural bíblico, é interessante assistir a uma ex[...] na forma de vídeo criado pela produtora History, e [...] que pode ser encontrado no YouTube:

El SEXO en el Antiguo Egipto Documental Completo. Disponív[el em:] www.dailymotion.com/video/x5ccjba>. Acesso em: 4 dez [...]

Do ponto de vista da narrativa bíblica, a influê[ncia das] religiões na cultura hebraica ocorre desde o início da [...] sobre a formação social do povo hebreu e sua imp[...] Palestina. Por exemplo, quando a Bíblia relata o epis[ódio ocorr]ido ao pé do Sinai com o povo recém-saído do Egit[o...] como *culto do bezerro de ouro* (Êx 32). Na verdade, ess[e...] egípcio de Amon-Rá, representado por um touro ou [...] ouro", que é símbolo fálico de fertilidade. Esse cult[...]

Luz, câmera, reflexão!
Esta é uma pausa para a cultura e a reflexão. A temática, o enredo, a ambientação ou as escolhas estéticas dos filmes que indicamos nesta seção permitem ampliar as discussões desenvolvidas ao longo do capítulo.

Preste atenção!

Preceitos conjugais

A filosofia romana ficou conhecida por ser eclética [...] forma receptiva e adaptativa com que absorvia as sa[...] escolas filosóficas e por sua produção de escritos em m[...] cos curtos. Assim, temos o legado do *Manual* de Epitet[o...] no livro com regras éticas práticas para facilitar a vi[...] já que o romano devia ser administrador do mundo [...] tempo a perder. O filósofo romano Plutarco (46-120 [...] dos pensadores de destaque. Ele produziu o que talve[z...] o primeiro manual da conjugalidade, o pequeno tra[tado] *parangélmata*, ou *Preceitos conjugais* (Plutarco, 2019). N[...] alia filosofia e religião ao seu pensamento sobre a co[n...] homem com a mulher no casamento, como se a filos[ofia] do corpo, e a religião, da alma, para a união indissol[úvel...]

"Depois da lei pátria, com que a sacerdotisa de D[...]

Preste atenção!
Apresentamos informações complementares a respeito do assunto que está sendo tratado.

Síntese
Ao final de cada capítulo, relacionamos as principais informações nele abordadas a fim de que você avalie as conclusões a que chegou, confirmando-as ou redefinindo-as.

Indicações culturais
Para ampliar seu repertório, indicamos conteúdos de diferentes naturezas que ensejam a reflexão sobre os assuntos estudados e contribuem para seu processo de aprendizagem.

Atividades de autoavaliação
Apresentamos estas questões objetivas para que você verifique o grau de assimilação dos conceitos examinados, motivando-se a progredir em seus estudos.

ATIVIDADES DE APRENDIZAGEM

Questões para reflexão

1. Todo ser humano é um ser em potencial que se r[e]
dida do acontecimento em ato de sua existência [n]a
da vida. Reflita sobre a condição que o ser hum[ano]
poder compreender o sentido da própria vida a[o]
o propósito dos fatos acontecidos pelo exame da
sua existência.
2. No mesmo sentido da utilização do método da i[n]
dos fatos vividos, sugerimos que você reflita, de f[orma]
e pessoal, sobre o modo pelo qual sua identidad[e]
recebeu influências da ocorrência dos fatos viv[idos na sua]
existência.

Atividade aplicada: prática

1. Se, conforme aponta o sociólogo Zigmunt Bauma[n, a]
pós-modernidade vive em meio a uma "sociedad[e que]
dilui todas as verdades das grandes narrativas fu[

Atividades de aprendizagem
Aqui apresentamos questões que aproximam conhecimentos teóricos e práticos a fim de que você analise criticamente determinado assunto.

BIBLIOGRAFIA COMENTADA

AGOSTINHO, Santo. **Dos bens do matrimônio; A s[antida]dade; Dos bens da viuvez.** São Paulo: Paulus, 20[
Patrística, v. 16).
Obra muito importante por ser um conjunto de ensaio[s do]
grande filósofo e teólogo cristão que possivelment[e formulou a]
primeira teoria geral da sexualidade no Ocidente cr[istão.]

BENETTI, S. **Sexualidade e erotismo na Bíblia.** Sã[o Paulo:]
linas, 1998.
Há ainda muito poucos materiais publicados sob[re a]
sexualidade na Bíblia ou em debate com a teolog[ia, especial]
mente com uma mentalidade aberta como o texto d[

Bibliografia comentada
Nesta seção, comentamos algumas obras de referência para o estudo dos temas examinados ao longo do livro.

1 CONCEITOS FUNDAMENTAIS À ABORDAGEM DO TEMA

A temática em estudo enseja conceituar, situar histórica e culturalmente e relacionar três tópicos fundamentais, complexos e conflituosos: a religião, o gênero e a sexualidade; além de buscar contextualizá-los às transformações da sociedade contemporânea. Incialmente, parece-nos naturalmente uma tarefa demasiado difícil, senão impossível. Todavia, assim como começamos usar e aguçar a reflexão, instrumento comum a todos nós, utilizando para isso um tema, concentrado em um termo e sob um ponto de vista, então, agora reuniremos o melhor que estiver ao nosso alcance em um *lógos*, ou seja, em um discurso coerente e possível.

A sociedade é um processo contínuo de agregação de pessoas e povos, em grupos sociais e comunidades, situados em ocupações de determinados espaços geográficos, sob conjunto de instituições, estados e governos em evolução no tempo histórico. Portanto, estamos falando, essencialmente, de pessoas e povos e de suas formas de vida e organização. Para isso, precisamos de uma visão antropológica, sociológica e histórica como escopo de nossa temática. O ser humano é um fenômeno natural, social e histórico, amplo e complexo em suas expressões de individualidade e coletividade, que se distingue dos demais entes vivos da natureza por ser um ser racional, que produz cultura. A religião, tal como a sexualidade, é uma expressão natural da alma humana presente em todas as sociedades, em todas as épocas e em todo o tempo histórico. Logo, o gênero e a sexualidade são categorias de determinação do ser humano, que, como a religião, constrói-se, desconstrói-se e reconstrói-se ao longo do processo civilizador. Como veremos, com Norbert Elias (1990; 1993), entre outros, o que podemos chamar de *processo civilizador* é a ação contínua e universal do conjunto uniforme de todas as categorias do humano em sociedade no tempo e espaço histórico.

Nesse processo encontram-se as expressões humanas da **fé**, do **gênero** e da **sexualidade**, aqui consideradas mais que seus objetos *religião*, *identidade* e *sexo*. O homem como ser humano mesmo é um ser em contínua construção, que parece, neste momento da contemporaneidade, passar por alta velocidade de mutação. Todavia, por mais *só* e *por si* a que esteja deixado em sua individuação, o sujeito atual compartilha uma origem de mesma natureza ontológica, em essência singular. A natureza ontológica do ser humano é universal. A cultura humana é local e configura essa essencialidade, a qual dá estrutura concreta, que se perpetua na tradição do *ethos*.

1.1 Ontologia e individuação

O humano é um ser como outros na multiplicidade de seres no mundo, de mesma natureza, mas de essência diferente. Mas o que é a **essência** (*eidós*) dessa natureza que o constitui? Essa é uma pergunta secundária que o homem se faz desde o início da reflexão filosófica sobre si, pois a pergunta primeira é: **O que é o ser?** Perguntar o que é "o **ser**" já define o campo da interrogação a **um** determinado ser, a **este** ser ou à estrutura deste enquanto **ente** existente. Portanto, aqui já se pensa com base no *individuum*, um ser individual existente **qualquer** constituído sobre uma estrutura. Assim, o "ser" é o "ente". E se levarmos a interrogação mais para trás e perguntarmos de modo ainda indefinido: **O que é ser?** O sentido indeterminado da pergunta aponta para a existência de um ser original *originante* de todos os demais entes da natureza e do mundo da vida.

O ser humano, na concepção de Aristóteles (1973, p. 256), é um *zóon lógon échon*, um "ser que tem razão", ou um "animal racional". E é exatamente por ser um "animal que tem razão" que ele se diferencia de todos os demais seres da **natureza**. Aqui residem outros dois temas originais do pensamento humano: O que é natureza (*phýsis*) e o que é o ser classificado pelo gênero animal (*zóon*)? Ainda, poderíamos perguntar sobre o que é isto, o que nos diferencia, a **razão** (*lógos*)? O homem (*anthropos*) se diferencia exatamente porque pensa, e com esse instrumento faz cultura (*Paideia*). E poderemos continuar perguntando, deslocando e ampliando nossa vontade de saber, e, por meio dessas simples perguntas, já podemos ter ido longe ao chegar a um tópico fundamental para a temática aqui estudada: **a diferença e a passagem à cultura do ser de natureza.**

1.1.1 Ontologia: a questão do ser

Ao utilizarmos nossa ferramenta mais antiga e fundamental de produção de conhecimento – a reflexão – com base em perguntas, voltamos a nosso ponto inicial sobre "o que é o ser" e chegamos, então, à questão fundamental, de onde toda ciência parte e para onde retorna sempre: **a questão do ser**. O problema do ser, de todos os seres e, entre estes, do ser humano, é objeto da ciência que estuda o ser – a ontologia[1].

---

[1] Há vários termos gregos para o ser da ontologia: *ón*, ou *tò ón* ("ser", no sentido arcaico homérico de "ser causal" de tudo, *arché*); *ontós*, ou *tà ontá* ("ente" ou "entes", sentido pré-socrático de "ser existente" a partir do Ser causal); *eimí* (sentido filológico do verbo "ser"). A **ontologia**, como ciência que estuda o "ser enquanto ser", é filosofia de Aristóteles (na lógica, na metafísica, na ética e na física), que passa por toda a história do pensamento ocidental e chega até a contemporaneidade dividida em várias ciências.

Podemos dizer, nesse sentido, que a ontologia é a fonte de todas as ciências, e não somente das ciências humanas. Portanto, ela é o fundamento de tudo aquilo que podemos pensar sobre o ser, sua constituição nas dimensões corpórea, mental e espiritual. A pessoa humana é um composto de dimensões, sistemas e órgãos complexos.

Exemplo prático

Imaginemos que você, leitor, já esteja querendo levantar a mão para perguntar: **O que, no entanto, tem a ver a ontologia com a temática da religião, do gênero e da sexualidade?**

Ótimo! É perguntando que se aprende e é debatendo que se alcança o significado. Ambas se relacionam entre si, pois o conceito de *gênero* advém exatamente da ontologia, quando esta pensa as origens do ser humano, e a sexualidade é também expressão essencial do gênero, e elas estão sempre, de algum modo, envoltas pela cultura da religião. Mas, calma, veremos isso a seguir.

Em nossa concepção, a ontologia é a área central da filosofia e das ciências cujo foco é o *ser*, o Ser do universo, o ser da natureza e o ser de cada ente no mundo, vivo ou inorgânico. Nosso olhar, nesta obra, é sobre o **ser do ente humano**, aquele que aparece já em nossa formação antes do nascimento e se desvela a cada dia na constituição da estrutura de pessoa humana.

Na Grécia Antiga, segundo Aristóteles (1973), a partir dos séculos VII-VI a.C., ou dos anos 600-500 a.C., os primeiros filósofos, chamados *pré-socráticos*, aqueles que contemplam e meditam sobre o Ser da Natureza, já buscavam pela essência originária causal (*arché*) de todas as coisas existentes. Dessa forma, fizeram a passagem do foco e da linguagem religiosa anterior (*mythós*) para linguagem e o conhecimento racional (*lógos*). A ontologia constitui-se na principal busca do saber, mesmo que ainda não nomeada dessa forma.

Para a mentalidade grega clássica, desde esses primórdios, meditar sobre o *ser* é meditar sobre a vida, como um plasma de "elã vital" **ilimitado** (*ápeiron*) na Natureza, cuja **substância** (*ousía*) a cada instante constantemente se "enforma" em um novo ser **limitado** (*péras*), que é o "ente", cuja estrutura, desde o átimo de tempo de vir à vida, está em contínuo processo de passagem entre **ato** (*energéia*) e **potência** (*dýnamis*), em **realização/atualização** (*entelécheia*) pela finita vida no mundo².

Portanto, há relação com a vida individual desde o átimo de tempo em que o "ser do ente" entra em movimento de **determinação** ou **diferenciação**, processo que continuará na peculiar **individuação** até o encerramento na morte. Na filosofia clássica, surgirá o conceito de *gênero* (*génos*) como norma orientadora desse processo. O ser humano, como espécie *homem* (*anthropos*), do gênero *animal* (*zóon*), é um ser limitado, no tempo e no espaço, pelo corpo e pelo mundo que habita.

O primeiro fragmento de meditação sobre o ser que a história da filosofia apresenta é de Anaximandro de Mileto (c. 610-547 a.C.), quem, conforme anotou Simplício (c. 490-560), estabelece o *ápeiron* (ilimitado, indeterminado) como o princípio e o elemento de toda multiplicidade daquilo que é *péras* (limitado, determinado). Diz Anaximandro (1978, p. 16, grifo do original):

> Princípio dos seres [...] ele disse (que era) o ilimitado (*ápeiron*) [...] Pois donde a geração é para os seres [*péras*], é para onde também a corrupção se gera segundo o necessário; pois concedem eles mesmos justiça e deferência uns aos outros pela injustiça, segundo a ordenação do tempo.

---

2   Sempre que nos referirmos a conceitos e termos filosóficos, especialmente os das filosofias antiga e medieval, vamos fazê-lo com a indicação universal de transliteração deles entre parênteses, a fim não apenas de conferir maior erudição e rigor de especificidade, mas também, ao mesmo tempo, de instigá-lo, leitor, a ir além.

Sobre a determinação do ser individual durante o devir da vida, Heidegger (1978), comentando o fragmento de Anaximandro, aponta a ontologia da relação entre o Ser (*tò ón*) e o ente (*tà ontá*), seguindo a tradição de Parmênides (c. 530-460 a.C.). Com base nessa tradição, a individuação é vista como *enticidade*[3], ou seja, a singularidade que cada indivíduo adquire à medida que assume a vida própria, como unidade e totalidade de si, ao determinar-se plenamente como ser no mundo. A finitude do ser do ente (indivíduo, pessoa), preso ao devir (vir a ser), como apontou Anaximandro (1978), não precisa ser vista necessariamente como negativa, uma vez que pode ser considerada simplesmente processo de recolhimento, ou seja, de retorno do ente finito ao eterno Ser infinito da natureza.

> O ser do ente se recolhe (*légesthai, lógos*) no último de seu destino. O modo de o ser se manifestar até agora desaparece em sua verdade ainda oculta. A história do ser se recolhe neste des-cesso. O recolhimento neste des-cesso, como o recolhimento (*lógos*) do extremo (*éskhaton*) de seu ser até agora, é a escatologia do ser. O ser mesmo enquanto o destinado é em si mesmo escatológico. (Heidegger, 1978, p. 20)

Heidegger coloca a enticidade (processo de tornar-se indivíduo ou individuação) no centro da ontologia, desde a tradição de Parmênides, Heráclito, Platão e Aristóteles.

> A filosofia procura o que é o ente enquanto é. A filosofia está a caminho do ser do ente, quer dizer, a caminho do ente sob o ponto de vista do ser. Aristóteles elucida isto, acrescentando uma explicação ao *tí tò ón*, que é o ente?, na passagem acima citada: *toutó esti tís he ousía?* Traduzido: "Isto (a saber, *tí tò ón*) significa: que é a entidade do ente?" O ser do ente consiste na entidade.

---

3   Em Heidegger, esse termo é intercambiável entre *entidade* e *enticidade* e se refere ao tornar-se ente individual.

Esta, porém – a *ousía* –, é determinada por Platão como *Idéa*, por Aristóteles como *enérgeia*. (Heidegger, 1973b, p. 216)

> **PARA REFLETIR**
>
> Aqui estamos em pleno coração da filosofia, de onde todo conhecimento nasce. Embora pareça um tanto difícil, nessa doutrina da ontologia é onde nasce a concepção de *alma* ou de *psique* (*psychê/anima*), que é o ponto inicial da psicologia humana. Ora, não poderíamos considerar, mais tarde, a pessoa humana em suas manifestações comportamentais de religiosidade e sexualidade deixando de fora os fundamentos de sua estrutura, mesmo que apenas de passagem. Para esse conceito, instigamos você, leitor, a ir direto ao primeiro livro de Psicologia da História, o *De Anima* (*Sobre a alma*), de Aristóteles, ainda hoje o mais original texto de conceito biológico da psique (alma) no Ocidente. O conceito de *alma* (ou psique) será muito importante no conhecimento de nossa temática (Aristóteles, 2006).

1.1.2 Individuação ou o ser si mesmo: histórico do conceito

A enticidade, ou processo de individuação[4], na ontologia de Platão (428/427-348/347 a.C.), encontra-se na complexa teoria das ideias ou formas (*eidós*, *idéa*). Essa concepção, como pedra de fundamento

---

4 O processo de individuação, um dos conceitos mais centrais da filosofia e das ciências, desde os gregos até a moderna psicologia analítica, foi tema de recente pesquisa de doutoramento deste autor, apresentada ao Programa de Pós-Graduação em Teologia da Escola de Educação e Humanidades da Pontifícia Universidade Católica do Paraná (PUCPR), em maio de 2019, e intitulada *A individuação da pessoa na ontoteologia de Edith Stein*, sob orientação da Dra. Clélia Peretti (Disponível na Biblioteca PUCPR – Ficha Catalográfica A557i 2019) (Andreata, 2019).

da ontologia platônica, perpassa toda a obra do filósofo, especialmente nos diálogos *Parmênides*, *República*, *Fédon* e *Timeu*.

Em *Parmênides*, Platão fala da *idéa* como a unidade do ser do ente em torno de uma "imagem" invisível, que orienta o processo de individuação de toda a multiplicidade de entes na natureza, pois esses entes (indivíduos) participam[5] (*métexis*) dessa **idéa-arquétipo** por semelhança (*similitudo*): "Creio que acreditas haver uma espécie única toda vez que muitas coisas te parecem, por exemplo, grandes, e tu podes abrangê-las com um só olhar: parece-te então que uma única e mesma idéia está em todas aquelas coisas e por isso julgas que o grande é uno" (Platão, 2013, p. 8).

Com base em Platão, sabemos que Sócrates concebia haver uma **essência** por trás de cada ente existente no mundo sensível. Platão desenvolveu isso na teoria das ideias. A dificuldade que seu discípulo Aristóteles sentia nessa concepção era a de que as *idé/idéas* (*eidós*) seriam postas em um espaço invisível fora do mundo sensível, o "mundo das ideias", o qual não seria acessível à razão, apenas a uma reflexão em forma de uma *metafísica*[6]. E dessa teoria das ideias resulta a teoria da semelhança: os entes se assemelham às formas originais *eidós*, que já estão inscritas na essência do ser do ente, portanto, inatas ao nascimento do indivíduo, e delas (*eidós*, formas) participam. Isso equivale a dizer que o indivíduo não tem substância causal em si mesmo, mas é causado por uma realidade fora deles. Por exemplo: o homem como indivíduo seria "cópia"

---

5 A "participação" dos indivíduos nas *idéas* (*eidós*) é o segredo platônico, mas não se sabe ao certo o que é (Platão, 2013).

6 Segundo o *Léxico de metafísica*, o termo *ontologia* "significa doutrina ou discurso sobre o ente" e surge a partir do séc. XVII como "filosofia do ente" (*philosophia entis*), tendo sido confundido, no entanto, erroneamente com a metafísica aristotélica. Na realidade, "ela corresponde só à primeira parte dela (metafísica), isto é, à doutrina do ente como tal, e não à metafísica em sua totalidade" (Molinaro, 2002, p. 94). O mesmo autor, em *Metafísica: curso sistemático*, diz que "O conceito preliminar da metafísica se articula conforme três momentos (clássicos) seguintes: a) A metafísica é a ciência do ente enquanto ente ou a ciência do ente enquanto ser; b) A metafísica é a ciência do fundamento do ente; c) A metafísica é a ciência da totalidade de ente visto a partir do Ser" (Molinaro, 2002, p. 7).

de uma *eidós* do mundo invisível das ideias, e a participação nesta *eidós* é transcendente (espiritual) por semelhança (*similitudo*); logo, cada um está ligado a uma rede de ideias-arquétipos.

> Parece-te que há uma semelhança em si, separada da semelhança que nós temos e um uno e muitos em si, como outras coisas deste tipo? [...] E admites que haja uma espécie do *homem* separada de nós e de todos os nossos semelhantes, uma espécie em si do homem, do fogo, da água? – Sempre tive dúvidas – disse Sócrates. (Platão, 2013, p. 8)

Abrindo um pequeno espaço para contextualizar e atualizar os conceitos de *ideias-arquétipos* e *individuação*[7], enquanto uma rede de estruturas e um processo dinâmico ôntico da alma do indivíduo humano, estudo que vem desde os gregos, queremos aqui apontar a repercussão deles na modernidade científica, do ponto de vista do psiquiatra Carl Gustav Jung (1875-1961), fundador da Psicologia Analítica. Em sua abordagem inovadora no âmbito da psicologia moderna, a individuação é um processo subjetivo (ôntico) de confronto, diferenciação e totalidade dos fenômenos psíquicos sentidos nas relações entre o sistema consciente em torno do eu (**Arquétipo do Ego**) e o sistema inconsciente em torno do arquétipo central da pessoa, o si mesmo (**Arquétipo do Self**). Esse tema foi esboçado no ensaio de 1917, *Função transcendente* (Jung, 2000, p. 5-17). O assunto reaparece na obra inaugural da psicologia junguiana (mais precisamente no ano de 1921), em *Tipos psicológicos* (1990, parágrafos 757-762). O trazer o enfoque psíquico como processo ôntico ou interior é o aspecto inédito da individuação na Psicologia Analítica de Jung.

---

7 Podemos ver o desenvolvimento dos conceitos não só nas referências já citadas, mas também nas seguintes obras de C. G. Jung: *O eu e o inconsciente* (1987, v. VII/1), *Psicologia do inconsciente* (2007, v. VII,), *A natureza da psique* (2000, v. VIII/2) e nas Conferências de Tavistock na obra *Fundamentos da psicologia analítica* (1985, v. XVIII/1).

Nesse contexto, antes de voltarmos aos fundamentos, vale ressaltar que buscamos, com isso, apontar o fato de que, para considerar os tópicos de nossa temática, precisaríamos situá-los no ângulo de várias ciências, da filosofia à psicologia, à antropologia etc.

Retornando, então, aos fundamentos da teoria das formas no ser, cabem logo as perguntas:

- As **ideias**, então, são entes reais ou apenas modelos mentais, como os modelos matemáticos?
- Todos os objetos existentes no mundo têm seu modelo em uma ideia invisível de fora dos entes?
- Existe uma ideia única de ser humano?
- Homem e mulher participam de uma mesma **ideia-gênero**?

Platão (2013, 130- b-d) diz que existem objetos que não podem ter modelo nas ideias, como as *coisas vis*; além de tudo, ele tem "dúvida" se existe uma ideia-modelo de "homem". Em *Fédon*, Platão (1999) fala de formas naturais, como o calor, o frio, a febre (*Fédon*, 105 b). Em *República*, Platão (1987) liga a teoria das ideias à teoria do conhecimento, pelos modelos matemáticos (*dianoéticos*) e intelectuais (*dialéticos*), que serão entendidas mais tarde na escolástica apenas como "modelos mentais" (*theorétika*).

Portanto, aqui está o cerne da **questão de gênero** para a reflexão: Este é genérico ou específico para cada pessoa?; Como "imagem" (*eidós*), da qual nos assemelhamos por participação ele está em nós ou fora de nós (essência)?; Nossa natureza ontológica comum humana, desde a unidade do ser no ato da fecundação, já vem em si de um modelo de antropologia dual – homem e mulher?

> **FIQUE ATENTO!**
> Propomos, a seguir, importantes questionamentos sobre o debate atual em torno da questão de gênero:
> - É possível considerar o gênero somente com base na evidência dele como processo construtivo sócio-histórico-cultural, sem levar em conta sua dimensão fundante na ontologia?
> - É possível apoiar a discussão de gênero (e, por conseguinte, de sexualidade) sobre ambas as formas de sustentação, a **ontologia** e a **construção sócio-histórica**?
> - Qual é o lugar da psique (enquanto alma, e não só como mente) e da causalidade psíquica na formação da identidade de gênero, desde a gestação até as etapas psicossociais?

É em razão da ausência de uma *causa efficiens* (causa eficiente) no interior do próprio indivíduo, como substância causal, que torna incipiente, para muitos, a teoria ontológica platônica, ponto de divergência que será o enfoque da ontologia aristotélica.

Aristóteles (384-322 a.C.) concebia a ontologia da existência do indivíduo como uma inexorável *entelécheia* (*atuallitas*, atualização), um desenvolvimento da essência que se encerra no ser do *tà ontá* (ente), como uma *dýnamis* (potência) e que a cada instante se torna em *energéia* (ato), no constante *devir* (vir a ser) da vida no mundo[8].

A doutrina aristotélica da ontologia da individuação é a que mais ganhou espaço no mundo latino até o final da Idade Média, mormente na ontoteologia de Tomás de Aquino (1225-1274), tendo sido retomada na entrada do século XX, principalmente pela filosofia fenomenológica de Edmund Husserl (1859-1938), da qual são

---

8 Mora (2001, p. 208), apresenta εντελεχεια (*entelécheia*) como composto de εν τελοσ εχον (*en télos echon*), "que possui perfeição" ou "o que caminha para uma realização perfeita, plena de si", termo iminentemente filosófico como *atualização*. Ver Chauí (2002, p. 500), que mostra o uso do conceito por Aristóteles como "o que faz uma potência ser atualizada; a atualidade completa de um ser; a atualização como realização da finalidade que um ser possui por natureza".

herdeiros Martin Heidegger e Edith Stein, e ainda pela psicologia analítica de Carl Gustav Jung.

Segundo a doutrina ontológica de ato e potência de Aristóteles (2006), há uma potência infinita do ser que está na alma (*psychê*, *anima*) de cada indivíduo e que se desenvolve em ato por toda a vida sem se esgotar. A potência da matéria (*hylé*) viva da alma (*psychê*) torna-se ato no corpo do indivíduo: "A matéria, por sua vez, é potência, ao passo que a forma é atualidade, e isto de dois modos: seja como ciência, seja como o inquirir". Essa forma (*morphê*) da alma engendra-se no corpo dando vida ao ser: "É necessário, então, que a alma seja substância como forma natural que em potência tem vida. E a substância é atualidade (*entelécheia*)" (Aristóteles, 2006, p. 71-72). A alma é uma potência que determina o ser do indivíduo, que se atualiza ou se realiza durante a existência.

Importante, aqui, é pensar que tanto o gênero quanto a sexualidade, e mesmo a religião, são potências da alma humana que se manifestam no corpo e no comportamento do indivíduo e que se atualizam em sua realização construtiva como "ato" e "fato" na história pessoal e social. O ser humano é um ser essencial, que se torna histórico e que a si mesmo configura a própria identidade, na relação consigo e com a cultura.

Portanto, assim, a ideia grega de que cada indivíduo ou pessoa é uma substância que, desde sua concepção, manifesta uma essencialidade arquetípica singular que a torna única no mundo à medida que realiza sua identidade é o embasamento ontológico que pode ajudar a antropologia, a sociologia e a psicologia, entre outras ciências, a buscar um fundamento ao problema do gênero dentro da questão do ser.

Ao colocarmos essa questão como fundamento à abordagem de nossa temática, afirmamos que a alma humana produz **religião**, **gênero** e **sexualidade** como engendrações e produções essenciais próprias e singulares da alma de cada ser humano, muito antes da formatação que recebe da cultura em que vive.

A individuação, então, é o processo de desenvolvimento desse ser singular, com a respectiva alma peculiar, cuja essência nunca está terminada e só é conhecida a cada instante da própria história pessoal. E, como foi dito, a própria cultura social se faz e se refaz através dos indivíduos em suas associações, organizações e instituições coletivas.

O ponto aqui é que a potência do ser só pode ocorrer no viver. Quer dizer, somente no devir fáctico é que se pode, como *factum*, conhecer como realidade o estado do ser que reside no ente. Assim, somente pela interpretação dos fatos, em uma **hermenêutica da facticidade**[9], é possível chegar a conhecer algo da essência do sujeito.

Segundo Marilena Chaui (2002, p. 333), a ontologia clássica de Aristóteles é um colosso que não tem rival na história da filosofia ocidental, que perpassa toda a Idade Média e entra na modernidade por meio da filosofia do sujeito, do pensamento e da consciência, da qual se nutrem também as modernas ciências humanas. Como veremos, as ciências às quais a discussão da temática está mais diretamente ligada, como a antropologia, a sociologia, a psicologia e a história, nascem a partir do século XIX.

A ontologia da individuação, como concepção de estrutura da alma humana, foi também amplamente desenvolvida durante o período chamado de *escolástica* na Idade Média, especialmente com Tomás de Aquino, quando teve grande inserção na teologia, tanto católica quanto protestante e evangélica.

---

9   Termo próprio da ontologia de Martin Heidegger, que, no ensaio *Ontologia: hermenêutica da facticidade* (2013), propõe uma "interpretação de essência de si" pela leitura dos "fatos existenciais", como possibilidade do conhecimento da verdade de si, para a realização plena da existência (*dasein*) mediante a interpretação do significado dos fatos (*factum*) vividos no constante devir da vida que se constitui no desvelamento da essência mesma do ser do ente, como a verdade de si, uma "história da verdade do ser".

No século XIX, o foco da reflexão filosófica sobre o ser volta-se para o **existente** e a **existência**, em Hegel (1770-1830), e para a **percepção** e a **consciência** em Edmund Husserl (1859-1938). Em Hegel, o ser existente (*dasein*) é pensado em termos do confronto dialético entre o finito e o infinito, a ênfase então recai sobre o aspecto da existência histórica, como a realização do Espírito absoluto na existência do indivíduo, o qual finalmente desaparece na unidade do coletivo.

No século XX, o filósofo alemão Martin Heidegger (1889-1976), criticando a ontologia clássica desde os gregos, busca fundar uma ontologia original, depurada de toda a metafísica, enquanto "onto-teo-logia", ou seja, propõe uma ontologia pura, do puro ser, que vem do vazio ou do nada e que só é enquanto ente existente no presente. Esses pensadores gradualmente fornecem a independência para as ciências pensarem o ser formado por si mesmo, independentemente de qualquer metafísica ou teologia.

O progresso da reflexão filosófica na passagem do século XIX para o século XX deixou a descoberto a condição trágica do ser aos cuidados do homem pelo próprio homem. A hegemonia da ideia de progresso e da ascensão das ciências elegeu o século XIX como *o seculum seculorum* ou o século da secularidade racional.

O pensador Soren Kierkegaard (2001, p. 23) apresentou a **angústia** como o sentimento de **desamparo** que caracteriza ao espírito do homem: "A realidade efetiva do espírito se apresenta sempre como uma figura que tenta sua possibilidade, mas se evade logo que se queira captá-la, e é um nada que se pode angustiar". Assim, "Que a angústia apareça é aquilo ao redor do que tudo gira", pois "O homem é uma síntese do psíquico e do corpóreo"; mas "[...] uma síntese é inconcebível quando os dois termos não se põem de acordo num terceiro. Este terceiro é o espírito".

Nesse sentido, sendo a angústia o que fragiliza o homem perante o desafio do viver, Kierkegaard (2001, p. 23) chama a atenção para o cuidado de não deixar a angústia se transformar em **desespero** e **doença mortal** do humano: "Portanto, nessa última acepção o desespero é a 'doença mortal', esse suplício contraditório, essa enfermidade do eu".

O banimento da metafísica, por meio da luta que continuamente se travou contra o poder da religião, principalmente nos séculos XIX e XX, fez o homem moderno passar da solidão ao niilismo. *Niilismo*, que vem do latim *nihil*, e que significa "nada", é o maior conceito sobre o estado espiritual do sujeito pós-moderno e tem relação com o aumento da falta de sentido da vida que se restringe somente ao presente. O homem contemporâneo, que ficou *só e por si*, com angústia diante da morte como ao nada, é o que tem de determinar-se eticamente a si mesmo nas manifestações de suas potencialidades de fé, gênero e sexualidade. A colocação da discussão de nossa temática de religião, gênero e sexualidade, sob o fundamento ontológico, possibilita a reflexão sobre as múltiplas formas cada vez mais abertas dos modos de viver, para além dos sistemas sociológicos unilaterais e dos meros grupos de autodefesas.

1.2 Religião e espiritualidade

Abrimos este capítulo conceitual com o emprego de um fundamento, um chão, para nossa reflexão sobre a ontologia da individuação. Devemos lembrar que a individuação é um processo de unidade de si pelo qual, de um modo ou de outro, passa todo ser no mundo. Por isso, a individuação é o processo mesmo de desenvolvimento integral do ser. Esse processo ocorre sempre em dois momentos distintos, como dois movimentos constantes, contrários e complementares: um influxo para dentro do sujeito (si mesmo) e outro influxo para fora de si (mundo). Portanto, um movimento individual particular, e outro coletivo comum. Sempre, então, a vida está acontecendo como subjetividade para dentro em direção ao centro do sujeito, o **si mesmo** (*Self*); ao mesmo tempo como universalidade para fora de si (*Mundi*). Da mesma forma, a religião e a espiritualidade são dois aspectos de um mesmo fenômeno, que poderíamos chamar de *fé* (*pistis/fides*), cujo movimento de influxo comum objetivo e social é a religião, e o movimento subjetivo e pessoal é a espiritualidade.

Mostramos também, sinteticamente, um vislumbre da condição moral existencial do homem pós-moderno ou da atual contemporaneidade de solidão, tédio e desamparo, sob o sentimento do niilismo e o influxo da tecnologia. O processo de dissolução dos valores, porém, além dos instrumentos de questionamento racional, o secularismo, tem vindo à tela desde o século XIX. Já em 1848, quando da publicação do *Manifesto comunista*, Marx e Engels (1999, p. 12) declararam a tese de que "tudo que é sólido se desmancha no ar", mas referindo-se então ao liberalismo capitalista, outra fonte de dissolução de valores, segundo eles. Recentemente, a partir dos anos 1990, o sociólogo Zigmunt Bauman trouxe a ideia de liquidez na tese da "sociedade líquida"[10] para qualificar o tipo de sociedade pós-moderna em que vivemos.

É a essa pós-modernidade que Bauman atribui a liquidez, a volatilidade, a incerteza e a insegurança, que logo dilui toda solidez pela lógica do consumo, do gozo e da artificialidade, que, agora, também já se traduz pela noção de fluidez. É nessa sociedade, portanto, que se desenvolvem hoje a religião e a espiritualidade humanas. De uma perspectiva evolutiva da história do homem, isso nos sugere pensar que todo sistema religioso acaba sendo influenciado de alguma forma por essa condição.

---

10   A tese da "sociedade líquida" transformou-se em uma hermenêutica, espécie de óculos com que Bauman passou a perceber várias categorias de fenômenos humanos, sociais e individuais, pronunciados em vários de seus escritos. Ela responde, sim, de forma razoavelmente adequada à condição atual.

1.2.1 O que é religião?

Desde os primórdios, e por toda a história humana, a religião está presente, ela aparece como fenômeno típico do humano em todas as culturas, em todas as épocas e em todos os lugares. Disso dão testemunho cada vez mais as evidências arqueológicas. O fenômeno da fé humana sempre se manifesta sob dois aspectos: o **objetivo** e o **subjetivo**; ou seja, qualquer modo de **religião** ou religiosidade é a forma social objetiva como um grupo ou povo manifesta e organiza a própria **espiritualidade** subjetiva. Portanto, são dois conceitos diferentes, mas complementares, do mesmo fenômeno.

A religião, como elemento do humano, é construída pela cultura ao longo da história. Isso equivale a dizer que religiões foram construídas e destruídas no decorrer da história, assim como deuses e mitos nasceram a partir de rios, montanhas e vales e desapareceram junto a seus povos. Categoricamente, podemos afirmar que a religião nasce do coração humano. Por essa razão, em nossa consideração anterior, foi importante colocar sob o fundamento ontológico a centralidade na **alma** (*psychê/anima*) como fonte de toda a vida e individuação do ser humano.

Mesmo na nossa sociedade pós-moderna líquida, onde as teologias das religiões se refazem a cada dia, e mesmo nos sujeitos que se identificam ateus ou irreligiosos, conforme afirma Rubem Alves (2005) em seu ensaio *O que é religião?*, resta na atividade de pensamento ou de interioridade de consciência a espiritualidade pessoal.

> É fácil identificar, isolar e estudar a religião como o comportamento exótico de grupos sociais restritos e distantes. Mas é necessário reconhecê-la como presença invisível, sutil, disfarçada, que se constitui num dos fios com que se tece o acontecer do nosso cotidiano. A religião está mais próxima de nossa existência pessoal do que desejamos admitir. O estudo da religião, portanto, longe

de ser uma janela que se abre apenas para panoramas externos, é como um espelho em que nos vemos. Aqui a ciência da religião é também ciência de nós mesmos: sapiência, conhecimento saboroso. (Alves, 2005, p. 13)

O termo *religião*, unanimemente considerado pelos pesquisadores, advém da expressão latina *religare*, no sentido de algo que re-liga o humano ao divino. Nisso se colocam os mitos, os ritos, os símbolos, os sistemas de sagrado, as pessoas consagradas, os escritos, os lugares sagrados e os comportamentos ético-morais exigidos. Antropologicamente, esse conjunto de elementos do religioso poderia ser chamado de *teologia dos grupos determinados*. Entretanto, a teologia como ciência que estuda o divino e suas relações com o humano só se inicia nos primeiros séculos da era cristã.

A antropologia, por meio de um de seus ramos de pesquisa, a arqueologia, tem descoberto que a religião é um fenômeno que se manifesta desde os primórdios da evolução do *homo sapiens*, há mais de 100 000 mil anos, em todas as culturas, em todos os lugares e em todos os tempos, estando presente em pinturas rupestres de cavernas, rochas e sítios arqueológicos do mundo todo. Urnas mortuárias de mais de 70 000 anos que têm sido descobertas provam a presença de ritos religiosos funerários na organização social. Portanto, o *homo sapiens* é, desde sempre, também um *homo religiosus*.

A evolução da pré-história da humanidade foi dividida desde o século XIX em Idade da Pedra, Idade do Bronze e Idade do Ferro. Segundo essa divisão arqueológica da história, na Idade da Pedra, ou no **Paleolítico**, de cerca de 200 000 a 100 000 anos atrás, algumas espécies diferentes de hominídeos ancestrais evoluíram (por exemplo, *Homo erectus*), tendo, em determinado momento, passado a utilizar ferramentas (*Homo habilis*) e depois, por volta de 100 000 anos atrás, instaurado o desenvolvimento cognitivo (*Homo sapiens*). No período entre 100 000 e 70 000 atrás, no **Mesolítico**, em uma rápida evolução com o desenvolvimento cognitivo, o homem passou de *Homo sapiens* ao *Homo sapiens sapiens* e iniciou as grandes migrações, a partir de suas origens em comum na África para a Ásia e Europa, enfrentando a era glacial. Nesse período fértil ocorreu o começo de um rápido e primitivo desenvolvimento de linguagem e pensamento, de sorte que, após os 30 000 anos atrás, passamos a ter grandes evoluções de modos societários de agregações e organizações. No período **Neolítico**, por volta de 10 000 anos atrás, aconteceu a importante passagem em domínio da agricultura com a canalização da água para irrigação e outras atividades agronômicas. Nesse período, simultaneamente ao desenvolvimento agrícola, verificou-se o desenvolvimento social e da arte da guerra, com a descoberta da mineração e da metalurgia, o que chamamos de *Idade do Bronze* e *Idade do Ferro* com limite em torno de 1500 a.C.[11]

O desenvolvimento da linguagem e do pensamento também segue mais ou menos uma linha evolutiva, não necessariamente linear, tendo acompanhado da mesma forma o desenvolvimento da organização social, econômica e política dos povos, conforme suas necessidades de sobrevivência. Contudo, para considerar esse importante quesito no pano de fundo de nossa temática, seria grave erro incorrer no *etnocentrismo* tão comum a muitos pesquisadores e pensadores do passado recente. O etnocentrismo é ver a cultura do outro apenas do próprio lugar e dos próprios óculos.

A religião é feita tanto de crenças quanto de práticas. No Ocidente, com relação ao cristianismo por exemplo, tende-se a considerar mais a crença; no Oriente, mais a prática. Além de um fato social e cultural, a religião sempre é também uma experiência. Cada experiência religiosa, em qualquer *topos* geográfico e *ethos* cultural,

---

[11] Para mais informações sobre períodos de história geral ou história do Brasil, confira Enciclopédia Compacta IstoÉ/Guinness de Conhecimentos Gerais (1995) e Gomes (2017).

tem pelo menos cinco aspectos categóricos: fé, culto, comunidade, credo e código.

A **fé** é a parte interna da religião, diz respeito à religiosidade das pessoas. O **culto** é tudo que está envolvido na devoção, nas imagens, nos altares, nas construções, nos ritos. A **comunidade** é o aspecto social da religião, seu entorno humano, e também seus grupos de clérigos, monges, líderes. O **credo** envolve todos os mitos, as crenças e as ideias, as escritas ou oralidades, a teologia da religião. O **código** é a norma social religiosa, as exigências comportamentais e éticas impostas aos fiéis, na qual de algum modo se envolvem também as ideias de pecado e de santidade.

A religião pode ser classificada ainda em **famílias de religiões**: (a) **religiões primitivas**: a religiosidade dos povos e grupos aborígenes, que existiram e que ainda existem, mantidas minimamente as formas originais de suas crenças e práticas; envolvem povos da África, da Oceania, das Américas e povos pré-cristãos da Ásia e da Europa e se caracterizam de modo universal pelo **animismo**, ou seja, a crença de uma alma em todos os seres vivos com a qual se comunica a alma humana; (b) **religiões míticas**: são as chamadas *grandes religiões*, que têm em comum a expressividade raiz da **cultura** de seus povos determinados, reunidos em seus mitos, símbolos e ritos, geralmente com milhares de anos de expressão e vasta área de expansão, tais como as religiões antigas, o hinduísmo, o budismo, o sikhismo, o xintoísmo etc.; (c) **religiões universais**: aquelas que acreditam ser expansivas a todo o mundo para além de suas fronteiras e que têm em comum o **universalismo** de sua fé, especialmente nos grandes monoteísmos, como o judaísmo, o cristianismo e o islamismo, que creem que todos possam e devam ser integrados às crenças e às práticas mediante conversão, pregação ou política.

Para uma consideração filosófica da religião, é possível tomar a concepção sobre o *sagrado* como tema de reflexão. O sagrado é tudo aquilo considerado absoluto e tomado em separado. Por isso, o termo *sagrado* é uma palavra indo-europeia que significa exatamente "separado" (*sacer/sacré*). O "divino", o "não humano", o "outro", amedrontador e fascinante, é o afastado exatamente porque é poderoso, ameaçador e desejável e, por isso, objeto de devoção e temor. Heráclito (c. 540 a.C.) diz: "O deus é dia e noite, inverno e verão, guerra e paz, saciedade e fome, e muda como o fogo quando se mistura a incensos, absorvendo de vez em quando os seus aromas. O homem toma por justas umas coisas e por injustas outras; para o deus, tudo é belo, bom e justo" (Heráclito, 1978, p. 85, 89).

O estudo do sagrado é evolutivo, conforme mostra o filósofo e psicanalista Umberto Galimberti (2003) em seu clássico *Rastros do sagrado*, especialmente na história do Ocidente, graças à expansão da racionalidade e da cientificidade. Para o autor, o **sagrado**, como o "afastado", é aquele absoluto do qual o homem tende a manter-se distanciado, mas sob um sentimento tanto de temor quanto de fascínio. Essa relação ambivalente é a essência de toda religião, ou seja, a separação e o contato, conforme a palavra *re-legere*. O espaço entre o objeto sagrado e o mundo do homem é o profano.

Toda atividade de compreensão de consciência e conhecimento de razão, enquanto distanciamento do objeto sagrado é profanidade. Para a aproximação ou o contato com o sagrado, o homem interpõe o símbolo, o mito e o rito. O *símbolo* vem do grego *syn-ballon* e significa o "que é lançado à frente" como mediador, a representação que encerra o sagrado em si; o *mito* (*mythós*) é a narrativa e a história em torno de deuses, imagens, espaços, eventos e pessoas devotadas como sagrado, como uma "metáfora viva" que representa em si o divino; e o *rito*, do latim *ritus/rituallis*, quer dizer "rito, costume, o cerimonial religioso", com cuja repetição se confirma e se atualiza o mito. Galimberti (2003, p. 11, 14) afirma: "O homem tende a manter-se distante do sagrado, como sempre acontece diante do que se teme, e ao mesmo tempo é por ele atraído"; entretanto, confirma:

"A razão assinala o grande afastamento do humano com relação ao sagrado, [...] porque a técnica expõe o cenário das diferenças que, no âmbito do sagrado, são desconhecidas e ignoradas".

É no sentido evolutivo que Umberto Galimberti (2003) mostra nessa sua obra a evolução, especialmente no Ocidente, do mito à razão e à dessacralização, tendo sido o cristianismo, especialmente na vertente protestante após a Reforma, o próprio dessacralizador de sua religiosidade.

1.2.2 O que é espiritualidade?

Em seu clássico estudo *O sagrado*, o teólogo e historiador Rudolf Otto (2007) abordou pela primeira vez em profundidade o aspecto irracional e *a priori* do sagrado como elemento natural da estrutura do ser humano e do mundo, ou seja, a profundidade insoldável da alma humana é a fonte do sagrado.

Nesse sentido, as manifestações da numinosidade (ou do poder, *númen/nume*) do irracional inconsciente do fundo da alma na corporeidade e no comportamento, que são objeto da organização social em forma de religião e religiosidade, são também semelhantes e fronteiriças à arte e às vivências da criatividade, bem como à loucura e às experiências das psicoses.

Enquanto sentimento, o sagrado tem sempre a dupla face do *tremendum et fascinans*, ou seja: o belo, fascinante; e o horror, aterrorizante. Todavia, para Otto (2007, p. 171), há um constante processo de aproximação do sagrado irracional à consciência racional: "O estado 'bruto' é superado pela 'revelação' cada vez mais intensa e plena do nume, isto é, pela sua manifestação para a psique e o sentimento". **Toda a religião na história é produto desse fenômeno da alma humana configurado conforme a cultura.** Dessa forma, afirma Otto (2007, p. 173): "Concluímos, portanto, que tanto os elementos racionais quanto os irracionais da complexa categoria que é o 'sagrado' são elementos *a priori*, os racionais na mesma medida que os irracionais".

O aspecto dessa abordagem do sagrado como fenômeno que parte do fundo da alma humana, em todos os tempos – ainda que se modifique gradativamente mas sem se esgotar, ou seja, como o atravessamento de uma via de dupla mão, de dentro para fora (da alma para o mundo) e da cultura para o indivíduo (do meio para o sujeito) –, conforme mostraram esses autores, é a mesma visão usada pelo psiquiatra Carl Gustav Jung (2015) para fundamentar sua Psicologia Analítica. A obra *Espiritualidade e transcendência* reúne boa parte do conjunto de seus ensaios sobre a importância da religião para a psicologia humana. Jung (2015) propõe a possibilidade de a razão consciente poder captar, interpretar e compreender a emergência simbólica com que a psique inconsciente engendra a vida psíquica interior, trazendo à luz da compreensão conteúdos profundos que podem orientar a vida do indivíduo em seu curso no mundo (individuação), proporcionando-lhe uma capacidade de autotranscedência, à qual ele chamou de *função transcendente*.

A transcendência, nesse caso, como movimento da intencionalidade natural da alma é o processo de compreensão racional do significado do irracional, do numinoso ou do inconsciente. Toda a psicologia arquetípica junguiana leva em conta a linguagem simbólica como expressão da alma humana pessoal e da cultura.

Outro grande exemplo de estudo do sagrado como expressão da alma humana e suas implicações na vida do sujeito e da cultura é a obra *O sagrado selvagem*, do sociólogo francês Roger Bastide (2006), o qual pesquisou no Brasil as expressões espirituais das religiões afro-brasileiras e suas raízes africanas de origem. Sabemos o quanto a cultura brasileira é permeada pela miscigenação com outras culturas que aqui aportaram desde as grandes descobertas, com as crenças cristãs portuguesas, as práticas religiosas indígenas, as espiritualidades africanas e outras formas religiosas europeias e orientais.

Para Bastide (2006, p. 91), o "homem é uma máquina de fabricar deuses", e principalmente à noite, pois "As antigas lendas revivem sob a forma de imagens de sonhos, pois se o conteúdo dos mitos pode variar, suas estruturas permanecem bastante simples". Bastide (2006, p. 75) observa que "A cristandade ocidental, universal em certo momento, fragmentou-se em múltiplas Igrejas", e em sua leitura sociológica da função religiosa, "Sonhos e mitos sociais constituem, portanto, respostas a situações e criações apanhadas numa mesma corrente". Da mesma forma, "a negritude afro-brasileira se contraiu e resistiu à escravidão" e, depois, ao abandono pela adaptação, quer por suas "orações e ritos espirituais originais", quer pela "reconciliação com o modernismo" ocidental. De qualquer forma, a construção de novas formas religiosas, principalmente afro-brasileiras, é a constituição de uma identidade própria que confere a dignidade humana e possibilita a resistência e a resiliência cultural (Bastide, 2006).

Por outro ângulo, a espiritualidade, como experiência própria da alma humana, também pode ser pesquisada e entendida como fenômeno. Segundo o teólogo e cientista da religião José Severino Croato (2010), na obra *As linguagens da experiência religiosa: uma introdução à fenomenologia da religião*, o fenômeno religioso carrega tantos aspectos relevantes que precisa ser estudado por várias áreas científicas, em disciplinas aplicadas à religião: filosofia, antropologia, sociologia, história, teologia e psicologia da religião.

A psicologia da religião é uma disciplina que se propõe a conhecer os aspectos subjetivos da espiritualidade, pois nela estão envolvidos vários sentimentos, os quais são configurados pela ordem discursiva da razão, o qual acaba orientando o comportamento social. O processo da conversão religiosa (*metánoia*), por exemplo, é um aspecto interessante desse fenômeno subjetivo, forte o suficiente para determinar a adesão à fé e o engajamento ético e estético à religião.

Para Croato (2010, p. 17): "O fato religioso pode ser abordado por todas as ciências humanas ou ciências sociais, cada uma a partir do que lhe é próprio". Desse modo, para ele, a história das religiões é **descritiva** (geográfica, cronológica, fática e contextual); a sociologia é **coletiva**, principalmente com base nas pesquisas de Émile Durkheim (1858-1917), e o fenômeno religioso é essencialmente social e comunitário; a psicologia é **subjetiva**, em especial a de Carl Gustav Jung, e vê os fatos religiosos como espelho de determinada sociedade, da mesma forma que da psique humana; a filosofia é **reflexiva** e se preocupa com o Absoluto enquanto Ser fundamento de toda a realidade; e a teologia é **moral-relacional**, pois, com base no dado da fé e com a tentativa de falar por Deus, visa compreender e mediar as formas de relação que Este estabelece com o ser humano, que também culmina em uma condição moral.

A **fenomenologia**, como filosofia e método de pesquisa, foi estabelecida no início do século XX por Edmund Husserl (1859-1938) e tornou-se bastante influente em todas as ciências e formas de pesquisas contemporâneas. Para Husserl (2014, p. 72): "Em cada cultura altamente desenvolvida ou na humanidade ativa em múltiplas formas culturais e que se configura progressivamente a si mesma, encontramos uma forma cultural particular, a saber, a 'Religião'". Por isso mesmo, então:

> A religião significa antes (em sentido específico) o nível superior da cultura mítica, no qual estes seres transcendentes são absolutizados como divindades, como estabelecedores das normas absolutas, que comunicaram e revelaram aos homens e em cuja obediência os homens encontram a sua salvação. (Husserl, 2014, p. 72)

Outro fenomenólogo que aplicou o método de Husserl na pesquisa do fenômeno religioso foi Martin Heidegger, quem já citamos. Para Heidegger (2010, p. 15-16, grifo do original), o ponto de partida da pesquisa fenomenológica da religião e seu objeto é a facticidade: "O ponto de partida do caminho para a filosofia é a *experiência fática da vida* [...]. Ela significa a plena colocação ativa e passiva do homem no mundo: vemos a experiência fática da vida apenas segundo a direção do comportamento que experimenta". Portanto, "As religiões brotam de momentos racionais e de poderes espontâneos da vida; possuem seu próprio sentido, que se torna independente e, assim, transforma-se em motor de um desenvolvimento" (Heidegger, 2010, p. 28).

Heidegger procede à análise do fenômeno religioso cristão fundante com base na experiência de Paulo, mais precisamente naquilo que é relatado nas Epístolas aos Tessalonicenses 1 e 2, que são os primeiros textos neotestamentários, e aos Gálatas, que se constitui na apresentação da **própria experiência pessoal** de Paulo. Em síntese, diz o filósofo: "A religiosidade cristã originária consiste na experiência cristã originária da vida e ela mesma é uma tal; a experiência fática da vida é histórica; a religiosidade cristã vive a temporalidade como tal" (Heidegger, 2010, p. 72).

Com o modelo de pesquisa da fenomenologia, o sentido da religiosidade passa a ser buscado a partir da experiência mesma, intencional, significativa e vivencial da pessoa humana. Edith Stein (1891-1942) enfocou o aspecto subjetivo pessoal com base na própria experiência pessoal de individuação e também no aspecto coletivo da vivência do indivíduo na comunidade. Para Edith Stein (2013, p. 107), a fenomenologia da religião tem de ser vista pela experiência da própria pessoa como um ser triunitário, porque, além de corpo e alma, o ser humano é um ser espiritual: "O ser espiritual-anímico e a vida se expressam no corpo, nos fala através dele. [...]. Mas o corpo não deve sua espiritualidade ao fato de que é fundamento da vida espiritual, senão que é expressão e instrumento do espírito". Portanto, para Stein (2013), a experiência religiosa ocorre na própria experiência da individuação de cada pessoa no mundo – já que a individuação é o centro da preocupação ontológica da autora –, embora também possamos buscá-la na própria experiência existencial. No século XX, Edith Stein é a pensadora fenomenóloga que, por cunho ontoteológico cristão, coloca o foco sobre toda a atividade espiritual da pessoa humana como **vida no espírito**.

> **IMPORTANTE!**
>
> Neste ponto, vale demarcar o limítrofe entre a religiosidade e a espiritualidade. É importante fazer essa passagem como via de mão dupla, que valorize a religião tanto como atividade coletiva social quanto como atitude pessoal subjetiva. Nessa atitude reside a diferença: espiritualidade é sempre atividade do espírito humano enquanto compreensão de sentido e sentimento. Segundo os autores Peretti e Andreata (2019, p. 99-133), no artigo "A teologia em Edith Stein: vida no espírito", o modelo fenomenológico steiniano, que considera que todo ser humano tem uma atitude de interioridade para com o sentido da vida e o respeito à alteridade do outro, na forma de uma **ontoteologia**, é o modo mais amplo, profundo e sintonizado de compreender a espiritualidade na perspectiva das necessidades urgentes das vivências da pessoa humana na atual pós-modernidade.

Portanto, para compreender mais a fundo o que é espiritualidade, façamos uma proposição: **trata-se da qualidade do espiritual no humano por toda a atividade do espírito**. Se o homem é um animal racional (*zóon lógos echon*), conforme afirma Aristóteles

(1973) na *Ética a Nicômaco*, então, será que há espírito no animal? Depende do que entendemos por "espírito". Certamente, espiritualidade é atividade do espírito. Mas em que medida espiritualidade é atividade de compreensão racional? Assim, seria somente uma qualidade humana, por evolução?

Com isso, precisamos responder primeiro à questão básica: **O que é espírito?** Nas línguas ocidentais originais, há vários vocábulos para expressar a compreensão do **espírito**, com acréscimos de significados ao longo da história semântico-etimológica ocidental. Do hebraico, *Ruah* tem o significado de *vento, ar, sopro* ou *movimento do universo*, no sentido de "força vital" e "totalidade de vida"; *néphesh* tem o significado de *respiração, hálito, vida*, no sentido da vitalidade que anima o ser humano. E, assim, certamente também todos os seres vivos.

Desses termos, no ambiente bíblico, advém a ideia da criação na abertura da narrativa do Gênesis: "No princípio criou Deus o céu e a terra. A terra era deserta e vazia, as trevas cobriam o abismo e o **Espírito de Deus pairava** sobre as águas" (Gn 1.1-2, grifo nosso). A versão da Bíblia de Jerusalém traduz *um vento de Deus pairava* com o sentido de *poder*. Mais adiante, na criação do ser humano: "Então o Senhor Deus formou o homem do pó da terra, soprou-lhe nas narinas **o sopro de vida**, e ele tornou-se um **ser vivente**" (Gn 2.7, grifo nosso). Assim, o "espírito" humano é parte do "Espírito" divino, que é o mesmo que "paira" no universo para "vivificar" todas as coisas. Esses termos, originalmente hebraicos (*ruah, néphesh*), do Antigo Testamento serão traduzidos no Novo Testamento pelos étimos gregos *pneuma* (vento, ar) e *psychê* (alma, ânimo). Portanto, no âmbito bíblico, *espiritualidade* é a totalidade da atividade essencial humana entre alma e espírito como a parte imaterial com função de vitalidade e entendimento.

Na cultura grega, porém, há pelo menos três termos para designar o "espírito", em ordem de etimologia: *daímôn*, que designa primeiro a dimensão espiritual dos deuses (mito do *daímôn*, ex.: *Eros*) e segundo a dimensão natural da alma humana (daimônico subsistente, ex.: *Psychê*); *noûs*, que designa a dimensão intelectiva especificamente no ser humano (atividade do pensamento, *noética*), diferenciando o homem do animal e potencializando toda a atividade propriamente "humana" da história; *pneuma*, que designa a dimensão ontológica essencial do humano como uma unidade em sua relação com o universo. O termo *daímôn* é mais usado na mitologia da literatura poética grega; por sua vez, *noûs* é o termo usado pela filosofia e cultura; e *pneuma* é pouco usado na literatura e na filosofia, certamente mais no sentido integral de "ser vivo". Portanto, a tradição grega pensa mais o espírito como intelecto.

No hinduísmo, o termo *citta* distingue a "matéria espiritual" do universo que está em todo ser vivo e provoca sua "percepção", e o termo *cit* designa a "consciência", sensação que todos os seres vivos têm e que, no homem, torna-se "percepção do Absoluto" (Brahman) (Scherer, 2010). O Brahman é o ser criador universal, do qual tudo vem e para o qual tudo volta, a "consciência total (*sat*) e suprema felicidade (*ananda*)". O budismo tomou do hinduísmo esses conceitos. Em algumas escolas budistas, *citta* é um dos nomes do Absoluto, em outras é o próprio *vazio*, o nada primordial; na Escola Budista Só-Espírito (*citamatra*), tudo é espírito: o mundo em eterna formação, a consciência do eu e os ciclos da vida (*samsara*, carma, darma). Quase todas as religiões pensam o espírito como a parte imaterial ou essência imortal dos seres vivos.

Com base nisso, podemos pensar o espiritual no humano como a **atividade do espírito** em três dimensões da interioridade: a **dimensão daimônica**, do poder da natureza irracional, inconsciente e terrena, que o ser humano tem em comum com os mistérios da terra, e dos seres naturais, plantas e animais; a **dimensão noética**, do poder racional, consciente e pensante, que distingue o ser humano; e a **dimensão pneumática**, do poder de transcendência, de que, como pessoa, o humano é capaz, pela busca de significação e sentido para a vida. A filosofia grega pensa o espírito como atividade de interioridade do eu pensante; os grandes monoteísmos, como atividade moral de fé e salvação; as demais religiões, como prática do bem. Portanto, a espiritualidade é puramente a atividade de interioridade e sentido do agente humano sobre si mesmo, sobre o mundo e sobre as relações com os outros.

É com a cultura greco-romana, pano de fundo social do *ethos* bíblico do Novo Testamento e do surgimento do cristianismo nos primeiros séculos de nossa era, que nascerá o conceito ocidental de *espiritualidade* como "interioridade". Com Sócrates (480-399 a.C.), cuja ética elegeu a máxima délfica do templo de Apolo em Delfos, "Conhece-te a ti mesmo", formou-se a busca pela interioridade. Também Paulo, primeiro grande doutrinador da Igreja, colocou a ênfase da espiritualidade na interioridade do sujeito, quando fala em "homem interior" que "se renova dia-a-dia" (2 Cor 4.4). Essa é a tônica da filosofia e teologia de Santo Agostinho (354-430) para aquilo que, mais tarde, após a medievalidade, seria chamado de *subjetividade* e *sujeito*. Portanto, o espírito é a totalidade da pessoa, e a espiritualidade é sua atividade subjetiva de interioridade.

Fique atento!

Como ponte entre os tópicos de religião e a sexualidade, evocamos aqui o iminente teólogo da moral Marciano Vidal (1978), que, na clássica obra *A moral de atitudes: ética da pessoa*, para cimentar uma fundamentação a essa ligação, primeiro oferece a pedra da abordagem antropológico-teológica centrada no *ethos* bíblico, ao afirmar que: "Quando o homem tem-se a si mesmo em seu ser e, sobretudo em seu agir, é imagem de Deus, e consequentemente, é um ser 'moralizado', a tomada de consciência humana coincide com a tomada de consciência da dimensão moral" (Vidal, 1978, p. 101).

Depois, oferece a argamassa da abordagem socioantropológica: "A vida sexual humana tem algumas 'bases sócio-antropológicas' peculiares: a formação de um excedente do impulso sexual, a redução do controle instintivo biológico, e a separação do prazer ao puro instinto biológico de procriação" (Vidal, 1978, p. 359-360).

1.3 Moralidade e cultura

Cada povo tem a própria cultura, e cada cultura tem a própria moralidade. *Cultura* é o conjunto de crenças, valores, normas históricas de antepassados e sistemas institucionais governamentais que sedimentam e regem a vida de um povo. A cultura tem relação com os costumes de um povo e evolui conforme as necessidades de adaptações geográficas, climáticas, históricas e políticas da sociedade. Não é preciso haver educação escolarizada para haver cultura, pois cultura é a própria vivência social do povo. *Moralidade*, por sua vez, é o conjunto de valores históricos, sociais, culturais, religiosos e políticos que regem a vida dos indivíduos e da coletividade dessas sociedades. Dentro da moralidade social estão as normas do sagrado ou da religião, que têm ligação com o que é puro e impuro, proibido e permitido, formas de relação dos indivíduos e da comunidade com o sagrado e as divindades. Nas maneiras de representação e linguagens, cada povo tem a própria orientação de educação, formal ou informal, oral ou escrita, pela qual se transmite às gerações seguintes a identidade sociocultural. O gênero e a sexualidade, pois, são partes intrínsecas da moralidade cultural.

1.3.1 A moralidade do *ethos*

O termo grego *ethos* é um dos mais significativos quando se trata de entender a complexidade do grupo social, da comunidade ou da vida social de um povo. O étimo *ethos* tem originalmente duas grafias: uma com a letra inicial grega êtha (com *e* fechado; *êthos*), cujo significado é "espaço delimitado, fechado", com sentido de **habitat** e sob a imagem metafórica da caverna, que, fechada, era o "lugar de habitar, morar"; a outra grafia utiliza épsilon (com *e* aberto; *éthos*), cujo significado é "a norma e o normativo" do espaço de habitação, no sentido de "costume", do "comum", a normatização da vivência em comum (Gobry, 2007). Portanto, *ethos* pode ser traduzido, de modo geral, por **cultura**.

Da raiz do termo *ethos* temos, ainda, ética (*éthike*), que tem relação com os princípios do agir humano dentro do *ethos*, os valores e as normas em comum de toda a ação humana individual e coletiva, aquilo que motiva os humanos a agir desta ou daquela maneira. Também da mesma etimologia do termo advém *ethnos*, que significa "grupo de pessoas que vivem em comum", no sentido da vida social e cultural de um povo. Daí por que a metodologia de estudo da cultura de uma sociedade específica adotada pela moderna antropologia e sociologia seja a *etnografia*, ou a descrição formal pela observação e participação no próprio ambiente de vivência do povo estudado. Nesse sentido, *ethos* pode ser entendido como **norma**.

O filósofo pré-socrático Heráclito de Éfeso (c. 540 a.C.) é um dos primeiros a usar o termo *ethos* no sentido do "comum" da vivência de um grupo ou um povo, em unidade, tal que essa **unidade** forma um "espírito" (*daímon*), como um campo de forças "daimônico" capaz de moldar o indivíduo e a comunidade. Essa concepção é a raiz ocidental da compreensão metafísica do processo sociocultural do meio ambiente (natureza e cultura) como força moldadora do ente individual, de fora para dentro do ser no processo de individuação, embora o indivíduo e a sociedade também correspondam, na mesma dinâmica, ao contrário. Nesse terceiro modo metafísico, *ethos* pode significar **espírito**.

Heráclito (1978) faz duas associações de termo que são importantes nesse fundamento. Em primeiro lugar, o filósofo efésio associa o *ethos* ao *kynón*, ou a "cultura" ao "comum": "Pois comum (é) princípio e fim em periferia de círculo" (Heráclito, 1978, p. 89, fragmento 103). Essa enigmática afirmação tem a significação de que tanto o comum quanto o *ethos*, são "circularidades", no sentido de "repetição" e "totalidade", vida em comum circulante. Em segundo lugar, o filósofo associa o *ethos* ao *daímon*, ou a "cultura" ao "espírito" normativo: "o *ethos* do homem (é seu) *daímon*" (Heráclito, 1978, p. 90, fragmento 119). Essa proposição em apenas três termos é de tradução complexa, mas tem o sentido de dizer que o homem está preso ao seu *ethos* como por um "deus", uma "entidade" espiritual, como é a significação poética grega de *daímon* (daimônico).

Essas associações originais são as fontes daquilo que os pensadores gregos posteriores vão propor em seus sistemas filosóficos em termos de ética. O termo grego para *ética* foi traduzido pelo latim *mores*, donde vem **moral**; portanto, é a forma latina de entender a ética como *moralidade*. E sabemos que, com base na filosofia grega, o Ocidente passou a internalizar a ética como sistema autonormativo para o agir autônomo.

O conceito de **autonomia**, que literalmente quer dizer "ditar a lei a si mesmo", é a raiz ocidental da vontade individual, que está no cerne do conceito de *processo de individuação*, ainda que nunca se possa abdicar da responsabilidade social. O homem adquire sua configuração ético-moral da cultura, e a cultura também se modifica pela transformação do homem. A autonomia é o agir não somente individual, mas também coletivo, sob determinadas normas. Dessa forma, como normatividade da vida em comum, ética e moral têm o mesmo sentido.

Nesse cenário, conforme o pensador brasileiro Henrique C. de Lima Vaz (2002a), todo povo e toda cultura têm fenomenologia moral própria de seu *ethos*, no próprio tempo histórico e espaço vivencial. Isso equivale a dizer que, em termos antropológicos, cada povo tem na própria cultura a própria ética ou moralidade. Segundo Lima Vaz (2002a, p. 38, grifo do original): "A experiência primeira do *ethos* revela, por um lado, uma estrutura dual característica e constitutiva: o *ethos* é, inseparavelmente, *social* e *individual*. É uma realidade sócio-histórica". O *ethos*, em sua forma original de linguagem, é fenomenológico, isto é, tem uma dinâmica de ser peculiar em cada tempo ou ao "espírito da época" (*Zeitgeist*[12]).

Lima Vaz (2002a, p. 39, grifo do original) reforça, ainda, a dimensão ética e ambiental do espaço do viver comum: "No caso do *ethos*, porém, a relação do *social* e do *individual* mostra-se dotada de características que deverão ser reconhecidas como próprias da esfera ética". O *ethos* do mundo é, assim, a **"casa comum"** do ser humano.

> O *ethos* é a morada do animal e passa a ser a "casa" (*oikos*) do ser humano, não já a casa material que lhe proporciona fisicamente abrigo e proteção, mas a casa simbólica que o acolhe espiritualmente e da qual irradia para a própria casa material uma significação propriamente *humana*, entretecida por relações afetivas, éticas, e mesmo estéticas, que ultrapassam suas finalidades puramente utilitárias e a integram plenamente no plano humano da cultura. (Lima Vaz, 2002a, p. 40, grifo do original)

Não é difícil, portanto, que agora tenhamos uma dimensão mais ampla para a consideração do gênero, da sexualidade e da religiosidade, bem como de suas implicações na inquietação humana por liberdade individual, mas, ao mesmo tempo, também

---

12 Termo alemão – traduzido por *espírito da época* ou *espírito do tempo* – que significa o conjunto do "espírito do ethos", em termos intelectual, social e cultural de um povo ou do mundo como totalidade. O conceito de *Zeitgeist* é culturalmente disseminado, a partir da filosofia de Hegel (1999), como o espírito universal absoluto. Hegel (1999, p. 118), nesse contexto, afirma: "O espírito absoluto é o espírito enquanto universal e não enquanto particular e finito".

por segurança social. Na dinâmica cultural dos costumes, pouco importa se as normas (*nomós*) são escritas ou não, legisladas em parlamentos ou em lideranças de clãs, uma vez que, em espírito, todas têm força de lei para todos, ainda mais se forem postas como sagradas ou vinculadas com a religião.

Há na modernidade do *ethos* ocidental atual, segundo a filósofa francesa Monique Canto-Sperber (2005), uma "inquietude moral" face à luta pela laicidade moral. A laicidade é um conceito e um movimento de liberdade do indivíduo de poder guiar-se em tudo sem nenhuma intervenção do religioso. Para Canto-Sperber (2005, p. 51), "Diz-se que a moral é laica. Isso é verdade no sentido em que ela não se baseia na religião. É falso no sentido em que nossa moral ainda é amplamente uma moral marcada em vários de seus aspectos pela religião". A pensadora lembra que, na história da ciência ocidental, a ética "universal, livre e irreligiosa", como nasce dos gregos pela reflexão, só se tornou norma universal pela crescente secularização ou dessacralização por que passa a religião do judeu-cristianismo. É nesse ambiente em que ocorrem os confrontos entre a religião, a sexualidade e as questões de gênero.

> **PARA REFLETIR**
>
> Pensar a cultura em sua essência é trabalhar com a antropologia humana. A antropologia, do ponto de vista da ciência etnológica, que pesquisa no próprio campo étnico, será o viés de nossa consideração da temática em estudo no Capítulo 2 deste livro. Todavia, existem também a antropologia filosófica e a antropologia teológica como campos teóricos fronteiriços. A antropologia filosófica nasceu no início do século XX com alguns pensadores europeus como Max Scheler. A antropologia teológica é mais antiga e parte da visão bíblica do homem, que encontra grande formulação no pensador medieval Sto. Tomás de Aquino. Entre nós, o filósofo e teólogo brasileiro Henrique C. de Lima Vaz publicou uma sequência

da vários volumes de escritos filosóficos, entre os quais, além do já citado por nós, também são muito importantes para o aprofundamento deste tópico os seguintes textos: *Antropologia filosófica: escritos antropológicos I*, de 1998 (aqui indicamos o histórico conceitual da Parte I); e *Raízes da modernidade: escritos filosóficos VII* de 2002 (neste, toda a conceituação de transcendência).

LIMA VAZ, H. C. **Antropologia filosófica**. São Paulo: Loyola, 1998. (Escritos Antropológicos I).

LIMA VAZ, H. C. **Raízes da modernidade**. São Paulo: Loyola, 2002. (Escritos Filosóficos VII).

1.3.2 Cultura religiosa e sexualidade

Historicamente, a consideração filosófica do homem tem raízes nos sistemas filosóficos clássicos de Platão e Aristóteles, dos quais nasce a abordagem do ser do indivíduo (*tóde ti*), quer como sujeito (*hypokeímenon*), quer como cidadão (*zóon politikon*), no âmbito da cultura. A filosofia helênica dos primeiros quatro séculos a.C. teve grande recepção por parte dos primeiros pensadores cristãos, especialmente os sistemas platônico e estoico, em razão da criação de um discurso racional coerente sobre a fé cristã (*theología*). No âmbito bíblico, Paulo foi o primeiro grande doutrinador cristão. Depois dele, Santo Agostinho foi o primeiro grande sistematizador da cultura religiosa cristã ocidental. Nesse ambiente, raízes do pensamento ocidental, considerações antropológicas da filosofia e teologia se entrelaçam. Esse é o contexto cultural do *ethos* bíblico se considerarmos desde o ambiente greco-romano pré-cristão até a teologia latina de Agostinho. A sexualidade é o centro dos debates morais.

Lima Vaz (2002a, p. 131) nos faz ver que, já nas éticas gregas, o interesse do indivíduo era pela busca da felicidade (*eudaimonia*), a chamada "vida boa" (*eu zen*), a que o latino chamava de "vida feliz" (*beata vita*). Essa felicidade, tal como preconiza Aristóteles (1973) em *Ética a Nicômaco*, requer a liberdade de o sujeito se autodeterminar (*autarchéia*) e decidir as próprias ações (*proairésis*), em uma autonomia ética, que tem como virtude máxima a capacidade de se autonormatizar pelo comedimento (*phonésis*). Essa concepção antropológica será recebida e cristianizada por Agostinho, que, no ano de 385, escreve *De beata Vita* (ou *Diálogo sobre a felicidade*) (Agostinho, 2007).

O *ethos* cultural desse período, levando-se em conta as culturas do *background* do mundo bíblico na passagem dos testamentos (Antigo Testamento e Novo Testamento), abrange as sociedades palestinas do entorno e, principalmente, a cultura greco-romana dominante. Portanto, os fatos que constituem esse momento histórico vão além do estritamente textual no Novo Testamento, desde o mundo grego e pré-cristão por volta do século V a.C. até a segunda metade ao final do século IV d.C.

Em termos da literatura bíblica, as raízes de tal período localizam-se na narrativa sobre acontecimentos dos historiadores e cronistas bíblicos em 1-2 Reis e 1-2 Crônicas no Antigo Testamento. Com a decadência da comunidade judaica e a consequente queda no exílio babilônico, entre 605 e 539 a.C., há um intenso processo de aculturação do povo da Bíblia, relatado nos livros de Daniel, Ester, Esdras e Neemias, em especial após a conquista do mundo pelo grego Alexandre Magno (334-323 a.C.). Nesse tempo floresce também uma cultura literária rabínica, de sabedoria, que constitui o cerne da religião judaica sinagogal. Depois, todo esse **fundo cultural** foi cada vez mais difuso porque cada vez mais influenciado pelas culturas dominantes posteriores (persas, gregos e romanos) e confuso pelo abissal "silêncio profético" após 300 a.C., aproximadamente, até o advento de João Batista já nos dias de Jesus (6 a.C.-30 d.C.).

Paralelamente ao mundo bíblico do Oriente Médio e do Oriente Próximo, no âmbito das cidades gregas (*pólis*), do outro lado do mar Egeu, desenvolveu-se uma intensa cultura humanística que influenciaria todos os segmentos da vida individual e coletiva, após o advento da razão pela mitopoese, pelas artes, o teatro, pelos esportes e pela educação, notadamente pela filosofia, donde se destacam vários sistemas de éticas como propostas de espiritualidade pela interiorização e pela normatização da vida, que se estenderiam pelo mundo até o final do Império Romano (séc. V d.C.).

O desenvolvimento intenso da racionalidade entre os gregos para explicar os fenômenos da vida põe o humano em lugar de primazia, gerando um antropocentrismo na vida social e política, centrado na capacidade de interioridade desse novo ser humano. Obviamente, à medida que a religião passa a ser substituída pela razão na condução da vida, a moral vai tornando-se o novo limite supremo aos impulsos humanos.

O problema é que esse limite da moral social é sempre flexível, na proporção da evolução histórica do pensamento grego. Mudam-se os sistemas racionais, mudam-se as regras de conduta. O homem fica mais esclarecido de seus impulsos e de suas motivações, mas seus ideais e suas ações ficam mais pervertidos.

Para continuar garantindo "ordem e harmonia" do cosmos humano, social e cultural, a própria moral também sente a necessidade de transcender limites e ir além, conduzindo esse "animal político", pela via das "éticas cosmológicas", à felicidade da vida plena, conquanto que primeiro essa "vida plena" (*eu zen*) seja vivida nas obrigações da vida na *pólis*, para, depois, como prêmio a essa vida pública, apareça o gozo da imortalidade pelo retorno ao Uno. Nesse sentido, a filosofia questiona os fundamentos religiosos e propõe uma concepção metafísica do mundo e tenta inserir uma ética no lugar da religião. Mas também a filosofia ética não cessa seu devir de procurar novas compreensões e propor novos sistemas de conduta, encontrando aí seu próprio limite.

A sexualidade é, sem dúvida, um aspecto central da manifestação e do desenvolvimento do fenômeno humano. E, em meio a todo esse ambiente histórico, podemos afirmar que a sexualidade, nos confrontos das exigências morais da revelação, com as liberdades das culturas das sociedades locais e as propostas éticas, constitui-se no centro dos embates bíblicos, tanto na abordagem à questão do prazer quanto na fruição dos desejos e paixões, e também no uso dos bens da vida no mundo.

O cristianismo é, essencialmente, uma religião de revelação, conforme a Bíblia, baseada na experiência do amor, altruísta e comunitário, porém embasado em uma moral, já herdeira da moralidade hebraico-judaica expressa no Antigo Testamento, notadamente nas **normas** da Lei (*Torá*) e, especialmente, na essência **moral** do profetismo até Jesus, embora também influenciada pelas éticas gregas. A experiência cristã, portanto, é uma **fé moral**.

O Novo Testamento, então, relata o nascimento do cristianismo e traz o fundamento doutrinário deste. Seus escritores, como seus antecessores no Antigo Testamento, são pessoas comuns que vivem o cotidiano de suas sociedades e participantes ativos de seus acontecimentos, porém, muitas vezes, contrapostos à cultura envolvente no que diz respeito às exigências da revelação, notadamente quanto à sexualidade.

No contexto histórico que estamos abordando, o cristianismo ganha projeção ao propor a vida cristã basicamente como uma moral (Mt 5-7), apoiada pela fé em um só Deus, como sendo o "Lógos divino" manifestado em carne na "pessoa" de Jesus Cristo (Jo 1,1-3), uma metafísica ao estilo do pragmatismo de vida romana.

Como notam Boehner e Gilson (1985), esse uso por João do termo grego *Lógos* (Verbo) para designar o Cristo (*Chistós*) ou o Ungido

(*Messiah*) prometido na revelação do Antigo Testamento é já uma recepção da metafísica grega aplicada à mentalidade semítica, a transcendência na imanência, que se torna na *teologia do logos*.

> Pessoalmente, inclinamo-nos à opinião de que as especulações dos gregos acerca do Logos não eram desconhecidas ao evangelista, posto que o quarto evangelho foi redigido em Éfeso, onde, a partir de Heráclito, se empregou o termo "Logos" para designar a inteligência cósmica ou razão do mundo, princípio formal do ser e do conhecimento. É provável que conhecesse também as especulações de Filo, o filósofo judeu, que via no Logos a ideia divina do mundo, e o meio pela qual Deus opera no mundo. (Bohener; Gilson, 1985, p. 18)

Também Paulo relaciona Jesus, o Logos-Cristo de João 1, ao Deus originador e ordenador (criador) do mundo e dos entes existentes, o transcendente imanente. E também à sabedoria divina, fonte de todo conhecimento e justiça que nos é dada.

> Este é a imagem do Deus invisível, o primogênito de toda criação; pois, nele, foram criadas todas as coisas, nos céus e sobre a terra, as visíveis e as invisíveis, sejam tronos, sejam soberanias, quer principados, quer potestades. Tudo foi criado por meio dele e para ele. (Cl 1,15-16)

> Mas para os que foram chamados, tanto judeus como gregos, pregamos a Cristo, poder de Deus e sabedoria de Deus. [...] Mas vós sois dele, em Cristo Jesus, o qual se tornou, da parte de Deus, sabedoria, e justiça, e santificação, e redenção. (1 Co 1,24,30)

Na cultura grega, o *logos* foi entendido também como "razão", que orienta todas as relações humanas do indivíduo e da sociedade. O helenista Jean-Pierre Vernant (2003, p. 51) diz que a razão fez evoluir a vida na *pólis* e emancipou o cidadão para a ação da justiça (*diké*), lei (*nomós*) e julgamento (*krinen*): "Esse quadro urbano define efetivamente um espaço mental; descobre um novo horizonte espiritual". Assim, a *pólis* como universo espiritual da vida e a sociedade como o *logos* que se torna proeminente instrumento na organização do cosmos humano. E, nessa mudança da vida na sociedade grega, a religião também muda no direito e na moral, com nova imagem ideal da virtude *(areté)*, como vida moral, virtuosa e cidadã.

Isso significa que o mundo que envolve o *ethos* bíblico no qual queremos considerar a sexualidade é emergentemente metafísico e ético, onde os valores passam a ser transcendentes, absolutos, e a ética do "andar e viver no espírito" (Gl 5,25) é o que é valorizado, em detrimento das "obras da carne" (Gl 5,19), que devem ser o que se combate. Portanto, a ascese da moralidade bíblica se encontra aqui com o rigor das éticas gregas.

Vernant (2003) afirma que essa filosofia da ética de virtudes permeou toda a interpretação dos aspectos da vida humana individual, aos cuidados da corporeidade (*soma*), à luta contra as emoções (*epithimía, páthos*) e à salvação da alma (*psychê, anima*), e influenciou a religião exigindo, além do conhecimento de si (*gnoti seauton*), também o cuidado de si (*epiméleia reauto*).

> Nos agrupamentos religiosos, não somente a *areté* se despojou de seu aspecto guerreiro tradicional, mas definiu-se por sua oposição a tudo que representasse como comportamento e forma de sensibilidade o ideal de *habrosyne*: a virtude é o fruto de uma longa e penosa *áskesis*, de uma disciplina dura e severa, a *meleté*; emprega uma *epiméléia*, um controle vigilante sobre si, uma atenção sem descanso para escapar às tentações do prazer, à *hedoné*, ao atrativo da moleza e da sensualidade, a *malachia* e a *tryphé*, para preferir uma vida inteira votada ao *ponos*, ao esforço penoso. (Vernant, 2003, p. 88)

Isso implicará também a religiosidade cristã, que baseará a vida espiritual em uma ética enquanto "vida segundo o espírito", seguindo o ideal de virtude e amor preconizado por Cristo. A religião, portanto, torna-se mais individual e subjetiva, em **interioridade**.

> Virtude de inibição, de abstinência, consiste em afastar-se do mal, em evitar toda impureza: não somente recusar as solicitações criminosas que um mau demônio pode suscitar em nós, mas manter-se puro do comercio sexual, refrear impulsos do *eros* e de todos os apetites ligados à carne, fazer aprendizagem [...] O domínio de si de que é feita a *sophrosyne* parece indicar, senão um dualismo, pelo menos uma certa tensão no homem entre dois elementos opostos: o que é da ordem do *thymós*, a afetividade, as emoções, as paixões, e o que é da ordem de uma prudência refletida, de um cálculo raciocinado. (Vernant, 2003, p. 94)

Segundo Santo Agostinho (1995, p. 219), em *Da Trindade*, primeira obra de antropologia teológica, o homem tem parte de sua natureza semelhante ao animal, mas também é um ser "à imagem e semelhança de Deus"; assim, pois: "Tudo que temos na alma em comum com o animal dizemos com razão que pertence ao homem exterior"; mas, "do mesmo modo a alma, substância espiritual, deve elevar-se ao mais sublime da ordem espiritual, inspirada não pela soberba, mas por um piedoso amor pela justiça". Portanto, a pessoa tem uma natureza ao mesmo tempo imanente e transcendente.

SÍNTESE

Neste primeiro capítulo, você pôde vislumbrar conceitos teóricos importantes como fundamento amplo e firme de toda a consideração que a temática desta obra exige. Destacamos que a correta forma de edificar a construção de nossa tríplice temática exige o alicerce da filosofia, da teologia, da antropologia, da sociologia e da história, ciências entre as quais a abordagem tem de ser dialogal. Como ressaltamos no início, escolhemos o entorno do *ethos* bíblico como ponto central sobre o qual giram nossas buscas por informações à reflexão, a fim de não fazer dispersar o alvo do debate em tão vastas áreas.

Antes de qualquer outra coisa e acima de tudo, o humano é um ser que tem um fim em si mesmo e que tem consciência disso, consciência essa que é uma aquisição da reflexão sobre si que a filosofia estimula. Nesse sentido é que se coloca, desde o início da reflexão filosófica na Grécia clássica, como você pôde notar, a ontologia como ciência do ser enquanto ser. Na história do pensamento ocidental, a ontologia nasce como essência daquela disciplina que foi chamada de *metafísica* e que teve grande lugar na antiguidade e na medievalidade, especialmente entre a teologia cristã. Modernamente, a ontologia começou a ser um ramo distinto da filosofia a partir do século XVIII, e na contemporaneidade foi renovada pela filosofia fenomenológica, como você pôde constatar, especialmente, em Martin Heidegger e em Edith Stein.

O processo de constante vir a ser de cada ente individual no mundo, de uma matéria viva e formal (*hylémorphê*) invisível a um corpo que dá limites (*péras*) e estrutura a essa substância ilimitada (*ápeiron*), até o ser que nasce e assume o percurso de sua existência no mundo da vida, atualizando-se continuamente para um fim último – é, como você viu, o processo de individuação, do qual o ser humano é o principal agente.

O gênero e a sexualidade, nesse contexto, são fenômenos desse imenso e complexo processo do devir de todo o ser, mas, ao que tudo indica, somente o ser humano dele tem consciência e, por isso, é passível de angústias, quanto mais dela toma conhecimento. Tomar consciência, no fundo, é a intencionalidade inexorável do humano. Como todo esse processo ocorre por meio de uma cultura, pelo qual saímos do estado puro de natureza, e como esta ocorre continuamente de forma evolutiva em cada povo, lugar, tempo e *ethos*, o estudo da formação cultural dos conceitos é necessário, tal como você percebeu. A religião é um amálgama que dá consistência ao processo da individuação. Todavia, como ainda veremos, vivemos cada vez mais uma crise de identidade nesse sentido.

Indicações culturais

BONOBOS. Disponível em: <https://www.youtube.com/watch?v=b2_9imihJbk&t>. Acesso em: 4 dez. 2020.

COPULATION AND SOCIAL PLAYS during Group Encounter among Wild Bonobos! Disponível em: <https://www.youtube.com/watch?v=wL2clsrOYPc>. Acesso em: 4 dez. 2020.

Brinque agora de fazer o que os filósofos chamam de um *experimento mental*, ou seja, proceder a uma livre reflexão com base em um dado do real e relacioná-lo a um tema filosófico. Vamos pensar sobre a *questão da moral*. Podemos por um pequeno instante fazer perguntas iniciais: O que é a moral?; Quando surgiu no humano?; Os animais têm consciência moral?; Como a moral é construída pela cultura no *ethos* social? etc. Para essa experiência, vamos relacionar o fato da sexualidade entre símios e humanos. Com esse fim, tome a atitude mental para a reflexão filosófica, ao estilo do método fenomenológico, de deixar de lado as perguntas e o pensamento e fazer pura e simplesmente o exercício da percepção, assistindo a vídeos sobre o comportamento sexual dos macacos *Bonobos*. Assista a eles fazendo uma dupla percepção: para fora de si, o comportamento real dos macacos em suas exibições sexuais; e para dentro de si, os sentimentos e as ideias que surgirem à sua consciência. Depois, tome tempo e nota para a reflexão e a composição de pensamentos a respeito.

KARNAL, L. **Pecar e perdoar**: Deus e o homem na história. Rio de Janeiro: Harper Collins, 2017.

Para complementar a tarefa, sugerimos a leitura do excelente livro do historiador brasileiro Leandro Karnal, especialmente sobre a assertividade proposta nas páginas 94-96. Boa experiência de pensar!

ANDREATA, O. de P. Individuação e experiência religiosa em Edith Stein. **Revista Relegens Thréskeia: estudos e pesquisas de religião**, Curitiba, v. 7, n. 2, p. 152-162, 2018. Disponível em: <https://revistas.ufpr.br/relegens/article/view/61910>. Acesso em: 7 maio 2020.

Para realizar um estudo crítico sobre os conceitos de ontologia, individuação e espiritualidade, leia esse interessante artigo.

ROCHA, E. P. G. **O que é etnocentrismo?** São Paulo: Brasiliense, 1984. (Coleção Primeiros Passos).

O *etnocentrismo* é uma atitude em que todo estudioso pesquisador pode incorrer, de avaliar ou julgar um fenômeno ou cultura apenas a partir do ponto de vista de seu lugar e de seus próprios óculos. Por isso, instigamos você a conhecer mais sobre esse importante conceito lendo o texto ora recomendado.

ATIVIDADES DE AUTOAVALIAÇÃO

1. Quando Aristóteles define o ser humano como *zóon lógon echon* ou um "animal que tem razão", filosoficamente, o que de fato está afirmando?
   a) Que o ser humano não é um animal, porquanto tem racionalidade.
   b) Que a consciência racional, típica do humano, não é distinta dos demais animais.

c) Que a distinção feita pela racionalidade leva o homem a ser tanto um ser de natureza quanto um ser de cultura.
d) Que a animalidade no humano se diferencia somente enquanto este é racional.

2. O que, nas asserções a seguir, é falso ou verdadeiro quanto à afirmativa do pensador Sörem Kierkegaard (2001, p. 47): "O homem é uma síntese do psíquico e do corpóreo. Porém, uma síntese é inconcebível quando os dois termos não se põem de acordo num terceiro. Este terceiro é o espírito"?

I. O autor considera o homem como ser constituído de corpo, psique e espírito.

II. Se o homem é síntese do psíquico e do corpóreo, sendo o espírito um terceiro elemento, logo o espiritual está fora da constituição humana.

III. Para o autor, o espiritual no humano não é relevante porque não há acordo entre o psíquico e o corpóreo.

IV. O espírito é síntese da totalidade dos elementos constitutivos do humano.

Agora, assinale a alternativa correta:

a) Somente a asserção I é verdadeira.
b) Somente as asserções II e III são verdadeiras.
c) Todas as asserções são falsas.
d) Somente as asserções I e IV são verdadeiras.

3. Religião e espiritualidade são conceitos diferentes: uma se refere à parte subjetiva pessoal do indivíduo humano, outra se refere à parte objetiva social da cultura. A parte objetiva social é a:

a) racionalidade.
b) religião.
c) espiritualidade.
d) razão.

4. Segundo Galimberti (2003, p. 11): "O homem tende a manter-se distante do sagrado, como sempre acontece diante do que se teme, e ao mesmo tempo é por ele atraído". Analise as afirmativas a seguir sobre o tema.
   I. Para o autor, o sagrado é muito complexo e não pode ser compreendido.
   II. O sagrado se manifesta no humano com duplo sentimento de temor e atração.
   III. O ser humano racional não compreende o valor do sagrado.
   IV. O autor considera o sagrado irrelevante por seu aspecto irracional.

   Agora, assinale a alternativa correta:
   A] Somente I e IV são verdadeiras.
   B] Somente II e III são verdadeiras.
   C] Somente II é verdadeira.
   D] Somente IV é verdadeira.

5. Analisando o conjunto de elaborações que apresentamos sobre as questões de religião, gênero e sexualidade, indique a seguir V para as afirmativas verdadeiras e F para as falsas.
   [ ] O homem é um ser de natureza que também faz cultura.
   [ ] O processo de individuação torna o indivíduo indeterminado.
   [ ] Não podemos entender a espiritualidade como a mesma coisa que a religião.
   [ ] A moralidade é mutável com a cultura e não se implica na sexualidade.

   Agora, assinale a alternativa que apresenta a sequência correta:
   A] V, F, V, F.
   B] V, V, F, F.
   C] F, V, F, V.
   D] F, F, V, V.

Atividades de aprendizagem

Questões para reflexão

1. Todo ser humano é um ser em potencial que se realiza na medida do acontecimento em ato de sua existência no cotidiano da vida. Reflita sobre a condição que o ser humano tem de poder compreender o sentido da própria vida ao interpretar o propósito dos fatos acontecidos pelo exame da narrativa de sua existência.
2. No mesmo sentido da utilização do método da interpretação dos fatos vividos, sugerimos que você reflita, de forma prática e pessoal, sobre o modo pelo qual sua identidade de gênero recebeu influências da ocorrência dos fatos vividos em sua existência.

Atividade aplicada: prática

1. Se, conforme aponta o sociólogo Zigmunt Bauman, o sujeito da pós-modernidade vive em meio a uma "sociedade líquida", que dilui todas as verdades das grandes narrativas fundamentais, então também a religião é um elemento em mudança. Todavia, sabemos que existe muita religiosidade nas culturas do mundo atual. Tomando como referência a palestra do citado sociólogo (a seguir indicada), faça uma síntese de sua tese sobre sexualidade e religião na atualidade.
   ENTREVISTA exclusiva Zygmunt Bauman. Disponível em: <https://www.youtube.com/watch?v=1miAVUQhdwM>. Acesso em: 4 dez. 2020.

CONSTRUÇÃO SOCIOCULTURAL DE GÊNERO E SEXUALIDADE

Em qualquer discussão do tema, há quase unanimidade entre os estudiosos do mundo todo (nesta pós-modernidade) de que o gênero no ser humano é uma construção sociocultural, com o que concordamos. Todavia, uma vez que afirmamos a condição ontológica do ser humano antes da cultura, gostaríamos de destacar também a natureza sobre o debate, visto que o homem é um ser tanto de natureza quanto de cultura.

2.1 Gênero e sociedade

A questão do *gênero* na atualidade tem sido vista e discutida somente do ponto de vista da sexualidade e da direção que esta deve seguir ao impulso do desejo. Mas, como diriam os estoicos antigos, a sexualidade é somente um dos incorporais[1] da alma humana. O problema é que, após Sigmund Freud (1856-1939), como expressão imediata do desejo, a sexualidade ganhou proeminência na compreensão do sujeito.

---

1 Bréhier, em *A teoria dos incorporais no antigo estoicismo* (2012), como melhor intérprete dos estoicos na modernidade, afirma que os incorporais são a principal doutrina estoica com relação à teoria das paixões da alma que se expressam pelo corpo e pelo ser humano como uma unidade.

> **CURIOSIDADE**
>
> Na Antiguidade, os estoicos representavam os pensadores e intelectuais pertencentes ao estoicismo. Segundo Bréhier (1978), o estoicismo, que abrangeu o período entre o século IV a.C e o século II d.C, foi a escola helenista de filosofia mais influente no mundo cultural e político greco-romano.

O debate sobre a questão de gênero, que ganhou notoriedade após a segunda metade do século XX, tem sido, na verdade, uma série de "deslocamentos" do ponto de objeto sobre uma enorme e sequente "cadeia de significantes", como diria o psicanalista Jacques Lacan (1901-1981). O objeto da sexualidade já passou pelos significantes do desejo, da liberdade de gozo, da política de controle do corpo alheio, e chegou à norma geral sobre as formas da sexualidade e conjugalidade pós-modernas. Então, todos esses pontos significantes são tópicos do tema maior da sexualidade. Em nossa opinião, o **objeto** está sim no **desejo**, mas seu **ponto** de contato está no gozo, ou seja, no **prazer**.

Portanto, a reflexão ulterior deverá ser posta sobre o prazer. Logo, a questão de gênero está dentro do tema maior da sexualidade e suas formas de liberdade de expressão e vivência, e o termo *gênero* (*géne/gender*) têm sido tomado, muito recentemente nas duas últimas décadas do século XX, como expressão geral para a formulação do conceito em torno da pessoa. Dessa forma, podemos colocar a tese de que **gênero é o humano** ontologicamente fundamentado e socialmente construído.

2.1.1 Gênero: construção social do conceito

Com base na última afirmação de que o gênero é o ser humano, de natureza ontológica e de construção cultural, temos colocado um fundamento duplo para trabalhar gênero: a **natureza** e a **cultura**.

Quanto à natureza, já fizemos ponderações suficientes na primeira abordagem sobre a ontologia da individuação. Agora, resta-nos considerar o tema pela cultura, com base na ótica da antropologia e da sociologia.

A compreensão sobre o gênero é difícil, e sua busca conceitual deve remontar à ontologia clássica grega, optando-se por algum dos sistemas, platônico ou aristotélico, que percorrem a história do pensamento em várias compreensões e modificações. A questão que interessa aqui é a do **gênero humano** como um "elemento" universal em comum que oriente o desenvolvimento dos indivíduos da espécie em homem e mulher.

Na atualidade, a questão do gênero é debatida como ideologia, em cuja tarefa se rejeita toda a compreensão de "natureza" e de "norma", bem como qualquer indício de "essência", razão pela qual a ontologia fica de fora das discussões e o sujeito é compreendido apenas como produto do meio histórico-cultural e como um significante de linguagem.

Na ontologia clássica, como vimos no primeiro capítulo, a preocupação era descobrir a essência imóvel e imutável **subsistente** por trás do ser **existente**, já que este está em contínuo movimento de devir no mundo. Em Platão, tal **essência** (*ousía*) se encontra nas **ideias** (*eidé*). Em Aristóteles, a essência se encontra na *psychê*, cujo movimento é contínua *entelécheia* de passagem do **ser** do **ente** de **potência** para **ato**.

Platão (2010, p. 93, 27 D) afirma que o processo do vir a ser (*gígnesthai*) é contínuo: "Cumpre estabelecer uma distinção e perguntar: O que é que é sempre e jamais vem-a-ser, e que é que está sempre em devir e jamais é?". O ser é sempre uma potência (*dýnamis*) ligada a uma ideia-imagem (*eidós*) que se manifesta pelos "movimentos da alma" (*kínesis*) nos atos do sujeito no mundo. Essa compreensão platônica enfatiza uma espiritualidade de transcendência, que será recebida pela teologia cristã em Agostinho e substituída por uma historicidade de imanência do sujeito no mundo desde Aquino até a modernidade.

Aristóteles é o primeiro a rejeitar essa "transcendência" da teoria platônica, porque não aceita que haja tantas *eidós* (ideias) quantos seres (entes) sensíveis existentes e que as ideias tenham ação causal. A *eidós* é o gênero, e este é apenas forma subsistente na natureza dos próprios seres (pessoas): "Ora, nós dizemos que o homem vem da criança como o já gerado do que está a ser gerado [...]" (Aristóteles, 1973, p. 241, II, 2, 6b). E qual é a fronteira entre gênero e espécie? É a espécie última, ou seja, o indivíduo indivisível! "O homem é gerado pelo homem, um determinado indivíduo pelo seu pai [...]" (Aristóteles, 1969, p. 252, XII, 3, 30). Portanto, em Aristóteles, o gênero do homem advém do próprio homem.

Depois, no período greco-romano de cerca de 300 a.C.-300 d.C., os estoicos elaboraram uma filosofia do corpo segundo a qual o ser é a unidade da própria corporeidade. Pensamos que, possivelmente, Paulo tenha sido influenciado por essa teoria para pensar sua teologia do corpo e da pessoa. Para os estoicos, é o desejo/paixão (*páthos*) que direciona a forma originária do gênero, como uma realidade incorpórea[2] no corpo.

> Este termo designa para os Estoicos "*o exprimível*" (*lechtón*), *o vazio, o lugar, o tempo*. [...] É mesmo aí que se situa o sentido geral da teoria dos Estoicos sobre os incorpóreos. Identificando o ser com o corpo são, no entanto forçados a admitir, mesmo como simples existentes, pelo menos as coisas definindo o espaço e o tempo. É para estes "nadas" de existência onde criaram a categoria dos incorpóreos. (Bréhier, 2012, p. 8)

---

2 Os estoicos, cuja tradição Bréhier retoma no século XX, foram os primeiros na Antiguidade a elaborar uma ontologia com base em uma teoria corporal do indivíduo como uma unidade monista. O problema dessa concepção é que a alma é vista como um "incorporal" (nada, vazio), apenas uma potência encerrada no corpo. Mas é essa concepção que mais influencia a abordagem do gênero no século XX, via existencialismo e psicanálise.

Émile Bréhier (1876-1952) retoma a filosofia estoica, que influencia toda a filosofia francesa da segunda metade do século XX, junto ao existencialismo de Jean-Paul Sartre (1905-1980), e depois em Gilles Deleuze (1925-1995), Jacques Lacan (1901-1981), Michel Foucault (1926-1984) e Jacques Derrida (1930-2004). Nesse contexto, Simone de Beauvoir (1908-1986), companheira de Sartre, junto à psicanálise, começa a abordar o gênero como formação baseada na estrutura histórico-cultural.

O gênero passa a ser pensado fora das ontologias essencialistas clássicas, como fez por séculos até a modernidade do final do século XIX, e sofre também a influência da psicologia como ciência emergente com novo método de observação.

A questão de gênero está diretamente ligada à questão da identidade do sujeito. No entanto, a identidade do sujeito é também atribuição da linguagem pelos "predicados" que se lhe agregam, como construto de qualitativos fixados ao longo do desenvolvimento. A psicologia, por seu trato, parece ter buscado transformar-se em uma "ontologia prática", que, no entanto, tende ora para um fisiologismo, ora para um biologismo.

Nesse sentido, Sigmund Freud (1856-1939)[3] certamente foi um dos pioneiros da abordagem "psicológica" da questão do gênero que fez modificações definitivas na compreensão da identidade no sujeito moderno, atreladas à sexualidade. Resumidamente, podemos dizer que é com *A interpretação dos sonhos* (que publicou pela primeira vez em 1900) que a estrutura da subjetividade humana passa a ser explicada pela dinâmica de uma instância profunda inconsciente (*id*) no sujeito, em conflito (dialética) com uma instância de superfície (*ego*) que administra a vida no mundo (Freud,

---

3 Os textos citados podem ser encontrados nos livros inseridos nas *Obras completas* de Freud, na edição *standard* brasileira, publicadas pela editora Imago em 1980, nos volumes IV e V, *A interpretação dos sonhos*; volume XIV (p. 275-292), *Luto e melancolia*; e volume XIX (p. 23-90), *O ego e o id*; além de outros textos referentes à teoria da libido.

1980a). Depois, em *Luto e melancolia* (que publicou primeiramente em 1917), Freud (1980b) estabelece que o **eu** (*ego*) constrói sua identidade própria com base na integração dos objetos amorosos perdidos, notadamente as figuras do pai e da mãe; o **incesto**, como lei universal de ordem às relações amorosas objetais na dimensão familiar, insere o corte para o necessário distanciamento da criança aos objetos originais de amor, ao que o **ego** terá de reintegrar estabelecendo em si uma identidade com a alteridade (*alterego*) pela integração da figura do Outro. E, em *O ego e o id* (que publicou pela primeira vez em 1923), Freud (1980c p. 41) estabelece que, em função da necessária "perda" do primeiro objeto de amor (mãe ou pai), para reinvestimento de amor no Outro, "um objeto perdido é reinstaurado no eu – isto é, que um investimento no objeto é substituído por uma identificação", própria do eu, formando o caráter social da pessoa.

Essa abordagem psicológica autorreferente de **gênero** e **identidade**[4] ganha impulso no século XX com o advento da filosofia existencialista em Jean-Paul Sartre. Nesse momento histórico, a discussão sobre o gênero sai do âmbito da ontologia para as esferas da psicologia e da sociologia, como pragmática. Sob o novo paradigma do existencialismo moderno de que "a existência precede a essência", a constituição do gênero fica entendida como advinda da construção social e cultural da pessoa humana.

No contexto da segunda metade do século XX, a publicação de *O segundo sexo* em 1949, de Simone de Beauvoir (1980), a **identidade de gênero** é interpretada pela hermenêutica psicanalítica freudiano-lacaniana e existencialista-sartriana como **construção social**.

---

[4] A concepção filosófica do conceito de *identidade* é excelentemente proposta por Heidegger (1973a, p. 374-385) em *Identidade e diferença*, em que identidade é o próprio processo de diferenciação que o indivíduo faz em sua enticidade, na medida em que caminha cada vez mais na própria individuação para o "ser si mesmo" e orientar-se por seu "próprio" (*Ereignis*). É o "por si mesmo" (*kath'heauto*) do grego, que passa a ser o "si" (*se*) dos latinos, e o "ser aí" (*dasein*) do alemão em Heidegger, e ainda, o "si mesmo" (*Self*) da psicologia de Jung.

"Ninguém nasce mulher: torna-se mulher. Nenhum destino biológico, psíquico, econômico define a forma que a fêmea humana assume no seio da sociedade; é o conjunto da civilização que elabora esse produto intermediário entre o macho e o castrado que qualificam de feminino." (Beauvoir, 1980, p. 9)

A fundamentação filosófica de fundo usada para a abordagem do gênero como construção cultural sócio-histórica desenvolveu-se grandemente entre as décadas de 1960 e 1980 e tem forte influência da filosofia francesa da segunda metade do século XX, desenvolvida por pensadores da chamada *filosofia pós-estruturalista*. Essa abordagem dará fundamento aos movimentos culturais libertários feministas e os de minorias, juntamente às manifestações públicas de artistas e ativistas, bem como às revoluções culturais desde os anos 1960 e às filosofias pós-estruturalistas e linguísticas de Gilles Deleuze, Simone de Beauvoir, Michel Foucault, Jacques Lacan e Jacques Derrida. Uma herdeira dessa filosofia e principal teórica atual da questão da construção do gênero, como veremos, é a filósofa Judith Butler.

No contexto sociológico desse período, sob influência marxista e psicanalítica, uma grande contribuição adveio dos estudos e do ativismo social e feminista da antropóloga estadunidense Gayle Rubin, com a publicação de dois ensaios de grande repercussão, recentemente reunidos em *Políticas do sexo* (Rubin, 2017). Em 1975, no ensaio "O tráfico de mulheres: notas sobre a 'economia política' do sexo", Rubin faz severas críticas aos controles sociais dos poderes políticos ao longo do século XX sobre a liberdade normativa dos usos dos corpos e prazeres pelas pessoas, incompatíveis com o conceito de democracia. Ela denuncia veementemente as perseguições, a psiquiatrização e a medicalização, a psicologização dos comportamentos e os "juízos sexuais" dos sistemas de justiça. Ao ser traduzido para o francês por Claude Lévi-Strauss, Rubin ganha apoio do maior antropólogo de então no século XX, tendo sintonia também com as denúncias filosóficas do pensador francês Michel Foucault. Em 1984, no ensaio "Pensando o sexo: notas para uma teoria radical da política da sexualidade", já com bastante influência nos meios acadêmico e social, Rubin propõe um abordagem ética da sexualidade e do gênero baseada na radicalidade total do prazer, conforme a liberdade de consciência de cada sujeito humano livre.

Ainda nesse período, no âmbito da psicologia dos anos 1970, outra grande influência, depois da psicanálise, foi a psicologia behaviorista estadunidense e sua tese de que todo comportamento pode ser modificado pelo treinamento operante e assertivo. A tese psicológica, evoluída da ideia sociológica do gênero como construção social, que diferencia **gênero** e **papel de gênero**, foi usada na psicologia comportamentalista estadunidense mormente por John Money (1921-2006): a identidade de gênero advém de "papéis de gênero"[5] apreendidos e executados com base nos modelos recebidos. Conforme Marise B. Jurberg (1997, p. 76), em *Money*, "a identidade sexual constitui a persistência, unidade e continuidade da individualidade da pessoa como homem, mulher ou ambivalente, em maior ou menor grau", e, então, "A identidade sexual seria, portanto, a experiência particular do papel social e este, dentro da perspectiva psicossocial, seria determinado por verdadeiros 'scripts' sociossexuais e culturais".

---

5   Para examinar a validade da tese do psicólogo John Money, base ainda hoje para a discussão da questão de gênero, é preciso não se esquecer de sua fatídica experiência laboratorial comportamental no famoso *Caso Heimer*: uma cirurgia de redesignação sexual foi executada no menino David Heimer depois de este sofrer um acidente que lhe fez queimar totalmente o órgão genital (em razão de uma malsucedida operação elétrica de circuncisão). Após passar por duas cirurgias de ressignificação sexual ao longo de sua vida, de menino para menina e depois de feminino a masculino, Heimer se suicidou aos 39 anos de idade. Em nossa opinião, nesse caso, o erro decorreu mais da arrogância teórica e metodológica do citado cientista ao deixar de fora toda discussão com a família e, principalmente, com a vontade do próprio paciente. O presente caso pode ser visto em Dufaur (2016).

Ainda nos anos 1970, outro grande impulso à teoria da construção do gênero foi a publicação do ensaio "Gênero: uma categoria útil para análise histórica", no qual a historiadora estadunidense Joan Scott (1995), sintetizando seus estudos sobre a história das mulheres e o pensamento feminista da época, propõe a análise da história sob a perspectiva do gênero. Scott (1995, p. 72) afirma: "Mais recentemente [...] as feministas começaram a utilizar a palavra 'gênero' mais seriamente, num sentido mais literal, como uma maneira de se referir à organização social da relação entre os sexos". Quer dizer, a valorização humana e a inserção social e política das mulheres exigiam um reexame crítico das categorias de análise, além de uma redefinição e um alargamento das posições tradicionais das experiências pessoais e subjetivas do feminino, "não somente uma nova história de mulheres mas também uma nova história". Scott (1995, p. 73) anuncia, então: "A maneira como essa nova história iria, por sua vez, incluir a experiência das mulheres e dela dar conta dependia da maneira na qual o gênero podia ser desenvolvido como uma categoria de análise". O conceito da construção do gênero torna-se bem delineado e cada vez mais aceito pelas disciplinas humanas e demais ciências.

No espaço da discussão teórica, no momento atual, a figura da filósofa feminista estadunidense Judith Butler tem se destacado. A publicação de sua obra *Problemas de gênero* em 1990 marca as discussões para o século XXI, agora em contraponto às políticas de poder e controle dos corpos, denunciados por Gayle Rubin e outras, e também em favor do cuidado de si, preconizado pela ética-estética existencial de Michel Foucault.

> Explicar as categorias fundacionais de sexo, gênero e desejo como efeitos de uma formação específica de poder supõe uma forma de investigação crítica, a qual Foucault, reformulando Nietzsche, chamou de "genealogia". [...] A genealogia toma como foco o

gênero e a análise relacional por este sugerida justamente porque o "feminino" já não parece mais uma noção estável, sendo o seu significado tão problemático e errático quanto o significado de "mulher", e também porque ambos os termos ganham esse significado problemático apenas como termos relacionais. (Butler, 2015, p. 9-10)

O pensamento filosófico de Butler tem sido usado como um dos fundamentos da Teoria Queer, a teoria mais em voga na atualidade sobre a compreensão da sexualidade como **performática** e do gênero como **fluido**. O termo *queer* parece ter sido construído como um neologismo inglês criado com base na imagem de artistas performáticos do tipo *Drag Queen*, dos quais se toma a ideia de um gênero e de uma sexualidade não identificados com a categoria tradicional (binária) de masculino e feminino.

Durante a última década do século XX, em todo mundo, esse discurso saiu dos centros acadêmicos e ganhou as ruas na forma de lutas por direitos sociais e políticos, dignidade humana e saúde, na esteira da liberdade de sentimentos, opções e atitudes pessoais da sexualidade. Essa chamada *democracia dos afetos* trouxe a necessidade de, desde então, usar-se da expressão no plural: *sexualidades*.

Essa nova compreensão tem recebido apoio hegemônico nos parlamentos e sistemas de justiça dos países democráticos, trazendo ganhos de aceitação e liberdade pública às novas identidades de gênero, às novas formas de uniões, convivências e parcerias sexuais e redefinido direitos e formas de conjugalidade, família e adoção.

Com a revolução tecnológica das comunicações nessas duas primeiras décadas do século XXI, estamos também em plena revolução dos costumes na sexualidade. Se, por um lado, muitos sentem certo excesso de liberdades de opções de novas categorizações constantemente mutáveis para o gênero, por seu turno, outros se sentem agredidos em seus costumes e valores culturais tradicionais, e outros, ainda, mais recentemente, sentem constante indefinição sobre a própria condição de gênero e, pela primeira vez, alguns já assumem o desinteresse sexual como opção, como **assexualidade**.

> **PARA REFLETIR**
>
> Como uma pausa na densidade da leitura e uma forma de levar você a adentrar ainda mais profundamente no tópico em discussão, propomos aqui uma livre reflexão sobre a questão atual de gênero e suas implicações na definição da identidade do sujeito contemporâneo. Para isso, sugerimos como elemento provocador a palestra do iminente professor psicólogo Ivan Capelatto, intitulada *A crise dos gêneros*, no formato de vídeo encontrado no *site* do Instituto CPFL – Café Filosófico, da TV Cultura, em:
>
> CAPELATTO, I. A crise dos gêneros. **Instituto CPFL**, 2004. Disponível em: <http://www.institutocpfl.org.br/play/a-crise-dos-generos-ivan-capelatto>. Acesso em: 4 dez. 2020.

2.1.2 Sociedade: a amálgama cultural do gênero

A cultura é objeto de estudo especialmente da antropologia. A antropologia como ciência nasce no século XIX com pesquisas sobre o modo de vida dos povos. Nos primórdios dessa ciência, vê-se historicamente o Ocidente europeu vivendo constante interrogação sobre si mesmo, uma vez questionado pelo encontro vivencial com outras culturas "exóticas" descobertas pelas grandes navegações, a partir do século XV, além dos povos africanos e asiáticos, em especial os das Américas e os da Oceania. Esse choque cultural foi objeto de reflexão filosófica de vários pensadores e de pesquisa de vários estudiosos de diversas ciências, inicialmente com base em relatos de viagens de mercadores, militares e missionários religiosos. Segundo o antropólogo brasileiro Mércio Pereira Gomes

(2017, p. 15), a tarefa da antropologia é "entender o homem como ser de natureza e de ser de cultura".

Claude Lévi-Strauss (1908-2009), um dos maiores antropólogos do século XX, realizou, entre 1934 e 1938, estudos etnográficos de contato direto com a cultura dos povos aborígenes de nosso país entre os indígenas da região do atual Mato Grosso do Sul. A obra desse autor, vale dizer, é vasta e conhecida. De suas pesquisas em terras brasileiras publicou *Tristes trópicos* em 1988, obra sobre a realidade da destruição do *ethos* indígenas pela "aculturação". A antropologia, de modo geral, faz diferenciação entre os conceitos de *cultura* e de *sociedade*.

No ensaio *A antropologia diante dos problemas do mundo moderno*, Lévi-Strauss (2012, p. 59) afirma: "A cultura consiste no conjunto das relações que os homens de uma civilização determinada mantêm com o mundo; a sociedade consiste, mais especialmente, nas relações que esses mesmos homens mantém uns com os outros". Portanto, o sujeito humano é a amálgama dessas duas realidades complementares.

Quanto ao confronto de culturas, a tônica da mensagem de Lévi-Strauss (2012, p. 9-10) é que devemos aprender com os outros: "Há cerca de dois séculos, a civilização ocidental definiu a si mesma como a civilização do progresso. Irmanadas no mesmo ideal, outras civilizações acreditaram dever tomá-la como modelo". No entanto, diz ele, "Os acontecimentos de que o mundo foi palco durante o presente século desmentiu estas previsões otimistas", pois "Os homens foram exterminados às dezenas de milhões, entregaram-se a terríveis genocídios". Nesse sentido, Lévi-Strauss (2012, p. 11) observa uma crise permanente nos fundamentos de **fé em si** que dá identidade ao sujeito ocidental: "por muito tempo um ato de fé, a crença em um progresso material e moral votado a jamais se interromper sofre, assim, sua crise mais grave. A civilização de tipo ocidental perdeu o modelo que dera a si mesma, já não ousa oferecer esse modelo às outras".

Essa afirmação nos permite pensar que, de fato, a crise não é ainda cultural (gênero, sexo, religião), mas do humano: o sujeito moderno é que está em crise. E, obviamente, coloca tudo o mais nesse sujeito também em crise. A crise de fé em si certamente envolve uma crise de fé em Deus. Será que esse sujeito em crise consigo e com Deus, na velocidade de mudanças da liquidez da sociedade tecnológica e sob violência à alteridade, poderá "evangelizar" o outro diferente de si?

Nosso antropólogo em tela, em síntese ao final de carreira, faz ainda outras observações sobre o amálgama cultural da vida em sociedade (sexo, casamento, família), elementos importantes para a tese deste capítulo, no sentido de "universais" da antropologia humana: a sexualidade, o desenvolvimento econômico e o pensamento mítico (religioso).

Afirma Lévi-Strauss (2012, p. 39-40) que, universalmente, os povos:

A] "utilizam as relações de parentesco e de casamento para definir o pertencimento ou o não pertencimento ao grupo", ainda que diferindo uns dos outros em uma diversidade de normativas culturais locais;
B] "Os laços biológicos fornecem o modelo sobre o qual são concebidas as relações de parentesco", portanto a natureza ainda é o modelo;
C] "essas relações e essas noções compenetram o campo inteiro da vida e das atividades sociais".

Conclui dizendo: "De modo geral, pode-se dizer que nessas sociedades o parentesco e os laços do casamento constituem uma linguagem comum, próprio a expressar todas as relações sociais:

econômicas, políticas, religiosas etc., e não apenas familiares" (Lévi-Strauss, 2012, p. 40).

Todavia, como mostrou o sociólogo alemão Norbert Elias (1897-1990), em sua monumental obra *O processo civilizador: uma história dos costumes* (1993), ao olharmos o caminho da humanidade em retrospecto e como totalidade, respeitada a diversidade cultural, o espírito societário é um processo inexorável. Contudo, essa abordagem do gênero humano como somente construção sociocultural, tal como tentamos mostrar até aqui, é ainda redutiva em si, pois deixa o sujeito sem um fundamento ontológico da natureza e continua desconsiderando a possibilidade de transcendência espiritual para além da mera racionalidade existencial. Voltemos, então, ao que se contrapõe a essa abordagem personalista com a ontoteologia de Edith Stein.

Em Edith Stein, segundo Clélia Peretti (2009, p. 105, grifo do original), não há o termo *gênero*[6] como categoria, há simplesmente o uso comum dos termos *masculino* e *feminino* para designar as diferenças no sistema sexo/gênero, com ênfase em uma **antropologia dual**, uma vez que "as diferenças de gênero são diferenças essenciais, pois dizem respeito à estrutura do ser humano"; assim, "compreender *quem/como* é o ser humano, é necessário individuar as diferenças de gênero, considerando sempre nessas diferenças a possibilidade de uma complementação e comunhão características".

Segundo Peretti (2009, p. 121, 142): "A pessoa humana é o ponto central das investigações de Edith Stein e é examinada nas mais variadas dimensões: corpo, alma, espírito, valores, relações com os outros e com Deus". E ainda: "O tema gênero, espécie e individualidade do ser humano emergem [sic] da analogia com os

---

6   Na verdade, devemos aceitar que toda a discussão de gênero de fato é recente, pois nem o termo muito menos o conceito havia até a década de 1970 em diante, o que exige cautela na abordagem do humano.

seres animados e inanimados", mas tendo a **alma** como centro configurante da vida a todo ser.

> Se entendemos por "alma" a forma essencial inerente a um ser vivo, assim a cada alma lhes é próprio como tal trazer em si mesma a força suscetível de configuração particular da matéria: este modo superior da força formadora de simples construções materiais, que torna possível para ela a transformação de matérias estranhas. É o modo de ser peculiar dos seres vivos, o que lhes permite construir-se e configurar-se procedendo desde o interior com a ajuda de matérias recebidas: o modo peculiar de ser, que chamamos vida. (Stein, 2007b, p. 849)[7]

Cada pessoa, portanto, é uma configuração própria baseada na essência (*eidós*) da própria alma (*anima*). E, seguindo Tomás de Aquino, Stein (2007a, p. 105) vê a alma como configurante do corpo: "Cabe dizer da alma que é também a forma do corpo? Sem dúvida, pode-se falar de uma formalização do corpo pela alma, e isso no duplo sentido de formalização devida à estrutura essencial e de a obra ser do livre agir. O modo de ser interior de um homem se expressa em seu exterior [...]".

Em Stein (2007a, p. 106-107), a pessoa é um ser **triunitário**, porque, além de corpo e alma, também o ser humano é um ser espiritual: "O ser espiritual-anímico e a vida se expressa no corpo, nos falam através dele", pois: "O corpo não é somente expressão do espírito, senão também o instrumento dele que este se vale para agir e criar"; portanto, "Pelo que o corpo não deve sua espiritualidade ao

---

7 Seguimos aqui a versão espanhola das obras completas de Edith Stein fazendo, com tradução nossa, referência simples à autoria, à data da publicação espanhola e à respectiva página em que o trecho se encontra no original. O pensamento steiniano é um dos mais renovados na atual contemporaneidade e redescoberto por diversos estudiosos filósofos, teólogos, psicólogos, educadores, cientistas da religião etc. Sua ontologia é nosso objeto de estudos e pesquisas.

fato de que é fundamento da vida espiritual, senão que é expressão e instrumento do espírito".

Edith Stein (2007b, p. 968) também vê o "eu" como sede da consciência e elemento reunidor de corpo, alma e espírito em uma **identidade de si**: "Por 'eu' entendemos o ente cujo ser é vida [...] e este ser é consciente de si mesmo".

Contudo, como dissemos, a novidade de sua abordagem da individuação é recolocar o ser sob um fundamento **ontoteológico**, segundo o qual a pessoa é um ser integral de natureza triúna em corpo, alma e espírito. Para Stein (2007a, p. 145), a dimensão espiritual do ser é aquisição relacional, tanto na relação com Deus quanto na relação com os outros seres, pois **a essência da espiritualidade é vida comunitária**: "Que as pessoas estão abertas umas para as outras significa que estão umas com outras num mesmo contexto espiritual de atuação, ante tudo num contexto de compreensão".

Assim, por fim, ao evocarmos o pensamento contemporâneo de Edith Stein, recentemente resgatado do âmbito fenomenológico, queremos adicionar à discussão do gênero, dentro do conceito de individuação e sob o escopo maior da ciência ontológica, o necessário aspecto espiritual da pessoa humana, no sentido filosófico da necessária transcendência do ser. As filosofias do século XX, mormente aquelas de caráter existencialista, ao deixarem crescentemente de fora de suas abordagens ontológicas o aspecto da transcendência, por antes terem decretado o fim da metafísica, acabaram lançando o homem pós-moderno em uma crise existencial de esvaziamento de sentido do ser, deixando-o, só e por si, mergulhado no niilismo e no tédio.

É nesse sentido e nesse contexto, então, que pensamos que as crises ditas de "gênero" são, em uma categorização maior, dentro de uma reflexão mais ampla, crises existenciais de "identidade" do sujeito humano em meio à crise cultural do mundo. É certo que a identidade de uma pessoa, que envolve o gênero e a sexualidade, é uma construção contínua da gestação à morte; porém, conforme a **metáfora da árvore**, mantém fixas sempre as raízes no solo terreno e humano e, enquanto lança seus ramos ao alto e ao etéreo, preserva, todavia, a solidez de uma construção mediada. A própria vida de individuação é a transcendência, como interioridade, cujos desafios sempre novos impulsionam à busca do sentido.

A questão do sentido é o principal problema da crise do sujeito na contemporaneidade. A ausência de verdades absolutas que proporcionem renovadas formas de transcendência faz do eu humano um elemento perdido no deserto de um mundo niilista, em cujo contexto se garante na existência só e por si. Não seria problema, como propôs a filosofia existencialista, se, ao contrário, esse mesmo sujeito humano não estivesse em contínua sintomatologia de angústia e falta de esperança.

2.2 Abordagens culturais da sexualidade

Tratamos até aqui do emprego dos fundamentos na discussão de nosso estudo, que envolve religião, gênero e sexualidade, em uma grande temática que tenta apresentar uma síntese natural, histórica, cultural e das ciências humanas, sob o eixo da teologia e o foco do *ethos* bíblico, para facilitar a compreensão.

Neste tópico, buscaremos direcionar o assunto para os confrontos sociais e éticos das principais culturas religiosas, desde a Antiguidade, passando pela formação na cultura ocidental, até as principais expressões religiosas presentes na sociedade brasileira. Apresentaremos nossas sínteses sobre textos e documentos clássicos e contemporâneos, a fim de trazer toda a reflexão para a atualidade.

O tema *gênero e sexualidade* enquanto dimensão constitutiva da vida humana é demasiadamente amplo para que se consiga abordá-lo totalmente, já que exigiria uma busca de subsídios na história, antropologia, sociologia e teologia das religiões, entre outras ciências, em uma diversidade imensa de culturas desde a Antiguidade. Precisaremos recorrer sempre a essas ciências para um *lógos* possível de resposta aos anseios atuais. No entanto, responder a isso é demasiada pretensão. Atualmente, o tema tem sido um dos mais discutidos e abertos a polêmicas, tendo em vista as aceleradas mudanças sociais e comportamentais pelas quais tem passado o sujeito na contemporaneidade. As posturas éticas e estéticas da vida individual e comunitária, em qualquer sistema sociocultural do mundo, também têm sua dimensão política. Mas aqui julgamos lugar inadequado para tal juízo, razão pela qual abordaremos as diferentes formas de compreensão do tema.

A construção de qualquer saber depende sempre do fundamento de onde parte sua edificação. A essência do fundamento é, pois, a primeira colocação. O fundamento deste tópico cuja temática é o edifício da religião deve ser buscado na cultura e na sociedade. Nesse sentido, nesse caso, precisamos recorrer especificamente às ciências da antropologia e da sociologia. Mesmo no âmbito propriamente das teologias monoteístas, estas ocorrem no ambiente de culturas e sociedades específicas. Como já vimos, a sexualidade é um fenômeno humano que acompanha o desenvolvimento do homem desde tempos imemoriais. Com base nisso, primeiramente buscaremos uma síntese da visão antropológica da multiculturalidade do comportamento sexual, e depois da sociologia moderna sobre as normas sociais do gênero.

2.2.1 Antropologia e sexualidade

Inicialmente parece estabelecer-se uma crise como um abismo aberto entre a teologia propriamente dita[8] e a antropologia quando o assunto considerado é a sexualidade humana. Isso ocorre porque, do ponto de vista teológico ocidental tradicional, toda a compreensão e todo o comportamento da sexualidade – esta que envolve as relações afetivas e a conjugalidade – são vistos por meio de uma postura de fé moral dogmática e exclusiva, que a (sexualidade) limita e até mesmo nega. Do ponto de vista antropológico, porém, o contato com as mais diversas culturas, dos mais recônditos e remotos lugares, o que se vê, de forma arquetípica[9], é uma diversidade de formas mais brandas de lidar com a sexualidade, ainda que dentro de regras específicas de vida em sociedade. Portanto, quando colocada sob a ótica das culturas, a diferença aparece.

Todas as culturas têm suas normas quanto à sexualidade e à religião. São elaborações adaptativas do viver em sociedade no *ethos* próprio ao longo de anos, séculos e milênios com fins de proteção, propriedade, sacralidade e sobrevivência.

A diferença que o estudo antropológico demarca entre a sexualidade e a religião nas culturas em relação à história ocidental está exatamente no fato de que, em todos os *ethos* culturais aborígenes ou antigamente ditos *primitivos*, não há diferença entre fé e sexo, sendo, aliás, uma distinção própria da cultura ocidental com base na razão.

---

8   Consideramos, do ponto de vista histórico da construção racional dogmática, a teologia ocidental cristã como "teologia propriamente dita"; porém, conforme anteriormente declarado, atualmente coloca-se sob o escopo de "teologia", conforme as ciências da religião, também o conjunto de crenças e práticas de outros grandes sistemas religiosos. Tanto quanto possível demarcaremos a diferenciação quando for usada.
9   As "formas arquetípicas" são modelos universais como "padrões de comportamentos" que se percebem repetidas nas culturas de todos os lugares e atualizadas em todos os tempos. A noção utilizada de *arquétipo* como um conceito da psicologia e da fenomenologia moderna será depois apresentada.

Esse dado inicial leva a uma constatação antropológica geral: nas sociedades arcaicas, tudo é natureza e tudo é sagrado. Dessa forma, não se distinguem sexualidade e religiosidade com base em uma moral, cujo conceito também é fruto da racionalidade ocidental. Disso se depreende a importância de ter colocado o sagrado como tópico obrigatório à reflexão de nossa temática. Em todas as culturas antigas que já desapareceram, objeto da história arqueológica, bem como as sociedades aborígenes que ainda existem e cujas tradições estão razoavelmente preservadas, verificamos que a sexualidade é sagrada e ritualizada como forma de espiritualidade intrínseca entre o ser humano e a natureza física e cósmica. Por isso mesmo, desde os primórdios dos contatos com outras culturas, sob o impacto do choque cultural europeu que se apontou anteriormente, a antropologia sentiu a necessidade de produzir uma explicação para a espiritualidade intrínseca à natureza pelo homem primitivo, momento em que surgem termos como *magia*, *totem* e *tabu*.

Quando a antropologia começa a nascer no século XIX, buscando relatos de viajantes, mercantes, conquistadores ou missionários religiosos, sua metodologia acadêmica é ainda manifestada pela reunião dessas narrativas em forma de histórias contadas, gravuras desenhadas, mitos contados, e, depois, por fotografias, em narrativas repletas da racionalidade romântica e evolucionista europeia, daquilo que apontamos como *etnocentrismo*.

Um exemplo evidente de etnocentrismo é o clássico livro de antropologia *O ramo de ouro*, de James G. Frazer (1982), que, embora de pouca validade hoje se não bem depurado, traz abundante uso de imagens culturais. Os estudiosos europeus daquela época estavam distantes de seus nichos de pesquisas e os apresentavam como uma "antropologia de gabinete ou de museu". Narrando inúmeros ritos religiosos de relações com a natureza e os ritos de fertilidade ligados à sexualidade em vários lugares, Frazer (1982,

p. 34-35) sentencia: "Em suma, a magia é um sistema espúrio de lei natural, bem como um guia enganoso de comportamento: é tanto uma falsa ciência quanto uma arte espúria"; o objetivo seria então, "discernir a ciência espúria por trás da arte bastarda". O problema, portanto, era a atitude intelectiva de julgamento, condenação e certa correção "civilizatória" pelo estudioso, semelhantemente à mentalidade colonialista e missionária dos políticos e religiosos. Esse choque dogmático e catequista só desapareceria com um novo método no século XX.

No âmbito da teologia também ocorreu esse equívoco de leitura e fundamentação. Desde os primeiros pensadores dos primeiros séculos até os de meados do século XIX ao XX, o método historicista de "leitura distanciada" da realidade etnológica, viciada pela dogmática, criou toda uma construção teológica, atestada e chancelada como sagrada pelo *magnum magisterium* eclesiástico, que ainda hoje fundamenta a doutrina cristã em todos os matizes do cristianismo. Por isso, os estudiosos da sexualidade, nos últimos séculos e décadas, têm buscado gerar uma ciência distanciada da religião, que melhor traduza as transformações contemporâneas da sexualidade humana.

Por esse ângulo, compreendemos por que uma das leituras mais divulgadas e sedimentadas, nos estudos tanto antropológicos quanto teológicos, ainda do século XIX, conforme o demonstra Frazer (1982), é a leitura das celebrações religiosas primitivas dos vínculos entre natureza e sexualidade nos assim chamados *ritos de fertilidade*, como espelho do horror e da raiz do paganismo a ser extirpada da terra. De fato, o chamado *casamento sagrado* (*hierogamia*), como você verá adiante, é um tópico presente no *background* do confronto cultural de todo o *ethos* bíblico.

No *ethos* bíblico, Antigo Testamento e Novo Testamento, a noção de *fé* difundida na revelação monoteísta se diferencia radicalmente daquilo que os antropólogos chamaram de **magia** e **tabu** dos povos por meio do conceito de moralidade. Aliás, a moralização dos costumes, podemos categoricamente afirmar, é o grande alvo da revelação bíblica. O conceito bíblico de *fé* ocorre primeiro pela ideia de fidelidade, enquanto repetição e constância do "caminho e caminhar" na "verdade". A palavra *fé*, do hebraico *emunah*, como **fidelidade**, tem na mesma raiz a palavra *verdade* (*emet*). Ambas têm o sentido de "revelação", de algo dado por Deus à mente humana, do qual se pode ter consciência. O caráter especial dessa revelação exige uma moralidade radical: **monoteísmo** e **monogamia**. Eis a fonte da fé moral.

Nesse sentido, e tal como também os demais povos tomaram um sentido sagrado para os próprios eventos históricos, todas as narrativas bíblicas históricas de fé, como na experiência do povo israelita no Êxodo (livros de Êxodo, Levíticos, Números e Deuteronômio) e na Conquista (Josué e Juízes), servem de arquétipos[10] à fé cristã posterior (Novo Testamento), as quais serão repetidas nas conquistas evangelicais históricas do cristianismo, com o mesmo espírito educativo e corretivo dos costumes em todas as culturas "conquistadas" e catequizadas.

Como já apontado, a cultura ocidental judaico-cristã baseia-se em uma fé moral segundo a qual o monoteísmo pressupõe a monogamia e a fidelidade. Fé e verdade são pressupostos da mesma raiz, que se fundamentam na revelação dada e escrita, as Escrituras Sagradas (Bíblia) e que se orientam pela consciência racional, como um "culto de razão" (Rm 12,2). Assim, toda essa teologia se

---

10 Tanto para o psiquiatra suíço Carl Gustav Jung, quanto para a filósofa alemã Edith Stein, proponentes do conceito no século XX, o **Arquétipo** é tomado como a *eidós* grega de Platão, ou seja, uma forma ontológica, invisível, portanto, mas presente na substância essencial original do ser humano, como uma potência ou polo de energia, às vezes "imagens primordiais" (*archés/urbilds*) inatas que o ser já traz milenarmente em si e pelas quais "repetem" os "comportamentos-padrões originais" dos ancestrais. De todo modo, é um conceito espiritual ontológico importante que serve à Antropologia contemporânea.

funda definida filosoficamente e defendida magisterialmente, na forma de dogmas e doutrina sagrada, absoluta.

Nesse sentido, para essa identidade de absoluto da cultura religiosa ocidental, o grande problema tornou-se o sexo e a sexualidade e tudo de esta dispõe, quer o desejo, quer o prazer, quer as relações. O **sexo** (*sexus*) é um "corte", uma "separação", não só entre os seres biológicos macho e fêmea, mas também nos sujeitos culturais homem e mulher, além ainda de ocorrer entre os sentidos absolutos do espírito e da carne.

Obviamente, então, o que os antropólogos viram como arquétipo entre os povos, especialmente os aborígenes, foi a ausência de absoluto nessas separações, quer conceituais, quer pragmáticas, e uma vivência totalmente diferenciada da sexualidade, mais permissiva em certos comportamentos, ainda que regrada e normatizada em costumes conforme as tradições dos ancestrais. Quer dizer, via de regra, a sexualidade não é um problema nessas culturas como o é nas "religiões do Livro", entre as quais também incluímos agora o islamismo. Nesse sentido, podemos antecipar: o cristianismo fez do sexo o maior tabu da humanidade. Esse tabu, de uma forma ou de outra, está inscrito ontologicamente no arquétipo (*eidós*) cristão, e seu espírito é vivido ainda hoje.

A antropologia, na virada dos séculos XIX e XX, passou então a adotar a etnografia como método, isto é, a descrição concreta dos dados observados na cultura do *ethos*. No início, antropologia e sociologia caminhavam juntas. Para alguns, a sociologia sai de dentro do campo da antropologia quando passa a eleger o próprio objeto de estudo mais nos fatos sociais das grandes sociedades modernas. Marcel Mauss (1872-1950) foi um pioneiro sociólogo e antropólogo francês. Sua obra *Sociologia e antropologia* (2017) reúne alguns de seus ensaios clássicos, como "Esboço de uma teoria geral da magia", escrito ente 1902 e 1903; "Ensaio sobre a dádiva", de 1921, no qual retrata as grandes cerimônias de trocas (*potlatch*) que os povos em vários lugares do planeta fazem, de forma muito semelhante, não como um ato econômico, mas como modalidade de relacionamento e compromisso mútuo de preservação e retribuição do valor humano, um fenômeno que dá origem à sociabilidade dos povos.

A propósito do texto "Ensaio sobre a dádiva", Marcel Mauss (2017, p. 29) diz que "pela primeira vez na história do pensamento etnológico, um esforço era feito para transcender a observação empírica e atingir realidades mais profundas". Logo, "Pela primeira vez, o social cessa de pertencer ao domínio da qualidade pura [...] e torna-se um sistema, entre cujas partes se podem descobrir, portanto, conexões, equivalências e solidariedades" (Mauss, 2017, p. 29). Segundo Lévi-Strauss (2008), ao citar Carl Gustav Jung, o que Mauss descobre, com outros grandes antropólogos da mesma época (Davy, Boas, Swanton), é o fundamento da unidade sociocultural como um **inconsciente coletivo**[11], que, por sua força espiritual, determina a formação do sujeito humano. É uma das maiores descobertas do século XX.

Nesse sentido, todas as instituições, todas as crenças, todos os valores e políticas vividos pelos povos e suas tradições são frutos da totalidade contínua dessa "cultura viva" que amálgama e molda indivíduos e comunidades. Dessa forma nova de ver, não podemos considerar a sexualidade e o gênero fora da magia religiosa que liga indivíduo e comunidade à natureza como uma totalidade viva de sentido. Mauss (2017, p. 220) esclarece: "Trata-se, no fundo, de misturas. Misturam-se as almas nas coisas, misturam-se as coisas nas almas. Misturam-se as vidas, e assim as pessoas e as coisas

---

[11] O conceito de *inconsciente coletivo* é central na obra de Carl Gustav Jung e da Psicologia Analítica, o qual pode ser visto, entre outras, na obra *Os arquétipos e o inconsciente coletivo* (Jung, 2013), o qual diz respeito a uma unidade espiritual universal de todas as culturas humanas num processo continuo. As pesquisas antropológicas de Lévi-Strauss parecem confirmar essa teoria, especialmente quando fala de "magia e religião", na obra *Antropologia estrutural* (2008).

misturadas saem cada qual de sua esfera e se misturam: o que é precisamente o contrato e a troca".

Entre 1914 e 1917, o antropólogo inglês Bronislaw Malinowski (1884-1942) resolveu viajar para as ilhas Trobriand, na Melanésia, nas costas da Austrália, e testar *in loc* as ideias de Frazer. A possibilidade de, pela primeira vez, ainda que outros também já tivessem empreendido viagens de pesquisa, fazer observações e descrições habitando no próprio campo de trabalho, adaptado a ele, inclusive à sua língua, deu à etnografia sua comprovação, e à antropologia social, sua inauguração (Malinowski, 1973; 1982; 2015). O abundante material colhido deu a Malinowski elementos concretos para considerar e comparar em tudo uma cultura absolutamente ainda primitiva com a europeia e em especial o comportamento sexual. Ele lançou várias obras revolucionárias nesse campo: *A vida sexual dos selvagens a noroeste da Melanésia* (1982), *Sexo e repressão na sociedade selvagem* (1973) e *Crime e costumes na sociedade selvagem* (2015).

As pesquisas etnológicas de Malinowski são referenciais para a análise da questão de gênero e sexualidade por mostrarem um parâmetro totalmente fora do padrão cultural ocidental europeu.

Quanto à sexualidade, Malinowski descobriu que a sociedade dos trobriandeses era **matrilinear**, em vez da ocidental patrilinear e patriarcal; ou seja, a organização social do parentesco era feita com base na família das mães, e não na dos pais. E essa característica também foi verificada em todas as ilhas oceânicas e outros povos aborígenes, como da Austrália, da Nova Zelândia, da África, entre outros. O filho, ao nascer, é dado para a irmã da mãe criar, que passará a ser a mãe de autoridade plena, ao passo que a mãe biológica fica com a criança apenas da idade da amamentação até o final da primeira infância para os cuidados necessários; e o pai de fato será o tio. O pai biológico ama e cuida do filho durante a infância, mas não tem mais poder que o tio materno sobre ele:

o menino adotado terá todos os direitos de propriedade e herança do tio (Malinowski, 1973; 1982; 2015).

As regras das descobertas da sexualidade na adolescência, por sua vez, tinham aspectos repressivos de forma mais branda que as que o autor observava na Europa do início do século. Havia normas de pudor e respeito ao convívio diário e às escolhas de relações afetivas e mesmo sexuais, as quais também aconteciam muito intensamente em ritos e festas noturnas entre os jovens das aldeias vizinhas, sem tabus quanto à virgindade ou ao sexo propriamente. O casamento era instituição central da sociedade, como em todas as demais culturas, sendo feito por cerimônias específicas de escolhas dos enamorados entre os amantes que os jovens já tinham experimentado sexualmente (Malinowski, 1973; 1982; 2015).

Um dos fenômenos que Malinowski se propõe a verificar, dada a proeminência na cultura europeia na mesma época, foi a pretensão de universalidade da teoria psicanalítica de Sigmund Freud (1856-1939) quanto ao incesto, no sentido do que este chamava de *complexo de Édipo*. Embora já discordasse do psicanalista e demonstrasse que tal formulação da triangulação amorosa entre mãe-filho-pai era demasiado europeia, patrilinear e patriarcal, também não a constatou naquela e noutras culturas distantes. Malinowski, no entanto, foi o grande comprovador de que de fato há uma universalidade quanto ao respeito à lei do incesto. Outros antropólogos também comprovaram essa percepção (Malinowski, 1973; 1982; 2015).

Para Malinowski (1982, p. 47), o medo e o pavor da transgressão, característicos dos selvagens, delineiam e delimitam as funções identitárias de gênero, dentro das "formas" tradicionais milenares socioculturais. Suas observações fazem inferências de que, com base no sentimento de temor, evitam-se as diferenças entre os gêneros e os sexos além do natural masculino e feminino. Tal sentimento de temor intrínseco à cultura normatiza todos os costumes sociais: "Ele (o medo) decorre da vergonha, muito característica dos selvagens, de não fazer o que é correto, ou, pior, de fazer algo que comprometa intrinsecamente o outro sexo ou outra classe social" (Malinowski, 1982, p. 47).

Malinowski (2015), na obra *Crimes e costumes na sociedade selvagem*, traz um relato preciso de todo o procedimento jurídico do julgamento moral de uma transgressão na aldeia trobriandesa, sobre um caso de abuso sexual incestuoso, com um consequente desfecho trágico de suicídio, como exigência culturalmente sagrada de cumprimento de autopunição. O julgamento por adultério também tem o desfecho crucial de afastamento total e definitivo da figura masculina da aldeia. Nesse caso, as mulheres não sofrem disciplinas como os homens.

O rigor acadêmico e a observação-participante no próprio campo deram a Malinowski algumas conclusões que tiveram grande repercussão científica. Para ele, o "novo humanismo", europeu, mostrou-se tão "velho humano" como todas as culturas. Quanto a sexo, namoro e casamento em Trobriand, Malinowski (1982, p. 29) afirma que são "A fase mais dramática e mais intensa nas relações entre homens e mulheres, aquela em que eles amam, unem-se em casamento e procriam filhos, e tem de ocupar necessariamente o primeiro plano em qualquer consideração do problema sexual". Desse modo, "Para a pessoa comum e normal, seja qual for o tipo de sociedade em que a encontremos, a atração pelo outro sexo e os episódios passionais e sentimentais que dela decorrem constituem-se nos acontecimentos mais significativos da existência" (Malinowski, 1982, p. 29).

Outra celebrada antropóloga que investigou a sexualidade foi a estadunidense Margaret Mead (1901-1978), entre os aborígenes da ilha Samoa, na Oceania; depois em Papua Nova-Guiné, e ainda na ilha de Bali, na Polinésia. Mead era participante da antropologia cultural estadunidense, orientada pelo antropólogo Franz Boas. A diferença em sua etnopesquisa, segundo alguns críticos, está no fato de que, quando foi fazer o estudo de campo em Samoa, Mead já tinha uma questão bem específica na cabeça: provar que o sexual (e o que hoje se chama *gênero*) é determinado pelo social. Na verdade, no livro que publicou no retorno como relatório de pesquisa, *Adolescência, sexo e cultura em Samoa,* Mead (1975) confirma sua tese de que, sob diferentes condições, a adolescência apresenta diferentes circunstâncias.

Uma vez que ficou somente seis meses na ilha morando na casa de um pastor missionário, onde fez entrevistas aleatórias com apenas 68 adolescentes femininas na ilha, além da linguagem popular pouco acadêmica de sua narrativa, muitos criticaram as conclusões que fizera. No entanto, seu estilo coloquial e seu engajamento cultural liberal foram muito bem aceitos e, de certa forma, apoiados por correntes como a psicologia psicanalítica e os movimentos feministas. Suas ideias encontraram acordo com o momento libertário da luta cultural por liberdade sexual da segunda metade do século XX.

Mead (1979), na obra *Sexo e temperamento*, pesquisou a sexualidade dos adolescentes e o desenvolvimento infantil em vários outros lugares de culturas distantes. Desde o início, com o apoio de Boas, ela buscou romper com os padrões sociais impostos nos Estados Unidos sobre a sexualidade dos jovens. Muitos estadunidenses, entretanto, leram que Mead tomava as samoanas como modelo de mulheres que odiavam o casamento, com liberdade de transgredir as regras socioculturais em favor do sexo ocasional.

Para Miguel Vale de Almeida (2003, p. 9), "A conclusão a que pretende chegar é a de que onde, por razões culturais, não haja noção de pecado e culpa, e onde os conflitos edipianos estejam minimizados, bem como se verifique um desenvolvimento da arte do sexo, os traumas da transição adolescente não se fazem sentir". Pouco tempo após sua morte em 1978, o antropólogo australiano John Derek Freeman criticou as pesquisas e teses de Mead, afirmando que nelas havia fragilidades e tendenciosidades e que estudos posteriores com as mulheres que ela pesquisou negavam suas afirmações e rotulações de sexo fácil dadas às moças da ilha de Samoa, o que se tornou mito na cultura estadunidense.

Todavia, como já exposto, apesar dos conflitos, a tese defendida por Margaret Mead de que **a cultura social determina o gênero e a sexualidade** se impôs junto ao espírito da época. Dessa forma, os costumes são a "forma" que delineia papéis e funções sexuais na multiculturalidade social e que definem estritamente o gênero a seu modo.

> **PARA REFLETIR**
>
> Você pode aprofundar-se no debate assistindo a vídeos de antropologia sobre Margaret Mead, com filmagens inéditas que a própria estudiosa fez em seus trabalhos de campo, e sobre Bronislaw Malinowski em:
>
> ESTRANHOS no exterior: Maioridade (Margareth Mead) (Strangers Abroad). Disponível em: <https://www.youtube.com/watch?v=fLKjTt63yjw>. Acesso em: 4 dez. 2020.
>
> ESTRANHOS no exterior: Fora da varanda (Bronislaw Malinowski) (Strangers Abroad). Disponível em: <https://www.youtube.com/watch?v=Qn_gLroH3bQ>. Acesso em: 4 dez. 2020.
>
> Para complementar a tarefa, leia o capítulo escrito por Miguel Vale de Almeida, intitulado "Antropologia e sexualidade: consensos e conflitos teóricos em perspectiva histórica" e publicado em livro de Soares e Vaz (2003), no qual faz excelente apresentação histórica.

> ALMEIDA, M. V. de. Antropologia e sexualidade: consensos e conflitos teóricos em perspectiva histórica. In: SOARES, L. F. C.; VAZ, J. M. (Org.). **A sexologia**: perspectivas multidisciplinares. Coimbra/Portugal: Quarteto, 2003. v. II. p. 53-72. Disponível em: <http://miguelvaledealmeida.net/wp-content/uploads/2008/06/antropologia-e-sexualidade.pdf>. Acesso em: 4 dez. 2020.

2.2.2 Sociologia e gênero

A questão de gênero na sociologia moderna tem a ver também com o crescimento dos conceitos de *pessoa* e *individualidade* na contemporaneidade e com a luta por igualdade de direitos. A sociedade ocidental, de modo geral, vem há séculos em processo contínuo de debates, estudos, confrontos e guerras como sintomas dessa evolução.

A sociologia, portanto, torna-se um campo complexo de múltiplas leituras sobre a questão. Se, por um lado, tem a ver com o desenvolvimento de manipular, controlar e canalizar as paixões humanas em interesses políticos comuns, por outro, tem a ver com a manutenção de um discurso moralizante como força do processo civilizador. Nesse amálgama está a substância moral da fé ocidental. Por fim, como foi dito, os choques culturais, o encontro, a convivência e as imposições colonialistas por mudanças em sociedades milenares equidistantes e organizadas de formas diferentes têm feito o sujeito europeu branco, culto, rico, cristão ou ateu repensar seus valores.

Como mostraram Malinowski e Mead, entre outros estudiosos, a natureza dos ditos *selvagens* mostra-se mais belamente regrável entre si do que a civilização dita *culta*. As observações e os estudos das culturas aborígenes revelaram que, nas sociedades ditas *primitivas*, antes da intervenção da cultura colonizadora, as mudanças de costumes são lentas e apenas adaptativas a situações fortuitas da dinâmica do próprio *ethos*, e não necessariamente feitas por interesses particulares ou políticos, uma vez que sua intrínseca vinculação ao sagrado exige a permanência dos costumes como fidelidade.

Acontece, então, que as próprias motivações individuais e sociais dos impulsos de desejos e paixões são realidades vivenciadas com base em conceitos identificados e delimitados pela razão e experienciados pelas éticas elaboradas racionalmente e impostas politicamente. Em qualquer sociedade ocorre esse processo evolutivo entre desenvolvimento da racionalidade, sentimento e política em ritmo próprio. Logo, isso passa por uma história das ideias e dos valores morais. É nesse sentido que Norbert Elias (1990) aponta o espírito social como um processo civilizador, contexto em que, especialmente no Ocidente, tal desenvolvimento tem se revelado uma luta de normatização de desejos e paixões e de sua canalização para interesses corporativos e políticos que ganham força quando se tornam instituições de Estados e governos. No Ocidente, desde a Antiguidade, como veremos, desejos e paixões têm sido vistos como a "natureza selvagem" no ser humano a ser domada e "civilizada", ou seja, enquadrada pela ética da vida comum citadina da *pólis*, sendo já a sociedade um campo de forças em comum.

Como mostra Marcel Mauss (2017), a própria ideia de "pessoa" e de um "eu", como um centro espiritual que comanda a consciência e a racionalidade do indivíduo, é um conceito ocidental. Mauss (2017), entretanto, destaca que, entre sociedades primitivas australianas, africanas, americanas até europeias, em todos os povos e línguas, há perfeita distinção entre o "eu – mim" e o "outro – social", embora o "espírito" com que a sociedade se compõe e em função do qual se comporta como um **todo** seja o diferencial mesmo. O que podemos notar é que o lugar da pessoa individual nas sociedades mais primitivas dá a primazia ao coletivo. Nisso a história do

Ocidente se distingue pela luta contínua, via educação racional, do sujeito por liberdade e individualidade, processo que culmina na contemporaneidade com a sociedade do individualismo.

Nas sociedades ditas primitivas constituídas por **clãs**, a cultura habitual **configura** os papéis e as funções de gênero das personagens masculinas e femininas. Segundo Mauss (2017, p. 393, grifo do original), "o clã é concebido como constituído por um *certo número de pessoas*, na verdade personagens; e, por outro, o papel de todos esses personagens é realmente figurar, cada um por sua parte, a totalidade prefigurada do clã"; logo, "Vê-se muito nitidamente como, a partir das classes e dos clãs, ordenam-se as 'pessoas humanas', como, a partir destas, ordenam-se os gestos dos atores num drama". No entanto, afirma que, nessas sociedades, o drama é mais do que simplesmente estético, como no Ocidente, pois é religioso, cósmico, mitológico, social e pessoal como um todo. Mauss (2017, p. 405) esclarece, tal como veremos também em outros autores, que o surgimento da própria noção de *pessoa* (*prósopon/persona*) no mundo greco-latino tem a ver com a ideia de uma unidade individual, *individuum*, que congrega em si todos os elementos do coletivo social, cujo sujeito, como uma "sociedade individual", apresenta-se representado por "máscaras" de papéis e funções que desempenha nas relações sociais públicas.

Émile Durkheim (1858-1917), em *Sociologia e filosofia* (2009), fala das representações individuais e coletivas na sociedade moderna. A história política sociocultural moderna é, no fundo, também uma história da moralidade e da psicologia humana. Durkheim chama a atenção para a importância da consciência ou do estado mental pelo qual as representações individuais correspondem às representações coletivas. As relações entre os indivíduos e a coletividade social é tanto moral quanto espiritual, no sentido de uma positividade de vida buscada entre ambos para um comum compartilhado. A governança dessas relações precisa compreender e respeitar tal dinâmica para legislar uma ética política em função de uma estética existencial coletiva livre.

Para Durkheim (2009, p. 48), "chamamos de espiritualidade a propriedade distintiva da vida representativa no indivíduo", e nisso os atributos constitutivos da vida psíquica individual definem uma "hiperespiritualidade" social. O espiritual no ambiente social é sua realidade moral. A realidade moral é constituída pelo fato moral, o qual diz que toda a ação social deve ser regida por regras morais em comum. Todos os grandes moralistas construtores da filosofia ocidental buscam entender a natureza do dever e propor uma forma comum de "desejabilidade do traço moral". Mas, como mostra a história, por trás dos fatos, nem sempre o resultado alcançado é o do discurso moral proferido, pois, entre um e outro, há a oculta intenção do sujeito humano que trama a política.

Em nossa civilização, o fato moral é interpretado com o mesmo sentido do sagrado. Durkheim (2009, p. 51) afirma que "O sagrado é, num certo sentido, o ser proibido, que não ousamos violar; é também o ser bom, amado, procurado"; em analogia disso decorre que "A personalidade humana é coisa sagrada; não ousamos violá-la, mantemo-nos a distância do cinturão da pessoa, ao mesmo tempo em que o bem por excelência é a comunhão com o mundo". Portanto, para nós, os fatos e os atos morais têm juízos de valor e de verdade. Os juízos, segundo Durkheim (2009, p. 99), "têm o objetivo de dizer não o que são as coisas, mas o que elas valem em relação a um sujeito consciente". Dessa forma, na sociedade há diferentes tipos de valores, econômicos, morais, religiosos, estéticos, especulativos etc.; e a unidade social se compõe desse todo.

Nesse sentido, citamos outro grande pioneiro da sociologia, o alemão Max Weber (1864-1920). Weber (2002), uma vez que adveio da tradição religiosa racionalista protestante, no clássico *A ética protestante e o espírito do capitalismo* faz do triunfo do capitalismo, mais visivelmente em sociedades democráticas de cultura religiosa protestante ou da Reforma, como a Alemanha, a Inglaterra e os Estados Unidos, sua tese sociológica, segundo a qual, quanto mais liberdade de expressão ao pensamento e mais ordenamento jurídico-político-social, maior será o índice de progresso alcançado. Embora mais tarde, no século XX, a própria noção de *progresso* seria questionada, não resta dúvida de que o capitalismo e seus valores liberais têm triunfado. O questionamento se vale a que, em uma visão social-democrática, o propalado progresso econômico visado e alcançado não é, de modo algum, tão "comum", quanto mais em termos da igualdade de direitos, da distribuição dos bens e do acesso aos cuidados públicos e aos marcadores sociais, isso sem falar dos problemas sanitários e ambientais. Nesse contexto insere-se também o debate sobre a desigualdade de gênero em termos dos valores dados pela cultura.

Para Weber (2002), a diferença reside na concepção de finalidade da vida humana, a que Lutero (1483-1546), pai da Reforma, chamou de *vocação (beruf)*: a busca pelos bens terrenos, pelo trabalho de toda criatividade e engenho humano, é dom divino dado ao homem e com ele se melhora a vida no mundo – essa é a vocação com que o cristão deve viver individual e coletivamente em comunidade. A concepção teológica de que o cristão comum, ainda que debaixo de um governo humano, tem acesso direto a Deus, sem intermediários, pela fé na Palavra, e que somente deve glória a Deus (*a soli Deo gloria*), enquanto trabalha para seu conforto terreno, segundo Weber (2002), deu as condições necessárias para o triunfo do capitalismo protestante sobre o feudalismo católico predominante. Essa visão alia a moral econômica e política ao religioso.

Para contemplar o processo civilizatório em seu sentido moral e religioso, mas sob o ponto de político-econômico, em *As paixões e os interesses: argumentos políticos para o capitalismo antes de seu triunfo*, especialmente na primeira parte, o pensador economista estadunidense Albert O. Hirschmann elaborou um roteiro da evolução ocidental desse desenvolvimento. Hirschmann (2000) toma a tese de Weber como ponto de partida, bem como o questionamento deste sobre uma atividade (econômica), anteriormente apenas tolerada do ponto de vista ético, de se tornar ou não uma **vocação**. Mas, ao contrário, como Weber, segundo o qual essa é uma ideia moderna iniciada a partir da Reforma Protestante, Hirschmann (2000) mostra que ela é uma concepção do próprio cristianismo em essência, já lançada por Santo Agostinho quando toma a "virtude civil" romana como modelo de "controle das paixões" em favor da civilização. O autor mostra como, do "amor virtuoso ao bem do outro" na antiguidade cristã, passa-se ao "amor à glória" na medievalidade política e ao "amor do bem comum" na modernidade protestante. Entretanto, nesse roteiro, infelizmente, a desigualdade de gênero imperou.

PARA REFLETIR

Uma vez que o espaço aqui só nos permite introduções, e uma vez que este enfoque é um dos elementos mais relevantes para a consideração da complexa questão do gênero na atualidade, recomendamos que você examine a primeira parte (p. 15-68) do seguinte texto:

HIRSCHMANN, A. O. **As paixões e os interesses**: argumentos políticos para o capitalismo antes de seu triunfo. Tradução de Lúcia Campelo. São Paulo: Paz e Terra, 2000.

2.3 Confrontos religiosos de gênero e sexualidade na Antiguidade

A moralidade religiosa e a sexualidade, mormente quanto ao prazer, são duas dimensões em permanente conflito na subjetividade do homem ocidental, tanto como categorias opostas de sentimentos quanto como polos necessariamente complementares ao equilíbrio do caráter moral. A dimensão da subjetividade do homem ocidental nasce ao longo de um contexto histórico na Antiguidade, correspondente ao centro do mundo bíblico, mais acentuadamente no momento de transição entre os Testamentos bíblicos, naquilo que aqui chamaremos de *ethos bíblico*, onde ocorreram os confrontos entre a moralidade religiosa pela implantação do binômio monoteísmo-monogamia e a cultura pagã da sociedade antiga greco-romana e oriental na vivência do politeísmo-poligamia.

No interior do mencionado *ethos*, nos ambientes do Antigo Testamento e do Novo Testamento, podemos perceber, por trás dos textos bíblicos e de outras literaturas adjacentes à mesma época, uma luta sem trégua pela imposição da religiosidade monoteísta, a qual pressupõe a moralidade monogâmica. Em um ambiente milenarmente de submissão da mulher e de direito do homem à poligamia, a construção da consciência monoteísta e monogâmica é lapidada ao longo de séculos pelo discurso moral dos profetas, em confronto com a moral das culturas locais, que, como outros povos mostrados pela antropologia, também misturava em seus costumes fé e sexo. O cristianismo, enquanto herdeiro do judaísmo, segue sua estrita moral de separação entre fé e sexo, daí em diante, contudo, apresentada sob o requinte de defesa e argumentação da cultura racional grega.

2.3.1 Sexualidade nas culturas religiosas da antiga Palestina

Todas as religiões do Oriente Médio eram politeístas e mitológicas. A mitologia evoluía à medida que crescia a adesão do povo a determinados deuses e deusas e de famílias de divindades, até ao nível de deuses nacionais, subindo em nível no panteão hierárquico religioso. O texto bíblico veterotestamentário faz contínua oposição a essas culturas religiosas dos povos da Palestina, do Egito, da Ásia e do Oriente Médio, incluindo povos da Mesopotâmia e da Arábia, com os quais os israelitas de alguma forma entraram em contato ao longo dos séculos. O fato é que a sexualidade estava no centro da religiosidade e dos costumes sociais desses povos, projetada na conduta social de seus indivíduos como licenciosidade, tornando-se perigo à moral da religião monoteísta de Moisés.

A base da organização cultural religiosa do politeísmo era o chamado *casamento hierogâmico*[12] entre deuses e deusas, donde advinham filhos e filhas, divindades menores, bons e maus, que serviam de modelo por semelhança da vida sexual humana. Como observa Cole (1967), cada deus cuidava de um aspecto dos fenômenos da vida e da natureza, e os ritos celebravam os ciclos da natureza, em "ritos de fertilidade"[13]. A fertilidade da natureza física e da natureza humana para a procriação dependia dessas cerimônias, em cujos rituais se incluía a prática da cópula sacerdotal.

Essas formas religiosas tornavam-se atraentes aos israelitas por aliarem **fé** e **sexo**. Podemos afirmar que esses cultos pagãos eram essencialmente naturalistas e sensuais. Naturalista, porque centrados na celebração dos ciclos da vida na natureza, como o faziam todos os outros povos; sensual, porque essa fé era vivenciada em ritos de fertilidade e festivais agrários, cujos cultos incluíam práticas sexuais entre os sacerdotes e as sacerdotisas em todos os "lugares altos e bosques" sagrados.

---

12 A expressão vem do grego *hierogamós*, no sentido de "casamento sagrado", a mitologia era baseada no casamento (*gamos*) entre os heróis deuses e deusas (*hieros*), crença presente em todas as antigas religiões.

13 Os ritos de fertilidade, tão condenados pelos autores bíblicos, são a celebração dos bens da vida através de cultos e festividades religiosas sob a representação da sexualidade vivida por um casal de deuses. Este é o sentido da "hierogamia": um panteão organizado como família por casais de deuses e deusas e filhos.

William Cole (1967) mostra como, de modo geral, as religiões do mundo antigo se baseavam todas em panteões de deusas e deuses casados entre si e geradores de filhos. Na Mesopotâmia, os deuses sumérios eram: **Nanna**, deusa-lua, **Utu**, deus-sol, **Anu**, deus do céu (cosmo), **Ea**, deus da tempestade, **Enki**, deus-terra, e **Inanna**, a deusa-mãe. Por sua vez, na Palestina, os deuses principais do panteão fenício-cananeu, por exemplo, eram: **El**, deus principal criador das coisas criadas, casado com **Aserah**, deusa-mãe. Tinham ambos os filhos **Baal**, deus da chuva, da tempestade e da fertilização do solo, auxiliado por sua irmã **Anat**, deusa da fertilidade e da guerra. Esta lutava contra **Yam**, senhor dos mares, e **Mot**, deus da morte e esterilidade. Outra deusa importante da fertilidade é **Astarte**, esposa de **Baal**.

No Egito, os principais eram: **Amon-Rá**, deus-sol, senhor dos deuses, doador da vida solar; **Ísis**, mãe divina da fertilidade, casada com **Osíris**, deus da inundação, vegetação e dos mortos, de cuja união nasceu o filho **Hórus**, deus da vida e da fertilidade.

Na Pérsia, a religião oficial era o zoroastrismo, desde 1200 a.C., que Zaratustra ou Zoroastro fundara. Tinha teologia parecida com a judaica pós-exílica, de modo que é a única religião que não recebe condenação na Bíblia. Todavia, era politeísta, com **Ahura Mazda**, o espírito sábio, **Angra Mainyu**, espírito destruidor, ambos os quais personificavam o Bem e o Mal. Eram assistidos por uma corte de anjos **Amesha Spentas**, espíritos bons.

A sexualidade das pessoas na sociedade, orientada pelos sacerdotes e sacerdotisas, seguia estritamente o padrão da **hierogamia**, ou seja, a intimidade dos aposentos maritais copiava a sacralidade exposta nos mitos vigorados pelos ritos religiosos. Contudo, os profetas hebreus queriam denunciar os desejos e as paixões humanas desregradas por trás desses cultos de fertilidade das culturas locais. Esse é o cerne dos confrontos bíblicos.

A verdade é que, de fato, a sexualidade entre os povos do mundo antigo no entorno da Bíblia era pujante, tanto de modo ritual sagrado quanto no dia a dia das alcovas, bem como na forma de prostituição. Aliás, no mundo das sociedades mitológicas antigas, o sexo de prostituição confundia-se com o sexo normal cotidiano, pois havia numerosas sacerdotisas e sacerdotes disponíveis nos santuários para a realização da "cópula sagrada" como meio de expiação e oferenda. A Bíblia, no Gênesis à época patriarcal, relata o episódio do patriarca Judá que coabitava com sua nora viúva, sem filhos, disfarçada de "prostituta cultual" à beira de uma estrada: "Então, ela despiu as vestes da viuvez e, cobrindo-se com um véu, se disfarçou, e se assentou junto à estrada de Enaim, no caminho de Timna", por onde passaria o patriarca beduíno que, "Vendo-a Judá, teve-a por meretriz; pois ela havia coberto o rosto" (Gn 38,14-15).

Um dos documentos mais antigos sobre a sexualidade do antigo Egito, publicado entre 1275-1075 – época do faraó Ramsés II e do Êxodo bíblico –, é o *Papiro Erótico de Turim*, descoberto em uma tumba do Vale dos Reis, em Deir el-Medina, próximo às ruínas de Luxor, em 1824, pelas expedições napoleônicas e examinado pelo egiptólogo Jean-François Champollion. Leva esse nome porque se encontra guardado no Museu de Turim, na Itália. Esse documento revela em desenhos ousados as formas cotidianas da sexualidade dos casais nas famílias egípcias, dentro dos mesmos compartimentos da casa, uma vez que muitas residências tinham um só grande cômodo. As gravuras ilustram casais em atividades sexuais em meio aos filhos, o que tem sido lido como mostra de que a moralidade sexual egípcia antiga se regia por normas bem diferentes dos hebreus.

> **LUZ, CÂMERA, REFLEXÃO!**
>
> Para uma visualização do *Papiro Erótico de Turim*, documento sobre a sexualidade no antigo Egito, a fim de que você possa analisar seu fundo cultural bíblico, é interessante assistir a uma exposição dele na forma de vídeo criado pela produtora History, em espanhol, que pode ser encontrado no YouTube:
>
> EL SEXO en el Antiguo Egipto Documental Completo. Disponível em: <https://www.dailymotion.com/video/x5ccjba>. Acesso em: 4 dez. 2020.

Do ponto de vista da narrativa bíblica, a influência dessas religiões na cultura hebraica ocorre desde o início das narrativas sobre a formação social do povo hebreu e sua implantação na Palestina. Por exemplo, quando a Bíblia relata o episódio acontecido ao pé do Sinai com o povo recém-saído do Egito, conhecido como *culto do bezerro de ouro* (Êx 32). Na verdade, esse era o culto egípcio de Amon-Rá, representado por um touro ou "bezerro de ouro", que é símbolo fálico de fertilidade. Esse culto terminava em ritos orgiásticos.

Outro episódio é o *culto a Baal de Moab* (Nm 22-25), ocorrido no final da peregrinação, ao deus nacional do povo moabita, na Transjordânia, que inseria o povo hebreu na cultura do **baalismo**[14]. O deus *Baal*, designação de "senhor" usada de modo geral em toda a Palestina, era filho de El e Ashera, que governavam os céus enquanto o filho regia a vida na terra. Sua luta constante era contra Mot, deus da seca e da morte. São mitos representativos dos ciclos anuais de seca e chuva, inverno e verão, morte e ressurreição.

---

14 O termo *baalismo* é uma expressão genérica usada pelos historiadores da religião e teólogos para designar, de modo geral, todas as manifestações religiosas próprias das culturas dos povos orientais, incluindo tribos palestínicas, deuses transjordânicos, mesopotâmicos e sírios, os quais foram designados pelos autores bíblicos pelo adjetivo aramaico "baal", o "senhor", como "Baal-Zebub", o "senhor das moscas" etc. Os teólogos veem o *baalismo* como movimento de expansão da religião nativa sobre o monoteísmo hebraico. Ver: Benetti (1998); Cole (1967).

Segundo Cole (1967), como deus do poder masculino, Baal dá a chuva, os raios, as nuvens, os ventos e a tempestade, fertiliza a terra com a chuva de seu sêmen e a faz frutificar. Seus símbolos são todos fálicos, como um touro no formato de pênis sobre pedras, postes ou estátuas, de cujo vigor sexual origina-se a vida na natureza física e humana.

A deusa Astarte era a esposa consorte de *Baal* e representava o princípio feminino da fertilidade. Seu culto é o mais temido e condenado em todo contexto bíblico do Antigo Testamento, tendo em vista seu caráter iminentemente sexual, a que toda mulher palestina recorria para obter a benção de uma natureza fértil para o amor e a boa procriação. As deusas femininas representavam a vida que surge da terra, após as chuvas. Seus símbolos aparecem na nudez de esculturas femininas ou em grutas, cavernas, árvores frondosas, fontes de água e bosques. A serpente é outro símbolo do princípio feminino da vida. Como outros povos da Antiguidade, os cananeus ou palestinos também a adoravam, símbolo da procriação, da sabedoria e do conhecimento dos mistérios da vida. Para os judeus, era a própria tentação, o fascínio do pecado, que vem pela sedução feminina (Cole, 1967).

O **baalismo** era um culto que celebrava a renovação dos ciclos vitais das estações do ano no culto do casamento hierogâmico entre El e Ashera, e Baal e Astarte, de cuja relação sexual surgia toda a criação do cosmos, da terra, da vegetação, dos animais e do modelo do casal humano. Era através do **prazer** que as religiões orientais faziam a transcendência, partindo dos ciclos da natureza física pela fertilidade (benção terrena), para a imortalidade (benção eterna). Assim, a transcendência ocorria na imanência da sexualidade (Cole, 1967).

2.3.2 Sexualidade nas culturas religiosas do Oriente Médio

Os cultos orientais de fertilidade, na visão de Benetti (1998), incluíam danças, ritmos musicais frenéticos, bebidas, às vezes alucinógenos, e terminavam geralmente em cópulas entre sacerdotes, sacerdotisas e ofertantes. Como imitação da cópula dos deuses, homens e mulheres passavam à cópula ritual, comungando a vida entre si e com os deuses. Algumas dessas festas incluíam também holocaustos humanos de virgens ou crianças e automutilações, contexto no qual sacerdotes em transe se autocastravam oferecendo seus genitais ao deus ou à deusa local. Tudo isso assustava o moralista hebreu.

Essa informação é corroborada por Cole (1967): esses rituais comemoravam a vida, semelhantemente aos antigos rituais gregos dionisíacos e aos festivais europeus da sagração da primavera, pois a vida era a essência dos deuses, que se expressava pelo prazer sexual como sacramento e desejo de imortalidade, diferentemente dos bacanais romanos que não tinham caráter sagrado. Fontes, bosques, árvores frondosas ou montes tornavam-se um lugar de culto. Havia santuários espalhados por toda a Palestina, onde a utilização de **totens fálicos** era comum em todo lugar, aos quais a Bíblia chama de *postes-ídolos* (Dt 7,5-6).

Os templos mais organizados, como os da Fenícia, do Líbano e da Babilônia, mantinham inúmeros sacerdotes, sacerdotisas e eunucos. O calendário litúrgico anual previa a obrigatoriedade de que cada mulher participasse dos ritos de fertilidade no templo de seu deus ou sua deusa, quando deveria copular com qualquer homem por três dias, para fertilizar a vida do casal. Qualquer forasteiro podia pagar relações sexuais com sacerdotisas sagradas.

Um belo exemplo de como a sexualidade vista de modo sagrado era executada em todas as culturas do Oriente Médio é o famoso relato de viagem por Heródoto (2000), o historiador grego, em seus *Anais da história* (Tomo I). Esse relato, observado por ele mesmo, traz com riqueza de detalhes o ritual anual de comemoração do ano-novo em um templo da Babilônia, durante sua viagem ao mundo oriental, como também ocorria anualmente na Palestina, onde as mulheres, durante os três dias da celebração, desde as aristocratas até as mais pobres, pagavam voto à Deusa-Mãe mediante cópula com qualquer homem que as escolhesse, pelo menos uma vez na vida. William Cole traz esse relato da observação de viagem de Heródoto ao rito anual na Babilônia, por volta do ano 400 a.C., que, segundo ele, servia de modelo para ritos semelhantes na Palestina:

> De toda mulher nativa é exigido, uma vez em sua vida, que se sente no templo de Vênus e tenha relação com um estranho. Muitas, recusando misturar-se com o resto, que desprezam, orgulhosas devido à sua riqueza, chegam em carruagens cobertas e tomam seu lugar no templo com numeroso cortejo de servos a atendê-las. [...] muitas se sentam no templo de Vênus, onde entram enquanto outras estão saindo. Passagens marcadas em linha reta levam a todas as direções através das mulheres, ao longo das quais estranhos passam e fazem sua escolha. Depois de sentar-se, a mulher não deve voltar para casa antes que algum estranho tenha jogado uma moeda de prata em seu colo e se deitado com ela fora do templo. Aquele que joga a moeda de prata diz isto: "Rogo à deusa Milita para que te proteja", pois os babilônicos chamam Vênus de Milita. A moeda de prata pode ser muito pequena, porém ela não a rejeitará, visto que não é legal para ela fazer isso, pois tal moeda é considerada sagrada. A mulher segue o primeiro homem que joga e não recusa ninguém. Todavia, após ter tido relação e

ter-se absolvido da obrigação à deusa, volta para casa e depois dessa ocasião por maior que seja a soma que alguém lhe queira dar não a possuirá. Aquelas que são dotadas de beleza e simetria de formas livram-se logo, mas as deformadas ficam detidas por longo tempo, devido à incapacidade de satisfazer a lei, sendo que algumas trabalham por um período de três ou quatro anos. (Cole, 1967, p. 109-110)

Para os hebreus, a Lei do Sinai proibia a participação em cultos, orgias e sacrifícios humanos orientais (Êx 34,12-16). "Não entregarás os teus filhos para consagrá-los a Moloc, para não profanares o nome de teu Deus" (Lv 18,21).

Segundo Benetti (1998), Moloc era o deus palestino-amonita, povo da Transjordânia, cujo ritual de sacrifício ocorria em um imenso ídolo de metal, com uma fornalha no interior, e longos braços, onde eram colocadas as crianças primogênitas em oferenda. Tais ritos eram considerados *prostituição*, e essa "prostituição sagrada" era veementemente condenada: "Eu os exterminarei [...] todos aqueles que depois dele se prostituírem a Moloc" (Lv 20,2-5); "Não haverá prostituta sagrada entre as filhas de Israel, nem prostituto sagrado entre os filhos de Israel" (Dt 23,18).

Ao examinarmos a hermenêutica com que alguns teólogos e mesmo historiadores da sexualidade veem a religião bíblica, em contraste com as religiões politeístas vizinhas, é preciso levar em conta o efeito de um ponto de vista muitas vezes demasiado etnocêntrico, próprio da visão de mundo ocidental judaico-cristã, obviamente negativa às religiões politeístas e pejorativa às suas práticas sexuais. Evidência disso é que, nessas culturas, também havia prazer pela **literatura poética e sapiencial**, em parte semelhante à literatura humanística bíblica. Salmos, provérbios, contos, poemas amorosos e cânticos similares existiam abundantemente na Palestina, no Egito, na Mesopotâmia, na Síria, tal como mais tarde na Pérsia e na Grécia. A busca de sabedoria e vida virtuosa e a exaltação da beleza, com poemas e cânticos de celebração cultual ao amor, também se encontram no âmbito do *ethos* bíblico do Antigo Testamento[15].

Não é de admirar, então, que haja tanta violência no contexto das narrativas do *ethos* bíblico veterotestamentário contra vizinhos da Palestina e do Oriente Próximo, pois a luta pela imposição de uma nova consciência moral monoteísta e monogâmica mostra-se em absoluto contraste com as culturas locais, onde a sexualidade é o ponto de inflexão. Portanto, é possível ter noção do que os teólogos modernos chamaram de *choque cultural* dos beduínos israelitas após contato com culturas milenares.

O *ethos* judaico insere-se no ambiente das sociedades orientais e desenvolve-se em relações de conflito ou de influência com esses povos, entre os quais estavam os egípcios, os greco-filisteus, os fenícios-cananeus, as comunidades transjordânicas, os sírios e os impérios dominantes – assírio, babilônico e persa. O documento principal de sua história é o cânon bíblico do Antigo Testamento. Portanto, uma cultura intrínseca a uma história religiosa.

O *ethos* bíblico apresenta um quadro sociológico semelhante ao das culturas vizinhas, embora, quanto à religião, haja muitas diferenças, pois por meio dela era dada a norma ao prazer sexual. A cultura social dos hebreus é mesopotâmica, donde é originário o patriarca Abraão (Gn 12; c. 1670 a.C). Estudiosos dos costumes sumérios têm descoberto correlação entre os hábitos dos patriarcas bíblicos com padrões de comportamento dos habitantes de cidades como Nuzi e Ur, no sul da Mesopotâmia.

Não há um estereótipo único do modo de vida da sociedade judaica, uma vez que havia grande pluralidade cultural, pois o povo israelita fora uma sociedade aberta a influências externas

---

15 Jó, Salmos, Provérbios, Eclesiastes e Cântico dos Cânticos são os Livros Poéticos e Sapienciais da Bíblia.

e sensivelmente afetada pela cultura, pelas formas de governo e pela religião de outras nações. Teólogos historiadores como Sellin e Fohrer (1977) confirmam as influências que o *ethos* judaico sofreu da cultura fenício-cananeia interna na formação e na consolidação de sua moralidade sexual, até ao final do período, para além do exílio babilônico, que historicamente ocorreu entre 597-539 a.C.

> No curso do seu processo de sedentarização, os israelitas não somente levaram para a Palestina os elementos de sua própria cultura, juntamente com as influências mais ou menos de origem mesopotâmica e egípcia, mas penetraram, por sua vez, na esfera de influência da alta cultura cananeia [...] que não se caracterizava somente pelo culto sexual e mágico da fecundidade, tanto mais clara vai aparecendo a herança vigorosa de formas e conteúdos materiais e espirituais que os israelitas assumiram. (Sellin; Fohrer, 1977, p. 18)

Desse modo destacamos o nascimento da moralidade judaico-cristã, junto à história bíblica sagrada, uma vez que esta é a fonte da revelação.

Síntese

Conforme sugeriram, e você pôde constatar neste capítulo, Simone de Beauvoir em 1949, Joan W. Scott em 1978 e Judith Butler em 1990, o termo *gênero* pode servir de categoria para designar a pessoa humana. Para isso, são tratados caracteristicamente homem e mulher não mais pela diferenciação binária sexual, mas pela igualdade de condições dentro de um mesmo "gênero", em uma nova análise da história, considerando a mencionada categoria como construto social, uma vez que a igualdade é, sim, uma economia desejada para a dignidade das relações humanas.

Contudo, é preciso considerar a reflexão na perspectiva de sua base ontológica, levando em conta a integralidade estrutural da pessoa, conforme a própria individuação, a fim de que se empreguem a questão de gênero de forma mais abrangente e a dimensão transcendental do ser, como o fez Edith Stein.

Ainda ressaltamos que a atual agenda de debates da questão de gênero, demasiadamente permeada por uma visão de psicologia e sociologia, carente de fundamento ontológico, e sem uma visão de natureza, reduz o ser a um produto unívoco de seu meio, em sua época, conforme o discurso que o fundamente.

Por outro lado, o discurso atual de gênero, tendo se tornado ideologia política para embate de rua, deixa o sujeito já fragmentado ainda mais em crise de identidade, porque se ressente da responsabilidade de se ver só e por si, para dar significação e sentido à vida, a qual, no entanto, fica sem forma e sem norma.

O problema central da atual modernidade, então, como podemos concluir, é que o sujeito, previamente vivido com uma identidade unificada e estável, está tornando-se fragmentado e composto não de uma única mas de várias identidades, algumas vezes contraditórias ou não resolvidas. Mas, como aponta Edith Stein, é preciso considerar a singularidade do "espírito" como totalidade estrutural da pessoa humana.

INDICAÇÃO CULTURAL

No *site* do Instituto CPFL da TV Cultura – Café Filosófico, você encontra, entre dezenas de palestras e entrevistas dos mais renomados pensadores e pesquisadores do mundo no momento, um vídeo dos mais celebrados, de aproximadamente 30 minutos, com uma das últimas entrevistas com o grande sociólogo inglês Zigmunt Bauman, intitulado *Estratégias para a vida*.

INSTITUTO CPFL. **Estratégias para a vida**. Café Filosófico especial. 2013. Disponível em: <http://www.institutocpfl.org.br/play/especiais-zygmunt-bauman-estrategias-para-a-vida/>. Acesso em: 4 dez. 2020.

Atividades de autoavaliação

1. Quando se afirma que, na atualidade, uma vez que a questão do gênero é debatida como ideologia, em razão do que se rejeita a compreensão de "natureza" e de "norma", bem como qualquer indício de "essência", a ontologia fica de fora das discussões, e o sujeito é compreendido apenas como produto do meio histórico-cultural e como um significante de linguagem. Isso significa que:
   a) o enfoque ideológico do gênero na atualidade é a forma adequada de debate.
   b) o essencial no ser humano não é natureza, mas apenas matéria e cultura.
   c) o problema do gênero tem somente o aspecto da construção social e linguística.
   d) a questão do gênero deve ser compreendida tanto como natureza quanto como cultura.

2. Sigmund Freud, pai da psicanálise, foi um dos pensadores mais influentes sobre a questão do gênero e da sexualidade no século XX. Sobre a psicologia moderna, analise as assertivas a seguir.
   i. A psicanálise não alterou a compreensão do gênero de sua forma tradicional.
   ii. Freud compreendia que havia uma sexualidade presente já desde a infância.
   iii. Dava-se importância aos afetos do Complexo de Édipo entre o filho e os pais.
   iv. Freud dava à sexualidade pouca importância, considerando-a algo a ser evitado.

   Agora, assinale a alternativa correta:
   a) Somente I é verdadeira.
   b) Somente II e III são verdadeiras.

C] Todas são falsas.
D] Somente I e IV são verdadeiras.

3. "Ninguém nasce mulher: torna-se mulher. Nenhum destino biológico, psíquico, econômico define a forma que a fêmea humana assume no seio da sociedade; é o conjunto da civilização que elabora esse produto intermediário entre o macho e o castrado que qualificam de feminino." (Beauvoir, 1980, p. 9)

Com relação à famosa afirmação da pensadora francesa, analise as seguintes afirmativas:

I. Para a autora, a mulher é um ser de gênero indefinido.
II. O conjunto da civilização é um processo civilizador que molda o sujeito humano.
III. A designação de identidade de gênero de homem e mulher é uma construção social.
IV. Para a autora, toda mulher segue o destino biológico de seu ser.

Agora, assinale a alternativa correta:

A] Somente I e IV são verdadeiras.
B] Somente II e III são verdadeiras.
C] Somente II é verdadeira.
D] Somente IV é verdadeira.

4. Analisando o conjunto das elaborações apresentadas no capítulo quanto às questões da religião, gênero e sexualidade, a seguir indique V para as afirmações verdadeiras e F para as falsas.

[ ] Se o homem não nasce homem, mas torna-se homem, nunca é definido como homem.
[ ] Mesmo tendo uma origem ontológica, o gênero tem construção sociocultural.
[ ] O homem da pós-modernidade é um sujeito bem definido, sem crise de identidade.

[ ] A teoria da sexualidade performática (*Queer*) propõe que o gênero seja fluído.

Agora, assinale a alternativa que apresenta a sequência correta:

A] V, F, V, F.
B] V, V, F, F.
C] F, V, F, V.
D] F, F, V, V.

5. Conforme a observação dos antropólogos sobre as relações de gênero entre os aborígenes das ilhas oceânicas e entre os europeus, assinale a alternativa correta:
  A] Nas culturas aborígenes, a base das relações de gênero é matrilinear.
  B] Na cultura ocidental europeia, as relações de gênero têm raízes matriarcais.
  C] Os aborígenes são desprovidos de sentido de gênero.
  D] Os ocidentais europeus não têm problemas com relação ao gênero.

ATIVIDADES DE APRENDIZAGEM

Questões para reflexão

1. Tomando-se o fato bíblico de que as tribos hebreias eram nômades do deserto e viviam sob crença monoteísta, que exigia também a monogamia, e de que as culturas locais de seu entorno geográfico eram politeístas e poligâmicas, com alto desenvolvimento urbano, podemos pensar em um choque cultural entre elas que teve implicações para a identidade do povo bíblico. Com base nisso, reflita sobre os aspectos positivos e negativos a respeito das questões de gênero e sexualidade no âmbito bíblico.

2. Reflita e relacione as influências que as pesquisas de campo, tanto da antropologia quanto da sociologia, têm sobre o pensamento moral bíblico com relação às questões de gênero e sexualidade, conforme discutido no capítulo.

Atividade aplicada: prática
1. Analise o pequeno livro bíblico de poemas de amor da Bíblia intitulado *Cântico dos Cânticos*, do Antigo Testamento, e perceba a intimidade conjugal no jogo das metáforas poéticas.

CONJUGALIDADE NAS CULTURAS DO *ETHOS* BÍBLICO

O conceito de conjugalidade nasce concomitantemente às normativas das grandes sociedades antigas. Tanto as sociedades mesopotâmicas quanto a do antigo Egito, como já exposto, tinham as relações sexuais entre os cônjuges normatizadas pelas próprias crenças religiosas, que consistiam, de modo geral, nas mitologias hierogâmicas e nos ritos de fertilidade. Os templos religiosos eram dedicados a vários deuses e deusas, com ritos e solenidades no calendário litúrgico que incluía toda a comunidade social – povos dos grandes impérios, da Mesopotâmia ao Oriente Médio, da Ásia Menor, dos grandes impérios da China e da Índia ao Egito, e de comunidades litorâneas da África aos gregos, romanos, entre outros.

O termo *conjugalidade* vem de *conjugal*, que, do latim *coniugali*, quer dizer literalmente "conjugar" e diz respeito às leis romanas das relações de casal e família. Portanto, na Antiguidade, a conjugalidade estava estritamente ligada às normas civis e religiosas das sociedades organizadas.

Conforme mostram os historiadores do tema[1], a sexualidade comum cotidiana tinha várias outras formas de relações, como o concubinato, a escravidão e a prostituição, quer sagrada, quer profana, em prostíbulos públicos ou privados, manifestadas por heterossexualidade, homossexualidade ou bissexualidade.

Como vimos nos capítulos anteriores, nos povos chamados *aborígenes*, a sexualidade é vivida intrinsecamente à compreensão da natureza e às tradições culturais de parentesco das sociedades locais, o que, conforme mostraram antropólogos e sociólogos, nota-se de forma arquetípica estruturalmente em todos os povos de todos os lugares. Todavia, cada cultura, desde sempre, manteve regras bem específicas para a conjugalidade de casal e família, bases de qualquer sociedade humana, com sistemas próprios de julgamentos e processos de punição.

Nas antiguidades, ocidental e oriental, o estudo da mitologia dos povos antigos mostra que toda a religião politeísta tinha panteões de deusas e deuses em comum relacionamento conjugal e outras formas de sexualidade, tal como vivido nas sociedades humanas. Por essa razão, muitos historiadores têm pensado que os mitos são projeções dos desejos e das paixões humanas, nas formas de sagrado mítico como modo de realizar o prazer sexual sem culpa. A culpa sempre existiu normatizada pelas leis governamentais dos povos, em geral centradas na figura do rei e da rainha, normalmente tidos como sagrados ou divinos.

Para a teologia judaico-cristã, a sexualidade se encerra na conjugalidade do casamento, oficializado perante leis cívico-religiosas da sociedade e estritamente direcionado para a consecução da procriação e da família. Todavia, a vivência sexual das pessoas, especialmente no ambiente masculino, apresenta suas nuances de sexualidade extraconjugal, na maioria das vezes até constante das

---

1 São eles: Cole (1967); Benetti (1998); Foucault (1984); Brown (1990); Duby (1992); Meeks (1997).

próprias legislações, como no caso da poligamia dos concubinatos e haréns. Normalmente, nas teologias dos grandes monoteísmos (judaísmo, cristianismo e islamismo) os direitos e deveres das mulheres são sempre muito mais restritos, vigiados e punidos que os masculinos.

A questão da conjugalidade passa também pelos sistemas, meios e métodos de educação pelos quais as famílias transmitem as normativas civis e religiosas da cultura sexual, familiar e de posição social, seja de forma oral, seja de forma escrita, seja organizada, seja informal. Aqui devemos entender a *conjugalidade* antes como sinônimo para a vida de casal, depois como sinônimo da vida familiar. Atualmente, como veremos adiante, o termo tem sido empregado para incluir outras formas de casamento e relações afetivas contratuais. A conjugalidade também evolui com o desenvolvimento da escrita e da adoção de documentos de normatividade do tema. À medida que a escrita evoluiu, sua utilização para registro público e posterior legislação oficial cresceram. Os povos babilônicos formaram os primeiros grandes códigos da vida social por volta do ano 2000 a.C. Na cultura greco-romana dos dias de Cristo, os processos alcançaram grande evidência.

3.1 Conjugalidade no *ethos* bíblico

Como dissemos, a conjugalidade nas culturas antigas está vinculada às leis normativas civis-religiosas dos povos e estritamente aos mitos religiosos. Portanto, religião e vida social civil estão interligadas.

Um dos primeiros códigos mencionados na história do Ocidente é o Código de Hamurabi, escrito pelo rei babilônico Hamurabi (1728-1686), tido como contemporâneo do patriarca bíblico Abraão (Gn 12). Esse rei do antigo império babilônico fez grandes transformações sociais e culturais: introduziu mudanças na cosmogonia tradicional e nos mitos que cercavam os deuses, elegendo Marduk o deus principal do reino. O Código de Hamurabi é dedicado a esse deus, normatiza vários aspectos da vida cotidiana social de todas as classes e orienta processos jurídicos de julgamento; também traz longos parágrafos (n. 128-195) sobre o casamento, a vida de casal, da família e dos filhos (Hamurabi, 2006, p. 35-46). As leis hamurábicas protegiam contratualmente a mulher no casamento: "Se um homem tomar uma esposa sem redigir seu contrato, a mulher não será esposa dele" (n. 128). O adultério era julgado: "Se a esposa de um homem for surpreendida em flagrante com outro, ambos devem ser amarrados e jogados na água; se o marido perdoar a esposa, o rei perdoará a seu servo" (n. 129). Em caso de "repúdio" ou separação, o marido devia amparar a mulher devolvendo-lhe o "dote" e as propriedades pessoais (n. 137) (Hamurabi, 2006, p. 35-46). E assim por diante.

Outro grande código de normas civis-religiosas é o Decálogo ou os Dez Mandamentos de Moisés (Êx 20,1-17). Nele estão descritas normas para o homem como chefe da família, como honrar com toda sua casa, o dia do Sábado (4º Mandamento); o conhecido 7º Mandamento: "Não adulterarás" (Êx 20,14); e o último, que coloca a mulher entre os "bens" do homem, seu "Senhor": "Não cobiçarás a casa do teu próximo. Não cobiçarás a mulher de teu próximo, nem o seu servo, nem a sua serva, nem o seu boi, nem o seu jumento, nem coisa alguma que pertença ao teu próximo" (Êx 20,17). O código do Decálogo descrito no livro de Êxodo é tido como o primeiro código, pois, no segundo código, em Deuteronômio 5,1-21, a mulher já não é incluída entre as coisas do senhor.

O Antigo Testamento ou Antiga Aliança tinha nítida função de lei como instalação da norma na consciência, cuja grande preocupação é a sexualidade e suas manifestações nos desejos, nas paixões, nas emoções e em todo seu poder de transgressão.

3.1.1 Conjugalidade na sociedade hebraico-judaica

A identidade religiosa do povo hebreu-judaico da Bíblia se forjou sob confrontos culturais. Esse aspecto sociológico dos choques culturais tem sido observado por teólogos modernos. As tribos hebreias saídas do Egito no Êxodo encontraram povos nativos já há muito assentadas na Palestina, de nível de desenvolvimento social e cultural muito sólido, também o domínio da manipulação agrícola do solo, a vida urbanizada, a alfabetização e a escrita fenícias e a arte do comércio.

Conforme Sellin e Forer (1977), durante a monarquia unida, após o primeiro rei Saul (1040-1010 a.C.), a elevação de Jerusalém à capital e a centralização da fé do culto no templo, no período áureo do reino unido de Davi (1010-970 a.C.) e Salomão (970-930 a.C.), deram à sociedade um salto de organização e unidade nacional. A entrada da literatura sapiencial nessa época conferiu um toque humanístico à cultura israelita, colocando-a em contato com outras culturas orientais e próximas à grega clássica.

Sob o comando do rei "sábio" Salomão, por volta do ano 1000 a.C., os israelitas obtiveram grande desenvolvimento social e trocas comerciais e culturais nas relações diplomáticas com os povos vizinhos, especialmente egípcios e fenícios. Seguiram-se quatro séculos (séculos X-VII a.C.) de divisão do reino, entre o império do sul Judá e o do norte Israel, somados a guerras entre si e com os vizinhos, que os enfraquecia. Por volta de 740 a.C., as tribos do norte foram conquistadas pelo império assírio e transferidas para a Mesopotâmia, onde desapareceram (Bright, 1978).

O império de Judá continuou mais dois séculos enfraquecido e oprimido pelos grandes impérios até sofrer o exílio na Babilônia de Nabucodonosor, entre 605-539 a.C. A entrada do povo palestino na capital cultural do mundo antigo deve ter sido impactante.

As narrativas do livro bíblico de Daniel dão o tom desse choque à fé hebraica. Seguem-se séculos de vassalagem aos impérios persa e grego até os romanos. Alguns dos cronistas bíblicos, como Esdras e Neemias, mostram a desenvoltura de um grupo de intelectuais judeus que influenciaram o desenvolvimento da identidade cultural, social e religiosa judaica. O judaísmo é a religião dos sobreviventes judeus que permaneceram no exílio e dos que retornaram à Palestina nesse longo período, bastante diferente dos costumes religiosos antigos, cuja espiritualidade era centrada na educação e na convivência comunitária em torno da sinagoga, um tipo de templo-escola, que coincidia com a expansão da cultura grega. Durante todo esse tempo pós-exílio, a identidade moral e religiosa judaica continuaria em confronto com a sexualidade pagã (Bright, 1978).

A teologia do judaísmo, propriamente formada nesse período, sofreu forte influência da religião monoteísta persa de Zaratustra (século IV a.C.), a qual tinha como fundamento uma luta entre as forças do bem (anjos) e as forças do mal (demônios). O drama do prólogo no livro bíblico de Jó provavelmente retrata essa influência (Jó 1-2). Esse período é marcado, ainda, pela luta dos sacerdotes-escribas Esdras e Neemias (c. 445-350 a.C.) para reinstalar o centro religioso e político em Jerusalém e retomar a vida urbana e rural local, bem como pela ênfase dos últimos profetas Ageu, Zacarias e Malaquias na restauração da vinculação da moralidade à fé religiosa.

O espaço de tempo pós-exílico foi um longo e fértil período de desenvolvimento cultural. Floresceram na comunidade judaica pré-cristã movimentos humanísticos e culturais, de literaturas de poesia e sabedoria, textos sacerdotais, rabínicos e escatológicos, além de acentuada experiência de administração e de negócios, e de um forte fervor religioso-nacionalista sob a liderança política dos Macabeus, após 190 a.C., contra a dominação selêucida Síria (Sellin; Fohrer, 1977; Bright, 1978).

Nesse sentido, a experiência de exílio trouxe progresso à religião judaica: individualidade, humanismo e interioridade. A perda da capital e do lugar central de culto (Monte Sião) levou-os a uma subjetivação da religião: buscaram o tipo de vida moral proclamada pelos profetas ainda no exílio da Babilônia, quando surge a sinagoga, que se tornaria, mais tarde, centro religioso e educativo. Lendo os autores sapienciais, vemos mais ênfase à vida prática do cotidiano, do trabalho, da riqueza, da pobreza, da saúde e das diversões, incluindo a vida sexual (Sellin; Fohrer, 1977; Bright, 1978).

A produção de uma sabedoria de vida por "pensadores hebreus" rabínicos nesse período era uma aquisição intelectual obtida dos contatos com as culturas mesopotâmicas e gregas, porém não ainda na forma sistemática filosófica da Grécia. Era até então uma reflexão prática sobre as experiências da vida cotidiana, usada como didática para a vida virtuosa. Nesse tempo, segundo alguns historiadores da religião, organizaram-se escolas primária e secundária nas comunidades judaicas palestínicas. Esse investimento cultural intelectual resgata partes descobertas da musicalidade poética e cúltica davídica antiga e da literatura proverbial e reflexiva salomônica áurea. Os salmos, provérbios e cânticos de amor falam do gozo da vida, com liberdade e responsabilidade, da consciência do sentido e do valor das pequenas coisas que fazem do cotidiano um modo de vida agradável, no limite do possível! O grande exemplo desse tipo de pensamento é o livro de Eclesiastes, cujo teor de reflexão sobre a natureza da vida assemelha-se à filosofia grega. Essa é a essência da moralidade do judaísmo.

O judaísmo, segundo Scherer (2010, p. 21), é "uma religião da história", uma vez que "para a identidade judaica é importante a continuidade, a cadeia das gerações" (*toledot*). Religião da história e da palavra, diríamos. De fato, o povo hebreu mantém sua identidade e sua integridade cultural ao longo de séculos e milênios de história mediante a tradição religiosa. A Palavra (*dabar*) é o elemento-chave na cultura religiosa hebraico-judaica desde sempre, ou seja, quando a concepção do divino torna-se uma só, transcendente, irrepresentável e sentida na subjetividade, pela palavra escrita e proferida. O apelo total e radical da religiosidade monoteísta à palavra e à subjetividade da consciência para orientar o comportamento individual e comunitário do povo é de tal forma uma novidade no mundo que marcaria para sempre o espírito ocidental.

Ao referirmo-nos à religião hebraico-judaica, queremos destacar que o judaísmo propriamente dito, como religião, é considerado pelos judeus historiadores como o culto, as crenças e as tradições formadas pelos rabinos após 70 d.C., depois da destruição do Templo em Jerusalém pelo general romano Tito. Nos milênios anteriores do povo de Israel, a religião é o hebraísmo, conforme a história bíblica. Nesse período de pré-história, diferentemente de todas as outras religiões até então, o conjunto de escritos sagrados que compõem a Bíblia Hebraica é a Palavra de Deus cujo sagrado gira em torno de uma "religião do Livro", o próprio escrito como sagrado, o qual começa a ser redigido, reunido e editado por várias gerações e tradições desde Moisés (c. 1250 a.C.), embora se tenha iniciado com a história secular dos patriarcas e matriarcas. A religião judaica é baseada em duas tradições: a Lei Escrita, a "Bíblia" (biblioteca reunida), e a Lei Oral, os "escritos" explicativos e adaptativos reunidos ao longo dos séculos desde o exílio babilônico no século VI a.C. Fazem parte da Lei Escrita: a Torá, os cinco primeiros livros, parte mais sagrada; os Nebiim, os livros proféticos, que incluem os livros da história profética desde o Êxodo; e os Ketubim, os escritos de sabedoria. A Lei Oral – ou talmúdica – é composta pela Halacá, comentários ao caminho da lei; pela Hagadá, explicações à história sagrada; e pela Midrash, interpretações da lei.

Como veremos, a sexualidade, as relações amorosas anteriores e a conjugalidade, ao longo dos séculos e milênios, têm sido baseadas nos escritos sagrados, reiterados e revividos pelo rabinato, estritamente no âmbito da heterossexualidade e do casamento e, prioritariamente, para a procriação e a família. Contudo, como qualquer outra, essa cultura também tem vivido constantes tensões entre a adaptação da norma moral milenar escrita dos que mantêm a tradição e os novos costumes seculares de cada época e de cada cultura onde se acolhem.

O fundamento da conjugalidade cristã, por sua vez, está baseado na Bíblia. Católicos e evangélicos comungam das mesmas interpretações básicas do texto bíblico, ainda que as tradições divirjam em um ou outro ponto. Fundamental é que, para a fé cristã, de modo geral, a sexualidade ocorre no âmbito da conjugalidade, e esta, no da heterossexualidade. A sexualidade cristã atual não é vista sem a concussão do prazer; ao contrário, a plenitude amorosa da conjugalidade é tema de educação e pastoral.

Atualmente, a discussão sobre o gênero no âmbito filosófico e acadêmico tem considerado a consolidação dessa posição milenar do espírito cristão como a fonte da heteronormatividade. E, uma vez que a "norma" é a grande dor do sujeito pós-moderno, a luta atual da conjugalidade é pela abertura do conceito a toda a diversidade de formas das relações amorosas e sexuais, passando a ser considerada no plural como conjugalidades, posição essa, no entanto, que dificilmente será aceita plenamente pela teologia.

> **PRESTE ATENÇÃO!**
>
> **Conjugalidade na Bíblia Hebraica**
>
> A Bíblia abre sua mitopoética no Gênesis com o redator considerando o matrimônio como início, centro e identidade da vida social, assim que acaba a narrativa do julgamento e da expulsão do primeiro casal humano, Adão e Eva, do paraíso: "Por isso, deixa o homem pai e mãe e se une à sua mulher, tonando-se os dois uma só carne" (Gn 2,24). A sexualidade está prevista na expressão "serão uma só carne". O termo *carne* denuncia já uma redação moralista pré-cristã.
>
> A seguir, a história dos patriarcas (Gn 12-50) é uma revelação divina feita por intermédio do âmbito da família, que inclui nuances do "romance familiar" com situações desconcertantes para nossa ótica hoje, como o caso de Abraão e a expulsão de sua concubina e respectivo filho (Gn 21), do namoro do poço de Jacó e Raquel e de seu casamento duplo com duas irmãs (Gn 29), e o do patriarca Judá com sua nora (Gn 38). Há concubinato em todas as relações patriarcais desse período.
>
> No período chamado de *Conquista*, quando os hebreus vindos do Egito se instalam na Palestina, o livro mais realista, com relatos mais impressionantes da sexualidade em situações-limites, é o livro de Juízes. Entre esses "líderes carismáticos" tribais, havia também juízas, como Débora, líder nacional, em uma bela e épica história em prosa e poesia (Jz 4-5), tida como uma das mais antigas narrativas mantidas junto aos santuários. Há uma história pouco compreensível do oferecimento da própria filha princesa pelo juiz Jefté em juramento a Deus (Jz 11-12), e o trágico romance de Sansão e Dalila (Jz 13-16). Contudo, o livro termina com a triste história de um estupro coletivo e esquartejamento da concubina de um sacerdote Levita (Jz 19), que a entregou para fugir de uma turba de homens sodomitas de determinada aldeia, os quais

reivindicaram: "Traze para fora o homem que entrou em tua casa, para que abusemos dele" (Jz 19,22).

No entanto, talvez a história mais complexa e conturbada seja a das relações amorosas e familiares do grande rei Davi (1 Sm 25; 2 Sm 11-12), o rei pastor e guerreiro, amado pelo povo, amante de mulheres e perseguido por Deus. Apesar de ser o "trono perpétuo" e o reino modelo do povo hebreu, a família de Davi sofreu mortes, incesto, traições dos filhos com devassa nas mulheres do pai etc.

O texto hebraico ainda traz evoluções da conjugalidade na literatura de sabedoria, incluindo uma educação conjugal para o **prazer** (Pv 5; Ecl 9) e a oferta ao feminino de um lugar de "mulher virtuosa" (Pv 31), além de uma coletânea de poemas eróticos do casal de amados, o *Cântico dos Cânticos*.

3.1.2 Conjugalidade na sociedade greco-romana

No período pré-cristão da sociedade greco-romana, a comunidade judaica soube adaptar-se ao processo de globalização do mundo antigo feito pelos grandes impérios, especialmente o império grego, a partir de 330 a.C. A identidade cultural hebreu-judaica já estava consolidada. Com as experiências de exílio, as normas da moral religiosa modificaram o espírito do "povo da aliança" e deram consistência transcultural aos israelitas.

O império romano, o mais longo de todos de certa forma, foi herdeiro dos ideais culturais gregos, mas a capacidade administrativa, a liderança política e o utilitarismo social deram sua marca ao mundo. As últimas escolas filosóficas gregas, como o estoicismo, o epicurismo e o ceticismo, adentraram no império e influenciaram a vida romana. A principal característica do período é o ecletismo cultural, um tempo de elaborações e pragmatismo. Os romanos adaptaram parte dessa herança helênica à administração política, ao direito e à justiça. A característica de responsabilidade da vida individual, direcionada pela alma, que é regida pela virtude (*areté*), proposta desde Sócrates é assumida como "ética de virtude" na cultura greco-romana.

A temperança do desejo adquirido pela obediência às prescrições da razão sábia torna o homem justo para comandar a si mesmo, conforme Platão (1987, IV, 443 b). Teve influência a filosofia da ação proposta por Aristóteles (1973, III, 1118-1132), preceptor de Alexandre Magno (356-323 a.C.), que valorizava o julgamento das ações pelo princípio do justo meio, segundo o qual o desejo e o prazer têm justo lugar desde que administrados pela prudência. Também a filosofia política aristotélica previa o ideal de vida na *pólis* como uma comunidade de vida feliz, onde as famílias e estirpes eram regidas pela vida realizada e autossuficiente. A virtude da autonomia (*autarchéia*), que preconizava a resistência aos excessos do prazer, que foi proposta pelos estoicos e que incentivava a coerência e a maestria de si, através da ação direita e conveniente do ser sociável e ativo, é uma ética defendida e revivida pelos filósofos senadores romanos Cícero (106-43 a.C.) e Sêneca (4 a.C.-65 d.C.).

O discurso jurídico e a moral da utilidade, características dos romanos, encontraram apoio na ética estoica grega. Ao romano, que precisava administrar seus interesses na dominação de quase todo o mundo antigo, interessava o pragmatismo da ação política e administrativa de tão vastas áreas do mundo, bem como a agilidade de seu sistema jurídico. Cícero, grande orador romano, é o elemento principal de montagem dessa concepção da *utillitas*, dos **deveres**, dentro da *res publica*, pois esta controla a *cupiditas humanum*, ou seja, a avidez da paixão humana.

Para além dos discursos, alguns historiadores da sexualidade observam que, ao contrário das apologias filosóficas, as sociedades grega e romana viviam o que podemos chamar de *libertinagem* na relação com o corpo, a sexualidade e os desejos.

Assim, a própria mitologia preservada por Homero e Hesíodo, na leitura do historiador Reay Tannahill (1983, p. 90)[2], criara um "mundo vívido, aventureiro e amoral, onde deuses e heróis passam grande parte de seu tempo envolvidos nas tramas da sexualidade". Por exemplo, na *Teogonia* de Hesíodo (2007), Cronos, filho da terra e do céu, castrou seu pai com uma podadeira de árvores e lançou seus testículos ao mar, os quais vagaram na espuma do próprio sêmen, e disso nasceu Afrodite. Mostra-se o prestígio das *hetairas* (prostitutas) e da também conhecida *paiderastia* dos homens gregos, que envolvia tanto aristocratas quanto políticos e filósofos na sociedade grega, onde quem tinha menos lugar e direitos eram as mulheres!

Outro valor cultural grego assumido pelos romanos foi a admiração pela estética corporal, principalmente masculina, que acabava tornando-se o padrão de beleza e a base do desenvolvimento do amor (*eran*) e da educação intelectual e afetiva entre um homem mais velho e mais sábio (*erastes*) e um menino ou adolescente (*ephebos*) escolhido (*erômeno*), ou a um jovem discípulo (*paides*). Essa forma de relacionamento, *paiderastia*, o intenso convívio entre homens adultos e meninos adolescentes, tinha caráter educativo de transmissão de conhecimentos, e a pedofilia com crianças era condenada desde a legislação estabelecida por Sólon (635-560 a.C.).

Falando das relações homossexuais da Grécia antiga, Maurice Sartre (1992, p. 46) esclarece que grande número de documentos ilustra a frequência e a liberdade dessas relações, além da produção de numerosas imagens em pinturas, vasos e túmulos, que comprovam a realidade e a banalidade das relações amorosas gregas. Afirma, ainda, que, colocadas no cerne da instituição social, como ritual de passagem da adolescência para a vida adulta e como renovação do grupo dos cidadãos do sexo masculino, a homossexualidade

---
2   *O sexo na história*, de Tannahill (1983), um clássico da trajetória da sexualidade, faz boa apresentação histórica sobre os costumes sexuais greco-romanos.

grega deixa de ser mero acidente ou perversão, pois é espelhada na mitologia, em que há casos de parceria homoerótica, como de Jacinto e Apolo, Ciparissa e Narciso, Ganimedes e Zeus e o próprio Hércules, modelo da virilidade masculina. Todavia, aquele que opta pela homossexualidade na vida adulta era cruelmente criticado, e a relação homossexual paga, como prostituição, era condenada pelas leis da justiça.

A moralidade hipócrita da sociedade grega, que, segundo Maurice Sartre (1992), por um lado, permite a *paiderastia* e, por outro, executa condenações públicas aos homoeróticos ou *erômenos*, nada tem a ver com os ideais éticos de seus sistemas filosóficos. Os romanos, herdeiros de muitos de seus legados, eram mais estéticos, principalmente nos comportamentos públicos, quanto aos usos da pederastia.

Também a homossexualidade feminina, como mostra Claude Mossé (1992, p. 39-45), faz tradição na famosa escola feminina da poetisa Safo, na ilha de Lesbos[3]. Safo, apesar de ter sido casada, nutria intenso desejo, paixão e relacionamento com algumas alunas de suas aulas de música e poesia, tendo deixado em versos as dores de seus amores. Contudo, conforme o excelente texto de Fernando Muniz (2015, p. 47), *Prazeres ilimitados*, Safo inaugura entre o feminino, além de uma era de estética e elegância, um foco no presente existencial, mais próximo do que os filósofos romanos como Cícero e Sêneca fariam.

O próprio Sócrates, como é retratado por Platão (2005), em *Banquete*, tinha um amante entre seus discípulos, Alcebíades. Michel Foucault (1984) insiste em destacar que o caráter era mais educativo que sexual nessa complexa relação entre amantes masculinos e entre homens mais velhos e adolescentes. A maioria dos homens gregos tinha mulheres, as quais buscavam manter a relação sexual,

---

3   Mossé (1992) fala da origem da homossexualidade feminina ser modernamente designada como *safismo* ou *lesbianismo*.

até pela recomendação do médico Hipócrates. Foucault (1984, p. 186-187) chama a atenção para a fidelidade entre os cônjuges, como um valor honrado e respeitado, de acordo com os direitos civis de cada um:

> O *status* familiar e cívico da mulher casada lhe impõe as regras de uma conduta que é a de uma prática sexual estritamente conjugal. [...] Quanto ao marido, ele é limitado, em relação à sua mulher, a um certo número de obrigações. [...] Ele próprio, em troca, enquanto homem casado, só lhe é proibido contrair outro casamento; nenhuma relação sexual lhe é proibida em consequência do vínculo matrimonial que contraiu; ele pode ter uma ligação, pode frequentar prostitutas, pode ser amante de um rapaz – sem contar os escravos, homens ou mulheres que tem em sua casa, à sua disposição. O casamento de um homem não o liga sexualmente.

Na sociedade romana, segundo Paul Veyne (1992), um espírito de obscenidade no uso do corpo e da sexualidade, sob a liderança masculina, estava presente em todos os segmentos das relações sociais e interpessoais. Em tudo parece a vida grega ser modelo para a sociedade romana. A homossexualidade em Roma era tão intensa e abrangente quanto na Grécia, porém com a diferença de um valor que a caracterizou desde o início: um extremo machismo. A virilidade era cultuada pelos homens romanos. Por isso, por incrível que possa parecer a alguns analistas hoje, a *efeminação*, tanto quanto aos gregos, era o elemento mais odiado.

Mais que nunca, como veremos a seguir, a moralidade bíblica herdada pelos cristãos desde o primeiro século, ao sofrer esses confrontos culturais com a sociedade greco-romana de costumes liberais, estabelece a moral como norma da fé.

> **PRESTE ATENÇÃO!**
>
> **Preceitos conjugais**
> A filosofia romana ficou conhecida por ser eclética em razão da forma receptiva e adaptativa com que absorvia as sabedorias das escolas filosóficas e por sua produção de escritos em modos sintéticos curtos. Assim, temos o legado do *Manual* de Epiteto, um pequeno livro com regras éticas práticas para facilitar a vida cotidiana, já que o romano devia ser administrador do mundo e não tinha tempo a perder. O filósofo romano Plutarco (46-120 d.C.) foi um dos pensadores de destaque. Ele produziu o que talvez tenha sido o primeiro manual da conjugalidade, o pequeno tratado *Gamikà parangélmata*, ou *Preceitos conjugais* (Plutarco, 2019). Nele, Plutarco alia filosofia e religião ao seu pensamento sobre a convivência do homem com a mulher no casamento, como se a filosofia cuidasse do corpo, e a religião, da alma, para a união indissolúvel do casal.
> "Depois da lei pátria, com que a sacerdotisa de Deméter estabeleceu a harmonia entre vós que fostes unidos pelo casamento, penso também que o presente tratado, que atua em consonância convosco e celebra ao mesmo tempo o vosso himeneu, poderia tornar-se um tanto útil e afinado com o costume" (Plutarco, 2019, p. 11, 138B).
> Sabemos que, por volta do ano 20 a.C. o imperador Augusto estabeleceu uma legislação geral no império sobre os costumes e direitos do casamento romano, que era tanto registrado documentalmente quanto celebrado publicamente. Desde os gregos – e especialmente ao buscar, na Escola Estoica de filosofia, as questões das relações humanas afetivas e sociais, principalmente dentro da família, a qual tinha grande importância para a figura pública romana –, alguns tratados passaram a ser escritos. Plutarco escreveu também *Do amor fraterno* e *Da educação das crianças*. Para Plutarco, é à mulher que cabe manter a harmonia no casamento e no âmbito

da casa. Ele também intenciona promover o interesse dos jovens recém-casados para que estabeleçam um laço matrimonial forte e duradouro; a indissolubilidade é a norma.

3.2 Conjugalidade nos monoteísmos bíblicos

Tanto o judaísmo quanto o cristianismo compartilham grande parte de seus preceitos e tradições culturais religiosos, porque, como já vimos, este é herdeiro daquele. Uma vez que o cristianismo absorveu a totalidade dos livros sagrados hebraicos da Lei Escrita, o Antigo Testamento, todos os preceitos sobre a conjugalidade e a sexualidade, de modo geral, foram atualizados, reiterados e adaptados para a nova vida ao mundo latino, porém contrastantes com os costumes liberais greco-romanos.

É importante, vale ressaltar, que aqui tentemos sintetizar as formas da sexualidade nos preceitos civis-religiosos dos dois grandes monoteísmos da Bíblia: o judaísmo (Antigo Testamento) e o cristianismo (Novo Testamento). Como veremos, em ambos, a conjugalidade heterossexual é o centro de toda a atividade sexual permitida. Portanto, monoteísmo e monogamia caminham juntos como exigência moral, ainda que a história não deixe de registrar a existência cultural dos haréns, concubinatos, violências, escravidão e sacerdócios sexuais.

3.2.1 Sexualidade no judaísmo ou no Antigo Testamento

Encontramos as normas bíblicas sobre a sexualidade basicamente desde o Pentateuco (*Torá*), os cinco primeiros livros do Antigo Testamento, no qual encontramos os grandes códigos normativos da vida civil-religiosa. As normas morais são tanto religiosas quanto sociais e governamentais e estabelecem um "estado teocrático" baseado na Aliança (*Beriyt*) firmada entre Deus e o povo (Dt 7,1-11). Nesse Pacto (Dt 7,7), o termo especial usado para "escolher/conhecer/eleger" é o verbo *yada*, que tem conotação sexual de "conhecer por dentro", na intimidade da cópula, como "união mística" em "um só povo" (*am'*, eleito): "O Senhor, teu Deus, te escolheu, para ser povo próprio, dentro todos os povos da terra". Essa expressão, nos profetas, crescerá com o uso intensivo da analogia do casamento/matrimônio entre Javé-Isael e da metáfora do adultério/feitiçaria para toda e qualquer relação religiosa com os deuses/deusas das culturas locais vizinhas: "Porque somente a ti *conheci*, Israel, dentre todas as nações, eu vos punirei por todas as suas transgressões" (Am 3,2).

A seguir, vêm os Livros Históricos (Ketubim, ou Proféticos para os judeus), que vão do livro de Josué até 1 Crônicas e contam a história do povo de Israel desde o êxodo do Egito até a conquista da Palestina, monarquia unida e reinados de norte e sul, por aproximadamente 800 anos, até o exílio babilônico em 597 a.C. Nesse percurso, as narrativas familiares revelam a intensa sexualidade das pessoas em confrontos com os próprios desejos, paixões, tradições patriarcais e culturas vizinhas, e a lâmina inexorável da espada da lei mosaica, corroborada pela punição implacável de **Javé**, Deus do "povo eleito". A exemplar punição do grande rei Davi quando de seu adultério com Bate-Saba, súdita casada, é o modelo do "zelo do amor de Deus" em prol da produção de uma consciência de "temor do Senhor" (2 Sam 10-12). Na condenação, Deus parece mostrar-se "matrimonialmente" traído por Davi: "porquanto me desprezaste e tomaste a mulher de Urias, o heteu, para ser tua mulher"; logo, "de tua própria casa suscitarei o mal sobre ti e tomarei tuas mulheres à tua própria vista" (2 Sam 12,10-11). Segue-se, então, uma peripécia de tragédias sexuais na vida do rei e sua família, demarcando que, no monoteísmo, a norma transcendente é vivida no real.

Depois, nos livros Proféticos (de Isaías a Malaquias), a tônica é a mensagem moralista crítica que denuncia os pecados dos reis, dos nobres, do sacerdócio e do povo em geral, especialmente os pecados sexuais da associação entre fé e sexo comum nas religiões baalistas vizinhas. Nesse período também surgem novas regras sociais pela vivência da teocracia frente às exigências culturais ao longo dos anos. A mensagem profética cobrará mais ética pessoal e social. Finalmente, no último bloco, nos Livros Proféticos e Sapienciais (Jó, Salmos, Provérbios, Eclesiastes, Cânticos dos Cânticos), a sexualidade é tornada benção no âmbito do leito conjugal, e os sábios falarão da santidade em termos de vida virtuosa.

A legislação judaica no Pentateuco consta de quatro códigos: *Decálogo*, ou as 10 Tábuas do Sinai (Êx 20, 2-17 e Dt 5, 6-18); *Código da Aliança* (Êx 20, 22-23, 33); *Código da Santidade* (Lv 17-26); o *Código Deuteronômico* (Dt 12-26); e outras leis esparsas.

Quanto à conjugalidade, no **Decálogo** (Dez Mandamentos), a primeira e máxima tábua exige a unidade:

> Não te prostrarás diante dos deuses e não os servirás, porque eu, Javé teu Deus, sou um **Deus ciumento**, que puno a iniquidade dos pais sobre os filhos até a terceira e quarta geração dos que me odeiam, mas que também ajo com amor até a milésima geração àqueles que me amam e guardam meus mandamentos. (Êx 20,6, grifo nosso)

Há fixa proibição do sétimo mandamento: "Não cometerás adultério" (Êx 20,14). E no décimo: "Não cobiçarás a casa do teu próximo, não cobiçarás a sua mulher, nem o seu escravo, nem a sua escrava, nem o seu boi, nem o seu jumento, nem coisa alguma que pertença a teu próximo" (Êx 20,17).

Benetti (1998) comenta que o Decálogo é dividido em duas partes: amor e respeito a Deus, e amor e respeito ao próximo e à sociedade. Faz a introdução da lei por meio da força limitadora da Palavra (*dabar*) e por meio da negação, pelo enfático "Não!". Nisso, a primeira refere-se à idolatria, que é vista como adultério religioso, participação em ritos sexuais pagãos. A segunda, por sua vez, é lacônica quanto ao sexo fora do casamento, contando, porém, que, nessa época, os homens podiam casar-se com um harém. E a terceira focaliza a cobiça, a ganância e o desejo sem limites. Inclui a mulher do próximo como "objeto", um bem pertencente ao homem, seu dono, porém o pecado é a invasão de propriedade pela cobiça, o que seria o mesmo que "não cobice os bens alheios". Observa, ainda, que o pecado da cobiça é típico das sociedades em desenvolvimento, e que o redator mais recente no texto do Deuteronômio inverte a ordem do primeiro texto de Êxodo, focalizando mais a mulher e a família: "Não cobice a mulher do seu próximo, nem deseje para você a casa de seu próximo, nem o campo [...]" (Dt 5,21).

No livro do Êxodo encontramos o **Código da Aliança** (Êx 20-23), primeiro esboço de legislação que traz leis morais, religiosas e de comportamento social. Entre elas: a Lei de Talião, do "olho por olho e dente por dente", como código civil; leis sobre homicídio, ferimentos, escravos, igualdade entre as pessoas etc.[4] Na sexualidade, esse código condena a **nudez**: "Não façam o meu altar com degraus, para a que não apareça a vossa nudez" (Êx 20,25); permite a **venda da filha**: "Se um homem vender a sua filha para ser escrava, ela não ficará livre como ficam os escravos do sexo masculino" (Êx 21,7); e regulamenta a **poligamia**: "Se um homem casar com uma segunda mulher, deverá continuar a dar à primeira a mesma quantidade de alimentos, de roupas e os mesmos direitos que ela possuía antes" (Êx 21,10).

Ainda encontramos no Código da Aliança indenização ou morte para quem ferir **mulheres grávidas** (Êx 21,22-25), ou **violar uma**

---

4   Como já dissemos, essas normas são semelhantes às do Código de Hamurabi (c. 1700 a.C.).

moça virgem: "Se alguém seduzir uma virgem, que ainda não estava prometida em casamento, e se deitar com ela pagará o seu dote e a tomará por mulher. Se o pai dela recusar dá-la, pagará em dinheiro conforme o dote das virgens" (Êx 22,15-16). E condena à morte a **bestialidade**: "Quem tiver coito com um animal será morto" (Êx 22,18). Essa mesma lei repete-se em Levíticos 18,23 e Deuteronômio 27,21.

Não há permissão de holocausto de crianças, como faziam os cananeus, mas os "primeiros filhos", os primogênitos, são parte de oferenda simbólica nos santuários, ao oitavo dia, através do **rito da consagração**, como mais uma das oferendas dos frutos da terra: "O primogênito de teus filhos, no oitavo dia tu o trarás a mim" (Êx 22,28-29). Também nesse período os meninos passam pelo **rito da circuncisão** (Êx 23,14-19), como identidade cultural simbólica de pertencimento. O código termina chamando a atenção para o perigo da "tentação" da **sedução do desejo** pela religião sexual palestínica e seus símbolos fálicos e femininos, pois, "se servires aos seus deuses, isso te será uma cilada" (Êx 23,33). O desejo é o grande transgressor. Isso é corroborado também em Êxodo 34,13-16.

As regras sexuais são incrementadas em Levítico, o livro sacerdotal. Como em todas as outras culturas no mundo, também o hebraísmo tinha suas regras do "puro e impuro", entre alimentos e costumes sociais, que visavam proteger o povo tanto de impurezas morais quanto de doenças. Entre essas regras está o da **mulher impura**: após o parto, durante sete dias se nascer menino e durante duas semanas se for menina (Lv 12); e quando menstruada, nos sete dias do fluxo, ficando tudo impuro onde tocar o sangue, até mesmo a cama, muito menos atividade sexual marital (Lv 15,19-30).

Tem-se um **homem impuro** se tiver algum "fluxo" do corpo (sangue, blenorragia ou sêmen): "Quando um homem tiver um fluxo seminal, deverá banhar em água todo o corpo, e ficará impuro até à tarde. Toda veste e todo couro atingido pela emissão seminal deverão ser lavados em água e ficarão impuros até à tarde" (Lv 15,16-17, 32). Há uma observação quanto à possibilidade de **impureza da ejaculação** fora do intercurso sexual conjugal normal, assim entendida também a **masturbação**, pois é considerada uma perda de vitalidade pelo indivíduo, que deve, mediante certos ritos, restabelecer sua integridade e assim sua união com Deus, a fonte de vida (Lv 15). O **sêmen**, que é semente de vida, não pode ser "derramado na terra" fora do "ventre materno", que é o *pecado de Onã*[5], de "não dar descendência a seu irmão" (Gn 38,9). Apesar de dizer respeito mais ao "coito interrompido" para evitar filhos que à masturbação em si, e na ausência de outro texto bíblico, indevidamente a teologia moral dogmática cristã medieval a tomou como condenação ao *onanismo* (masturbação).

O grande legado normativo dos costumes no monoteísmo bíblico está no **Código de Santidade** (Lv 17-26), onde encontramos, no Capítulo 18, outras regras à sexualidade. O povo é instado a proceder de modo diferente das culturas vizinhas quanto à sexualidade, não "como se faz na terra do Egito", bem como "na terra de Canaã", onde se celebram nas mesmas festas o sagrado e a sexualidade (Lv 18,3). Impõem-se limites ao sexo na família: o **incesto** é condenado (Lv 18,6-18 e 20,8-21), com parenta próxima, com a mãe, com a concubina do pai, com irmãs, sobrinhas, tias, com nora ou cunhada, de ambos os pais, sempre sob a fórmula: "Não descobrirás a nudez de [...] isto seria um incesto". Inclui ainda como incesto levar para o harém duas irmãs da mesma família (Lv 18,18). Sobre as **relações parentais** dos filhos com os pais, manda: "Cada um de vós respeitará sua mãe e seu pai" (Lv 19,3).

---

5 O pecado de Onã (Gn 38), que veio a se chamar *onanismo* na teologia moral cristã da Idade Média, de condenação à masturbação, advém de um fragmento que faz parte da tradição patriarcal de Judá, filho de Jacó, e uma das 12 tribos eleitas, e é uma narrativa ao estilo da cultura tribal semítica beduína, uma vez que condena a prática do "coito interrompido" como interdito ao legado de posteridade, já que a ração de descendência é uma das "bênçãos" que corrobora a posição de eleito por Deus.

Também proíbe sexo durante a **menstruação** da mulher, que é impureza (Lv 18,19). Condena a **homossexualidade:** "Não te deitarás com um homem como se deita com uma mulher. É uma abominação" (Lv 18,22 e 20,13). E condena a **bestialidade**: "Não te deitarás com animal algum; tornar-te-ias impuro. A mulher não se entregará a um animal para se ajuntar com ele. Isto é uma impureza" (Lv 18,23). Assim também o **adultério** é condenado: "O homem que cometer adultério com a mulher do seu próximo deverá morrer, tanto ele quanto sua cúmplice" (Lv 20,10). Todos esses atos são sumariamente punidos com a pena de morte, pois a "terra" torna-se impura por causa dessas práticas (Lv 18,27). O Levítico dá recomendações sexuais especiais ao sacerdote, para "tomar por esposa uma mulher ainda virgem" (Lv 21,13).

O livro de Números traz um estranho ritual para tratar do **ciúme do homem** cuja mulher adulterou secretamente (a mulher é castigada, mas o homem adúltero não): "Se há alguém cuja mulher se desviou e se tornou infiel, visto que, às escondidas do seu marido, esta mulher dormiu maritalmente com um homem e tornou-se impura secretamente [...] e se um espírito de ciúme vier sobre seu marido" (Nm 5,11-14). Nesse caso, "Então o sacerdote fará a mulher beber das águas amargas e de maldição, seu sexo murchará e seu ventre inchará" (Nm 5,21; 24).

O livro de Números mostra os limitados **direitos da mulher**, as restrições que se lhe impõem de fazer votos de virgindade e de se abster sexualmente para dedicar-se às devoções religiosas ou aos jejuns (Nm 30, 2-17). Se uma moça fizer voto de virgindade, seu direito terá de passar pela aprovação do pai para ser aceito pelos sacerdotes. Se for uma mulher casada, dependerá inteiramente de seu marido: "Todo voto e todo juramento que uma mulher fizer, pode ser confirmado ou anulado pelo marido" (Nm 30,13).

Quanto à posição social da mulher, o livro de Números traz uma lei que parece cruel às crianças prisioneiras da Guerra Santa (*herem*), especialmente as **meninas**. Elas podem ser acrescentadas ao harém dos soldados ou como **despojo sexual de guerra**! Isso foi aplicado como condenação no episódio da participação dos israelitas no culto de fertilidade de *Baal de Fegor* (Nm 25). São costumes que só podem ser interpretados sob o regime das culturas tribais antigas da época. Por exemplo, diz a lei: "Matai, portanto, todas as crianças do sexo masculino. Matai também todas as mulheres que conheceram varão, coabitando com ele. Não conservareis com vida senão as meninas que ainda não coabitaram com homem e elas serão vossas" (Nm 31,17-18, 35).

Há, ainda, um terceiro bloco legislativo, o **Código Deuteronômico**, que está no livro de Deuteronômio (Dt 12-26). Nele se reiteram todas as proibições anteriores, que também serão as **regras sexuais básicas** de todo o Antigo Testamento. Alerta contra a sedução sexual da idolatria (Dt 13); permite o soldado tomar mulher prisioneira para seu harém (Dt 21,10-14); regula a violação de virgens (Dt 22,13-19); proíbe terminantemente o adultério (Dt 22,22), o incesto (Dt 23,1; 27,20-23); estabelece o **direito ao divórcio** (Dt 24,1-4) e proíbe a mulher de usar artigos masculinos e o homem de usar roupa feminina (Dt 22,5).

Quando fala das partes íntimas do corpo, genitais e região pélvica, a Bíblia usa eufemismos (substituição das palavras por outras mais polidas). Por exemplo: fala literalmente *seios*, *ventre*, *prepúcio*, mas usa os termos *rins* ou *lombos* para os genitais de Jacó, donde proviria a nação de Israel (Gn 35,11); e a expressão *cobrir os pés* para defecar (Jz 3,24; 1 Sm 24,3). *Descobrir os pés*, no livro de Rute, segundo alguns comentaristas, é sentença usada para figurar a relação sexual desta com Booz, o parente remidor (Rt 3,4-7). O Deuteronômio (23,18) usa *sodomita* ou *cão* para designar o homossexualismo dos rapazes sacerdotes que moravam no templo para praticar sexo cultual com outros homens.

Enfim, percebemos até aqui que os embates culturais de fundo religioso sofrido pelo povo do *ethos* bíblico para com a sexualidade ao longo de mais de mil anos de história parece ter gerado uma atração dialética de opostos na consciência judaica, para além da compreensão das éticas gregas. A experiência monoteísta de um Deus único, transcendente, todo-poderoso, imaginado sem sexo, não representável por nenhuma forma artística, apenas captável pela mente, exige uma resposta radical de vida moral, com base na qual especialmente o prazer da sexualidade deve ser contido pelo sentimento de "temor ao Senhor" (Dt 11; Pv 1,7).

O prazer sexual é veementemente condenado como pecado grave quando associado à fé politeísta, celebrada nas festas hierogâmicas em homenagens aos deuses e às deusas. Tal comportamento é considerado **idolatria** e **luxúria**, "adultério espiritual", pois a religião judaica é uma religião legal e moral em sua essência. E parece ser somente em razão da satisfação sexual buscada nos cultos do *baalismo* que as literaturas profética e sapiencial restringirão cada vez mais a liberdade da satisfação sexual à alcova do casamento monogâmico.

Nas literaturas poética e sapiencial bíblicas, o **prazer sexual** torna-se tema integrante do ideal da vida conjugal, como gozo do casal de amantes que conjugam entre si o amor que os mantém unidos e solidifica a família. Esse amor na conjugalidade está incrustado nessa literatura de sabedoria, no meio de Salmos, poemas de amor, provérbios, reflexões e cânticos. O Salmo 45, nesse caso, é um exemplo de *poesia de amor*, especialmente dedicado ao amor romântico do rei em seu **harém**, e transportado para a liturgia religiosa: "Vestida de brocados, a filha do rei é levada para dentro, até o rei, com séquito de virgens, introduzem-na em sua presença" (Sl 45,13-14).

No livro de Provérbios, vemos máximas de **instrução** (*mashal*) a um aluno, no estilo familiar do discurso de um pai ao filho, estimulando a sexualidade e o gozo pleno, porém sob a **fidelidade monogâmica**: "Bebe somente a água da tua própria cisterna, e das correntes do teu poço [...] seja bendito o teu próprio manancial, e alegra-te com a mulher da tua juventude, corça de amores, gazela graciosa! Saciem-te seus seios em todo o tempo, embriaga-te sempre com suas carícias!" (Pv 5,15-20).

O livro de Eclesiastes, que é uma reflexão sobre a existência, fala da sexualidade no sentido de **gozo** e **companheirismo**: "Melhor é serem dois do que um, pois se dormirem juntos se aquentarão" (Ecl 4,9); "Goza a vida com a mulher que amas todos os dias da tua vida fugaz na terra, pois esta é a tua porção nesta vida, por todo o teu trabalho!" (Ecl 9,10).

E, especialmente no Antigo Testamento, essa literatura humanística incluiu exclusivamente um **livro de erótica**: *Cântico dos Cânticos*. Os teólogos intérpretes da Bíblia unanimemente concordam que, de forma gradual, a cultura da revelação bíblica foi evoluindo em suas considerações sobre a sexualidade e a afetividade nas relações humanas à medida que cresceram a racionalidade pela educação, o contato com culturas mais avançadas e a intervenção da reflexão dos sábios. A inclusão de uma erótica no cânone bíblico levou séculos de discussão rabínica até ser aceita como "inspirada", dando um lugar de sagrado à conjugalidade do amor dos enamorados.

> **IMPORTANTE!**
>
> **Prazer e erótica bíblica**
>
> O prazer, no monoteísmo do *ethos* judaico, não pode ser visto somente por uma visão negativa de luta contra o politeísmo, pois a sexualidade não é considerada má em si, nem é condenada na

moralidade do Antigo Testamento. O prazer sexual não é condenado nas relações amorosas, é até incentivado pelo uso de haréns e concubinatos, e exclusivamente na erótica do **Cântico dos Cânticos** de Salomão!

No livro de Eclesiastes (*Qohelet*, mestre orador), o tema do prazer aparece em conselho de desfrute do bem-estar das coisas comuns do cotidiano, como: "Come, bebe e goza!" (Ecl 2,24-26; 3,12 e 22; 5,17-19). A felicidade é estimulada a ser vivida aqui e agora: "Eis a felicidade do homem, comer e beber com os amigos" (Ecl 2,24); gozar do lucro do trabalho, o bom sono e a tranquilidade vividos com bom senso. Convites à alegria se repetem como estribilho: "em tempo de felicidade, sê feliz; mas, no dia da angústia, reflete [...]" (Ecl 7,24); "Alegra-te, jovem, em tua juventude [...] segue o desejo de teu coração" (Ecl 8,15; 11,8-11).

O Eclesiastes fala da sexualidade no sentido de gozo e companheirismo: "Melhor é serem dois do que um, pois se dormirem juntos se aquentarão" (Ecl 4,9); "Goza a vida com a mulher que amas todos os dias da tua vida fugaz na terra, pois esta é a tua porção nesta vida, por todo o teu trabalho!" (Ecl 9,10).

Já, na sequência, a coletânea de poemas de amor do **Cântico dos Cânticos** é o livro exclusivamente do erótico bíblico! Nele, o amor se expressa na alegria dos apaixonados, em diálogos e solilóquios poéticos, como desejo de encontrar-se (Ct 4,9), de ouvir a voz um do outro (Ct 2,8), tocar-se (Ct 2,6), beijar-se (Ct 1,2), cheirar-se (Ct 7,8), conduzindo à cópula. O genital feminino é expresso pela metáfora *jardim fechado, fonte selada*, que expressa a virgindade (Ct 4,12-15). Fala da cópula como poesia: "Entre o amado em seu jardim e coma de seus frutos saborosos!" (Ct 4,4 e 16; 6,11). O genital masculino é "estandarte" hasteado: "Levou-me ele à adega e sobre mim desfraldou sua bandeira de amor!" (Ct 2,4). Enfim, seus oito capítulos são todos poemas sensuais de um casal.

> O Novo Testamento não fala de sexo, a não ser para normatizar as relações estritamente conjugais. Nesse sentido, o principal texto é do Paulo em I Coríntios 7, onde, pela primeira vez, orienta-se sobre o apetite e a relação sexual do casal. Portanto, a Bíblia não é contrária ao prazer, dedicando um livro à erótica.

3.2.2 Sexualidade no cristianismo ou no Novo Testamento

O prazer é um conceito essencialmente subjetivo. É, por isso, definido com base em um sentimento ou afeto, cujo julgamento moral acaba recaindo sobre os objetos do prazer. Muitos pensadores na Antiguidade buscaram compreender e descrever esse estado de alma, essa fonte de motivação de conduta humana. A reflexão sobre o prazer como sexualidade toca um conceito complexo, pois evoca a necessidade de ideias correlatas sobre a natureza humana, como corpo, sexo, gênero e suas motivações (desejo, paixão e amor), e, ainda, a avaliação do valor desses elementos como vício ou virtude.

Com base nisso, e para entendermos a sexualidade nas raízes do cristianismo, precisamos colocar o nascimento dessa religião em seu contexto cultural histórico, primeiro em seu precedente mundo greco-persa desde Alexandre Magno (c. 323 a.C.), depois no mundo greco-romano até Augusto (c. 4 a.C.), até a expansão e triunfo como religião do império latino após 300 d.C. Esse é o período fértil do desenvolvimento da consciência antiga pela **subjetivação da lei, da moral** e **da fé**. O cristianismo, então, é a recepção e a integração teológica da evolução cultural moral e espiritual desse mundo, que inclui tanto a vertente da moral religiosa hebraico-judaica (Antigo Testamento) quanto a vertente das éticas gregas.

Nas éticas gregas, a felicidade da vida é tomada como critério para o valor e a importância buscada para o uso das coisas. Mas esse critério crescentemente qualificou os chamados *prazeres intelectuais* como mais elevados em detrimento dos chamados *prazeres corporais*. Logo, o lugar do prazer sexual já nas éticas gregas, tanto quanto na moral judaica, também passa da desconfiança à negação. O *télos*[6] da ética não inclui o prazer da *hedoné*[7], os prazeres corporais, pois estes são maus, perigosos à alma.

As éticas gregas concordam ou reforçam a moral da fé judaico-cristã, pois a principal ideia dos clássicos gregos sobre o corpo não recai sobre o juízo do ato sexual em si, mas sobre a motivação deste: o **desejo** (*epithymía*), ou melhor, a **fruição do prazer** das "coisas do amor" sexual (*aphrodysiai*). O ideal ético de vida, em todas as correntes de pensamento, cresce para exaltar a busca dos bens do espírito e desencorajar a realização dos prazeres corporais.

A sexualidade faz parte dos afetos, ou "aquilo que afeta", o próprio modo de ser do homem e imprime sua marca em toda a atividade humana. É o elemento geral que distingue, na consciência do humano, sua identidade de gênero, sua condição de masculino ou feminino no agir. Essa consciência de sexualidade, provinda das profundezas do desejo e esculpida na materialidade do próprio corpo, é uma das características específicas do humano, tal como a historicidade, a transcendência, a sociabilidade e a religiosidade. É um princípio ontológico que traz um sentido de plenitude à consciência do **devir** humano.

As religiões pagãs antigas, de modo geral, concebiam uma visão sagrada e mítica da sexualidade por meio da mitologia hierogâmica. Os deuses eram concebidos como seres sexuados que

---

6   O termo grego *télos* quer dizer "fim", no sentido de "finalidade", ou um percurso a cumprir, acabamento, ponto culminante. Filosoficamente, segundo Marilena Chaui (2002), o conceito é importante na filosofia metafísica de Aristóteles para designar o modo substancial de cada ser individual em seu processo natural de determinação para o fim de sua espécie.

7   O termo grego *hedoné* significa literalmente "prazer". Todavia, conforme o *Vocabulário grego de filosofia*, de Ivan Gobry (2007), os autores gregos colocavam o prazer (*hedoné*) e todas as suas nuances sensoriais e psíquicas entre as "paixões" (*páthe*) da alma.

faziam sexo entre si e se misturavam aos homens. O êxtase sexual por meio de pessoa consagrada ao culto garantia a comunhão com a divindade no culto.

Na cultura religiosa grega, conforme o poema da cosmogonia de Hesíodo, havia o medo de a razão ser prejudicada pela emoção e de a lógica ser vencida pela paixão. **Eros** e **Páthos** eram os perigos para a **Hybris**, a loucura: "(Eros) aquele que rompe os membros, e que, no peito de todo deus como de todo homem, doma no peito o espírito e a prudente vontade" (Hesíodo, 2007, p. 109).

A paixão (*páthos*) é um sentimento que vem da ordem da *thymós* (humor, emoção) e que a ética precisou expressar também por outros vocábulos, como: *páthema* (apaixonamento), *epithymía* (desejo) e *aphrodysia* (coisas do amor), no grego; *affectus* (afeto), *desidérium* (desejo), *concupiscentia* e *libido*, no latim. Cícero traduz a *páthos* por "concupiscência", mais diretamente relacionada ao *desejo* e à *libido*, termos amplamente apresentados na ética bíblica do Novo Testamento.

Giulia Sissa (1999), filósofa francesa, afirma que a tradição ocidental, desde os gregos, nunca cessou de trabalhar contra a **sensação** (*aisthésis*), desconfiando do **corpo** (*sôma*) e vendo como mau o sentimento do desejo, do gozo e do prazer, legando uma análise negativa do corpo e da sexualidade e fazendo a filosofia ocidental fundar-se como essencialmente ascética à sexualidade.

O corpo é perturbador na medida em que é obstáculo de distração ao conhecimento e à prática da virtude. Para a ética grega, o corpo e suas emoções, na verdade, tornam-se o elemento perturbador e o pior obstáculo ao conhecimento, como realidade obscura e rebelde e como lugar de afetos e doenças, paixões e ilusões.

Nos diálogos platônicos, há oposição entre **corpo** e **alma**, pois o corpo *(sôma)* é a prisão *(sêma)* da alma *(psique)*, do qual temos de nos libertar pelo exercício da virtude. Esse dualismo entre corpo e alma, sensação e razão, impôs-se no pensamento ético grego e foi repetido no dualismo entre espírito (*pneuma*) e carne (*sarx*), tão caro à ética estoica, tornando-se parte do "ideal do *sophós* (sábio)", que tão bem servirá à doutrina moral cristã em Paulo, para o qual o justo vive no espírito abandonando as obras da carne. Devemos lembrar a ferrenha ética estoica contra as paixões como dever de virtude do sábio, da qual pensamos que Paulo participa.

A história da moral ocidental, na forma como a sexualidade é tratada, quase se apresenta como uma história de guerra às paixões, cuja conotação é totalmente negativa. Todavia, são também as paixões (*páthê*) as mais poderosas motivações do comportamento humano, tanto para as guerras, os arroubos dos amores quanto para os ideais filosóficos e políticos e mesmo para o fervor religioso.

Assim, nesse roteiro sobre a questão do prazer, podemos ver as bases culturais e intelectuais da época da formação do Novo Testamento e o mundo do tempo de Paulo e dos demais autores neotestamentários. Em todo esse embate de fundo cultural, podemos identificar, no contexto dos textos bíblicos sobre a moral do prazer, as justificativas para o duro escopo com que se abordaram e normatizaram as questões em torno da sexualidade e da conjugalidade pela ascese e santidade. A qualificação do "prazer corporal como mal" – um mal que tem origem na **deficiência** que a alma sofre ao entrar no corpo mortal e que se manifesta como **perturbação** pela busca incessante do **desejo** por saciedade, que se torna o paradigma ético de negatividade ao prazer que o cristianismo herdaria – teve na própria **confissão de Paulo** o testemunho de sua luta do "espírito contra a carne" (Rm 7). Basicamente, portanto, a normativa da sexualidade no âmbito do Novo Testamento é a mesma do Antigo Testamento, com pequenas variações.

A sexualidade em Jesus é um tanto difusa, pois ele dela pouco fala. A maior impressão que temos quando da leitura da biografia do "Jesus histórico" dos Evangelhos é que a sexualidade não é foco nem de sua vivência própria, uma vez que não há evidência de que tenha sido casado ou que tenha tido algum relacionamento amoroso, nem de sua mensagem, ainda que a aborde de modo esporádico e mais em função de resposta a questionamentos do que como discurso moralista. Por sua vez, o "Jesus divino" da dogmática cristã é posto como totalmente assexualizado, um divino em corpo humano.

O Evangelho de Mateus diz que Jesus, filho de José e Maria, tinha uma família de "irmãos" na pequena cidade de Nazaré (Mt 12,46-50). Segundo a tradição, José era um carpinteiro de meia-idade, e Maria, uma adolescente próxima dos 14 anos. No Sermão da Montanha, com o qual, segundo Mateus, ele inaugura seu ministério, Jesus aborda a **questão do adultério** em resposta à solicitação de posicionamento com respeito à norma do Antigo Testamento da "Carta de Divórcio", corroborando-a e colocando a exceção de relações ilícitas: "Qualquer que repudiar sua mulher, exceto em caso de relações ilícitas, a expõe a tornar-se adúltera" (Mt 5,27-32). Mais tarde, Paulo tornaria isso **norma da fidelidade conjugal** para a Igreja (Rm 7,3; 1 Cor 7).

Todavia, nessa abordagem, após relembrar o sétimo Mandamento da Lei, "Não adulterarás", Jesus coloca a questão sob o novo *princípio da pecabilidade* absoluta do ser humano, quando diz: "Eu, porém, vos digo: qualquer que olhar para uma mulher com intenção impura, no coração já adulterou com ela" (Mt 5,28). Como muito bem observou Giulia Sissa (1999, p. 105; 111) sobre essa passagem, Jesus faz uma "desqualificação ontológica do desejo" como forma de tornar todo homem pecador e devedor da graça divina ("indesculpável", segundo Paulo, Rm 3,23). Jesus coloca o **"ato no desejo"**. Assim, como não há humano que não seja um **ser desejante**, logo, todos tinham no desejo aquele pecado de que acusam somente a mulher pega em adultério (Jo 8,1-11).

Em pelo menos duas ocasiões, Jesus deparou-se com essa situação, com relação à qual teve comportamento totalmente diferente do da moralidade legalista do judaísmo. No famoso episódio da "mulher pega no ato de adultério", trazida a ele pelos religiosos puristas **fariseus** para testar o julgamento, Jesus a libera pelo perdão, após a famosa frase: "Aquele que não tem (este tipo) de pecado, atire a pedra" (Jo 8,1-11). E, na famosa entrevista com a "mulher samaritana", da qual ele revela a condição de amante – "tivestes cinco maridos e o que agora tens não é teu" (Jo 4,18) – ao final da revelação, não a condena; ao contrário, salva-a.

A princípio, Jesus não fala nem de homossexualidade nem da ascese da abstinência ou castidade. Alguns pressupõem que, com base nisso, ele segue a Lei judaica. Mas, no mínimo, o que podemos dizer é que não é seu interesse. Os Evangelhos mostram Jesus sempre muito mais **próximo às mulheres** que qualquer outro mestre judeu de sua época, o que chocava seus discípulos pelo fato de que ele pudesse estar "falando com uma mulher" (Jo 4,27). Aliás, João abre seu Evangelho afirmando que Jesus iniciou seu ministério "transformando água em vinho" para divertir uma festa de casamento na aldeia de Caná da Galileia (Jo 2,1-12).

Podemos concordar com Benetti (1998, p. 235) quando afirma que a religião de Jesus é de "interiorização e compreensão", tal como ele a proclama à mulher samaritana: **religião do amor** e da **verdade** da pessoa "em espírito e em verdade" (Jo 4,23). No entanto, a expressão mais profunda e enigmática de Jesus sobre a sexualidade talvez seja a ética da autocastração por amor ao reino, ao proferir a **metáfora do eunuco** quando da questão do divórcio: "Há eunucos de nascença; há outros a quem os homens tornam eunucos; e há os que a si mesmos se fizeram eunucos, por causa do reino dos céus. Quem é apto para o admitir admita" (Mt 19,12).

Essa expressão metafórica dos **eunucos do reino** nunca foi entendida ou trabalhada pelos apóstolos, senão talvez por Paulo quando ensaia defender a **castidade** ou o **celibato** como "virtude mais excelente" para os que desejam dedicar-se integralmente ao reino, ao abrir seu grande primeiro ensaio de uma doutrina cristã da sexualidade conjugal em 1 Coríntios 7: "é bom que o homem não toque em mulher". Todavia, esse recorte não deve servir de argumento para a afirmação rápida de que era Paulo **misógino**[8], pois antes dessa lacônica afirmação, respondendo a questões levantadas por alguns cristãos coríntios, ele diz: "Quanto ao que me escrevestes, é bom [...]". Contudo, como afirma Benetti (1998, p. 251), na sequência ele parece colocar o casamento como "remédio à concupiscência" quando recomenda: "mas, por causa da impureza, cada um tenha a sua própria esposa, e cada uma, o seu próprio marido". Isso porque, na verdade, Paulo trata aqui do **prazer sexual** como "dever" na conjugalidade.

Nessa primeira Carta aos Coríntios, como líder fundador, Paulo faz severas advertências à **imoralidade** nos comportamentos familiares dos cristãos coríntios, sendo esta uma cidade grega portuária de conhecida efervescência sexual: "Geralmente, se ouve que há entre vós imoralidade e imoralidade tal, como nem mesmo entre os gentios, isto é, haver que se atreva a possuir a mulher de seu próprio pai" (1 Cor 5,1). Portanto, condena um caso de **incesto**. A **sensualidade** é condenada: "Fugí da impureza!" (1 Cor 6,18). Assim, nesse contexto é que Paulo normatiza a **conjugalidade**: "A mulher não tem poder sobre seu próprio corpo, e sim o marido; o marido não tem poder sobre seu próprio corpo, e sim a mulher"; em função de uma **equidade do prazer**, pois "Não vos priveis um do outro, salvo talvez por mútuo consentimento, por algum tempo, para dedicardes à oração [...]" (1 Cor 7,4-5). E aí estabelece pela primeira vez uma ideia do direito romano de "débito conjugal" ou a "devida paga" (*debitum coniugali*): "O marido dê a esposa o que lhe

---

8   *Misoginia*, da junção dos termos gregos *miseo* e *gyné*, literalmente significa "ódio às mulheres" e associa-se a todo discurso, ação ou comportamento que nega, degrada ou maltrata a figura feminina em sua sexualidade. Alguns críticos modernos e feministas contemporâneas têm referido tal termo injustamente a Paulo, talvez por não lerem seus escritos com boa exegese e hermenêutica, o que o fariam conhecer que seu pensamento, já em 1 Coríntios 7, não o é.

é devido; e a esposa, ao seu marido", e isto, "por causa da tentação". O devido prazer evita o mal.

A exortação mais severa de Paulo sobre a sexualidade, porém, certamente é sua advertência na Carta aos Romanos (Rm 1), ao fazer **condenação à homossexualidade**, ao estilo do *herem* (maldição) hebraico antigo, tanto masculina e, pela primeira vez na Bíblia, quanto feminina, pois não é o "modo natural das relações íntimas", uma vez que "desonram o próprio corpo" pela concupiscência e assim ficam "entregues" à desonra.

Ainda em Romanos (Rm 7), Paulo faz sua célebre **confissão** de aporia ou impossibilidade ante a força do **desejo**, enquanto "lei do corpo" (carne, *sarx*) que se contrapõe à "lei da mente" (espírito, *pneuma*), que, apesar de ser "melhor", não é suficiente para tirá-lo da prisão ao "corpo do pecado"; dessa forma, conclui: "o mal habita em mim" (Rm 7,23).

Em Efésios (5,22-33), Paulo aconselha as **relações familiares** aos cônjuges: "mulheres sejam submissas a seus maridos, [...] maridos, amem suas mulheres". Depois, as relações dos filhos: "Filhos, obedeçam a seus pais [...]; pais, não irritem seus filhos" (Ef 6,1-4). Como sabemos, Paulo é o primeiro grande construtor do cristianismo.

Paulo, o grande doutrinador da fé cristã, tanto dá continuidade ao rigor da moralidade bíblica desde os profetas quanto segue coerentemente o padrão veterotestamentário, e parece concordar com o padrão das éticas gregas, especialmente do sistema platônico e estoico, quando propõe a virtude moral como "frutos do espírito" contra as "obras da carne" (Gl 5; Ef 4).

Outras tradições apostólicas neotestamentárias, como em Pedro, Tiago e João, também fizeram pequenas exortações às relações familiares, contra a concupiscência do desejo e a favor da fidelidade do amor conjugal monogâmico; enfim, ensina-se sobre a **equidade sexual**. Pedro (1 Pe 3,1-7) corrobora as recomendações de Paulo e fala da obediência da mulher e do amor do homem, com a novidade de que os homens vejam a mulher como "sexo (vaso) mais frágil" ao qual o "homem deve honrar" e ajudar "na vida comum do lar" (1 Pe 3,7). Tiago (Tg 4) não fala diretamente sobre a sexualidade, mas faz uma das mais sérias e severas exortações à pureza e à fidelidade da fé moral. João adverte sobre "o amor do mundo, a concupiscência da carne, a concupiscência dos olhos e a soberba da vida" (1 Jo 2,15-17). Também faz uma dedicação da Terceira Carta a uma "senhora eleita", que não se sabe se é Maria mãe de Jesus (Mt 19,26-27) ou outra mulher honrada. Finalmente, também no livro de Hebreus, do qual não se conhece a autoria (atribuída por muitos a Paulo), exorta-se a fidelidade da intimidade conjugal: "Digno de honra entre todos seja o matrimônio e o leito conjugal sem mácula; pois Deus julgará os impuros e adúlteros" (Hb 13,4).

Portanto, no âmbito do Novo Testamento, podemos ver que não há grandes novidades sobre a sexualidade em relação às normas já estabelecidas e herdadas do hebraísmo-judaísmo, embora se contraponha veementemente – e de forma ainda mais radical – ao desejo, à sensualidade, às relações fora do casamento, especialmente no que se refere à condenação à homossexualidade, mesmo que defenda o prazer dentro da conjugalidade heterossexual.

Wayne A. Meeks (1997), em *As origens da moralidade cristã*, mostra como a doutrina cristã pré-patrística nos dois primeiros séculos formou-se com base em um crescente rigorismo ascético que exaltava a "vida no espírito" e exigia a abstinência de todos os prazeres. Também o historiador Peter Brown (1990), na obra *Corpo e sociedade: o homem, a mulher e a renúncia sexual no início do cristianismo*, diz que, a partir de 150 d.C., a abstinência sexual e a renúncia não só ao prazer, mas também ao próprio corpo, tornaram-se a obsessiva pregação moral por todo a primitiva patrística cristã até Agostinho (354-430).

Por sua vez, Joyce E. Salisbury (1995, p. 67), em *Pais da Igreja, virgens independentes* ressalta que Agostinho causou uma "revolução sexual" ao propor uma "doutrina geral à sexualidade" cristã. Todavia, "a revolucionária transformação das concepções patrísticas em torno da sexualidade processada por Agostinho não redimiu o intercurso sexual da condenação nem libertou as mulheres do fardo da vergonha sexual" (Salisbury, 1995, p. 67).

É conhecida a influência do platonismo nos primórdios do pensamento de Agostinho (1973, III, 4,8), o primeiro grande pensador cristão: "Porém, o amor da sabedoria, pelo qual aqueles estudos literários me apaixonavam, tem o nome grego de Filosofia". Em seguida, diz que conheceu também textos platônicos e aristotélicos (Agostinho, 2007, 1,4; Agostinho, 1973, IV, 16,28). São, sobretudo, porém, textos com certa influência da filosofia neoplatônica de Plotino e Porfírio, com quem certamente mais Agostinho se depara (Agostinho, 1973, VII, 9,13).

Peter Brown, maior historiador de Santo Agostinho, em duas grandes obras: *Santo Agostinho: uma biografia* (2005), e *Corpo e sociedade: o homem, a mulher e a renúncia sexual no início do cristianismo* (1990), mostra que Santo Agostinho foi o primeiro no Ocidente a estabelecer uma "teoria geral da sexualidade" (*ordo sexualis*). De fato, como já demonstramos em dissertação de mestrado em filosofia, intitulada *O lugar do prazer na ética de Agostinho* (Andreata, 2006)[9], Agostinho não foi somente o primeiro grande sistematizador da doutrina cristã, após Paulo, mas também o primeiro grande pensador latino da filosofia cristã. Seu pensamento tem influência no espírito ocidental até os dias atuais. Esse esboço de teoria cristã da sexualidade de Santo Agostinho está exposto em três ensaios publicados no volume 16 da Coleção Patrística: *Dos*

---

9 Dissertação de Mestrado em Filosofia, na área de ética, apresentada ao Departamento de Filosofia da Universidade Gama Filho, RJ, em 2006, atualmente em revisão para posterior publicação.

bens do matrimônio; A santa virgindade; Dos bens da viuvez (Agostinho, 2000). Agostinho é autor do dogma da **castidade** na conjugalidade cristã observada ainda hoje pelo cristianismo católico e protestante, a qual, de alguma forma, é responsável pela restrição do prazer na conjugalidade e de culpa para com uma sexualidade mais aberta.

3.3 Conjugalidade nas grandes religiões

Estamos tentando tecer uma abordagem natural e cultural da sexualidade com base na perspectiva de sua evolução histórica desde os ancestrais humanos e do mundo antigo, com a finalidade de fundamentar a vivência que dela temos hoje na contemporaneidade, o que é por si um grande desafio por tamanha abrangência, uma vez que temos uma diversidade de culturas religiosas, tanto no Ocidente quanto no Oriente, e que somente a podemos abordar num panorama geral.

Uma vez que já exploramos a temática *religião, gênero e sexualidade* nas perspectivas filosófica, antropológica, sociológica e histórica, especialmente em comparação com as culturas aborígenes distantes da nossa; e que também passamos por uma visão sintética histórica das grandes culturas da antiguidade ocidental; e, ainda, que somente podemos abordar a temática sob a perspectiva das grandes religiões ocidentais e orientais que vicejam como práticas religiosas (grandes monoteísmos) e como substância arquetípica no espírito ocidental ainda hoje; podemos analisar agora o tema sob as tradições religiosas orientais germinais: islamismo, budismo e hinduísmo.

3.3.1 Sexualidade no âmbito do islamismo

O islamismo tornou-se basicamente a religião de todo o mundo árabe oriental ao longo de mais de mil anos de história (Scherer, 2010). Contudo, como religião, o islamismo só começou a nascer a partir do século VII da era cristã com a nova experiência de devoção e normas morais estabelecidas pelo profeta Maomé (Mohammed), vindo a tornar-se atualmente a religião com maior índice de expansão, tendo em vista que também está ligada à política como religião oficial de nações onde se estabelece. Antes de expressar o surgimento e expansão do Islã, é preciso determinar os fundamentos culturais dos povos orientais na Antiguidade antes de seu estabelecimento.

O mundo árabe, que abrange o começo do Oriente Médio, limítrofe à Palestina com a Jordânia, a Síria e as tribos transjordânicas, bem como nos limites com a Turquia, aprofunda-se no deserto central por Arábia Saudita e Iraque, Iêmen do Norte e Sul, Emirados Árabes, pela costa do Golfo Pérsico, depois transcende a este no lado mais oriental com o Irã (antiga Pérsia) e o Afeganistão, e chega às fronteiras com o Paquistão, é constituído milenarmente por diversas tribos e etnias, entre as quais a dos sunitas e a dos xiitas.

Na Antiguidade, uma das culturas religiosas mais influentes no mundo oriental médio e profundo tinha sido a religião persa do último grande império mundial de Dario, Ciro e Xerxes, depois da queda babilônica após o século IV a.C. No entanto, os fundamentos da religião persa advêm da reformulação feita pelo líder religioso Zaratustra, ou Zoroastro, por volta de 1200 a.C. durante o antigo império. Zoroastro pregava uma simplificação da antiga cosmogonia politeísta persa, segundo a qual a vida pressupunha uma escolha moral entre duas forças capitais: o espírito do sábio (*Ahura Mazda*) e o espírito destruidor (*Angra Mainyu*).

A religião antiga do zoroastrismo era fortemente personalista entre Bem e Mal e radicalmente moralista para com as escolhas humanas entre as influências dessas forças espirituais (Hinnells, 1984). A ideia moral-religiosa da vida humana cotidiana como uma luta entre as forças do bem contra as forças do mal se impôs entre os povos da parte setentrional da Mesopotâmia no mundo antigo. Com essa religiosidade surgiu também uma forte tradição angélica que ainda influenciaria muito o judaísmo no período do pré-cristão durante o novo império persa após 330 a.C. e, assim também, o ambiente angélico dos Evangelhos. Os deuses Ahura Mazda (Bem) e Angra Mainyu (Mal) tinham séquitos de anjos ou demônios ao seu serviço para encaminhar as pessoas ao Céu ou ao Inferno. Portanto, o destino da pessoa era determinado por sua própria escolha. Com base nisso, constatamos que o zoroastrismo, ao mesmo tempo do monoteísmo mosaico, é uma das religiões de "salvação moral". O dualismo masdeísta, de visão do mundo como uma luta entre o bem e o mal, pode ter influenciado o pensamento grego e judaico antigo e ainda sobrevive na religião dos farsis da Índia.

Nesse espaço do mundo antigo, de alguma forma, as normas legais e morais do Código de Hamurabi influenciaram a vida cotidiana dos povos da região mesopotâmica no que diz respeito aos costumes das relações na vida familiar.

Nesse contexto, quanto à sexualidade, podemos pensar que a constituição arquetípica da cultura persa tanto tem, desde a Antiguidade – milênios antes da instalação do islamismo –, um forte moralismo nos costumes da vida cotidiana política quanto também é liberal nas artes do prazer quando da vivência da intimidade no interior das alcovas e dos haréns (Tannahill, 1983). Nessas culturas, o forte moralismo da vida pública, prioritário sobre a vida privada, ao mesmo tempo em que era crescentemente patriarcal, encobria um mundo de violências e abusos, onde o lugar da mulher e das crianças, muitas vezes, era de submissão e escravidão, reflexos ainda vistos no âmbito das narrativas bíblicas antigas. Dessa forma, impõe-se uma visão evolutiva histórica da cultura.

O islamismo propriamente dito, vale dizer, é uma religião que surgiria já na era cristã na entrada da Idade Média. Durante os primeiros cinco séculos dessa era, o cristianismo expandiu-se por todo o mundo antigo e Europa, especialmente depois da oficialização da doutrina como a religião oficial do Império Romano após 315 com o imperador Constantino. No auge do Império Romano nesse período, o cristianismo expandia-se desde o norte litorâneo da África, pelo Crescente Fértil à Ásia e à Europa meridional, até os limites em seu interior com os povos bárbaros, entre germanos, francos, anglos, saxões e ibéricos. O cristianismo é, portanto, a primeira experiência de "religião global" no Ocidente, com características de "conversão" tanto por evangelismo quanto por expansão política. Esse modelo dava tanto uma justificativa sagrada à expansão quanto uma organização religiosa às sociedades conquistadas, com forte apelo à mudança cultural nos costumes dos povos, o que trazia uma nova forma de submissão e hegemonia.

A cultura cristã, após o triunfo do cristianismo como religião oficial com a conversão de Constantino (313 d.C.) e a transferência da capital de Roma para a antiga cidade da Ásia turca, Bizâncio, agora Constantinopla, assumiu, em grande medida, a essência da cultura pagã da alma latina e a essência cultural política romana. A alma religiosa latina, em paralelo à grega, era grandiloquente em estética do sagrado, quer na mitologia de seus deuses e de suas deusas, quer em seus templos e suas liturgias públicas. Essa alma religiosa encontrou na alma política romana um casamento forte e duradouro, que tinha na imagem iconoclasta do imperador Otávio, o César Augusto, o modelo de sua grandeza. De fato, como vimos anteriormente, Augusto criou uma legislação duradoura para a

Pax Romana e para os costumes jurídicos da cultura das relações familiares e sociais (Hinnells, 1984). A organização da vida doméstica, que inclui os modos de usos públicos e privados da sexualidade ao estilo latino, cristão e árabe, está bem exposta e documentada no excelente trabalho de pesquisa da coleção *História da vida privada*, dirigida pelos historiadores Philippe Ariès e Georges Duby (2009), especialmente o volume 1: *Do Império Romano ao Ano Mil*. Também muito conhecida é a leitura histórico-crítica da organização da sexualidade nesse período feita pelo filósofo Michel Foucault (2014) na coleção *História da sexualidade*, especialmente no volume 3: *O cuidado de si*, em que expõe o amálgama do espírito ocidental dividido entre a emergência de normatização pública e política do comportamento sexual e da conjugalidade, e da transgressividade machista e prostituída dos prazeres pela alma reprimida. Após a queda de Roma em 430, segue-se um período de desagregação que possibilita a nova religião e política do islamismo (Hinnells, 1984).

O islamismo, então, nasce como no início do século VII. Segundo a tradição, Mohamed, ou o Profeta Maomé (c. 570-632), um místico da cidade de Meca, atual capital da Arábia Saudita, a partir de 610, após seus 40 anos, passou a ter uma série de visões dadas pelo Anjo Gabriel (*Jibril*), com base nas quais se manifestava uma revelação sobre a reformulação do politeísmo árabe pela unificação da crença em um só Deus, Alá, e sob uma doutrina moral organizada no livro do Alcorão, que passou a ser o texto sagrado do monoteísmo dos muçulmanos islâmicos. Inicialmente, a pregação de Maomé sobre o Islão, ou "modo de vida de adoração a um só Deus" (*Islam*), encontrou adesão entre os pobres e ex-escravizados. A possibilidade de organização social e cultural em igualdade de identidade aos pobres e escravizados fez com que as autoridades de Meca os expulsassem e perseguissem durante os anos seguintes em peregrinações pelas aldeias próximas. Em 622, a família de Maomé e seus seguidores estabeleceram-se em Medina, onde o Profeta proclamou uma constituição religiosa e política, o islamismo.

Até a morte de Maomé, em 632, seguiram-se algumas batalhas entre Medina e Meca pelo controle político e implantação cultural, social e econômica das normas da constituição islâmica. A constituição de Medina estabelecia critérios para o convívio social dos diversos povos, entre os quais judeus, cristãos e árabes, dentro de uma grande comunidade. O Alcorão (1994) é um texto sagrado de revelação que reúne, em diversos livros, parte das tradições judaicas do Antigo Testamento – têm em comum o patriarca Abraão – e parte dos ensinos éticos gerais do cristianismo. Entre os anos de 632-750, o islamismo teve grande ascensão e expansão no mundo árabe e tornou-se a grande cultura e política de confronto à expansão e ao domínio do cristianismo. Desde o início, a luta política para domínio e implantação do islamismo entre os povos, a *Jihad*, tem na justificação religiosa sua absoluta fundamentação.

Na essência religiosa, o monoteísmo islâmico tem muito em comum com o judaísmo e o cristianismo: a crença em um só Deus, clemente e misericordioso, criador e mantenedor de toda a criação para servir-lhe e adorá-lo (Scherer, 2010). Têm em comum como profetas de Deus os grandes patriarcas e santos bíblicos, bem como a própria figura de Jesus. Todavia, ao afirmar a estrita unidade de Deus, discorda da formulação da deidade em três hipóstases cossubstanciais conforme preconiza a Trindade cristã. Quanto às normas morais da vida pessoal e familiar e às relações amorosas e sociais, de modo geral, também compartilha muita semelhança com os outros monoteísmos de raiz. Suas leis do puro e do impuro, leis cerimoniais religiosas, normas estritas dos costumes éticos e estéticos em público, especialmente às mulheres, tornaram-se conhecidas do Ocidente.

As normas religiosas do islamismo restringem a sexualidade ao âmbito da conjugalidade, ainda que esta possa ser também vivida dentro das tradições milenares da poligamia masculina do harém, a depender das condições socioeconômicas do homem. No tema *Al A'Raf* (os Cimos, 7ª Surata) do Alcorão, que corresponde em grande parte ao Gênesis e ao Êxodo bíblicos, estão as normas sobre o primado da conjugalidade como finalidade da vida humana desde o primeiro casal Adão e Eva, bem como condenações à prática da homossexualidade, como na sodomia. O texto de *Al Máida* (A mesa servida, 5ª Surata) regula as relações entre muçulmanos, judeus e cristãos com base em pontos comuns de suas Escrituras Sagradas.

No tema *Al Nissá* (As mulheres, 4ª Surata), o Alcorão (1994) pressupõe a mutualidade entre homem e mulher: "Ó humanos, temei a vosso Senhor, que vos criou de um só ser, do qual criou a sua companheira e, de ambos, fez descender inumeráveis homens e mulheres. Temei a Deus, em nome do Qual exigis os vossos direitos mútuos". Ainda, garante a conjugalidade polígama na constituição familiar: "Se temerdes ser injustos no trato com os órfãos, podereis desposar duas, três ou quatro das que vos aprouver, entre as mulheres. Mas, se temerdes não poder ser equitativos para com elas, casai, então com uma só, ou conformai-vos com o tender à mão" (Alcorão, 4.3). Nesse sentido, os costumes da conjugalidade na vida familiar são tratados em vista da criação e da manutenção dos filhos. O tema da separação e o do recasamento são tratados respeitando a justa garantia de sustento: "Se desejais trocar de esposa, tendo-a dotado com um quintal, não diminuais em nada". Também regula o incesto: "Não vos caseis com as mulheres que desposaram os vossos pais – salvo fato consumado – porque é uma obscenidade, uma abominação e um péssimo exemplo" (Alcorão, 4.20-22). Além disso, traz conselhos ao bom relacionamento entre os cônjuges: "Se uma mulher notar indiferença ou menosprezo por parte de seu marido, não há mal em se reconciliarem amigavelmente, porque a concórdia é o melhor, apesar de o ser humano, por natureza, ser propenso à avareza" (Alcorão, 4.128).

Noutro tema, *At Talac* (O Divórcio, 65ª Surata), o Alcorão detalha orientações sobre a gravidez e o período fértil da mulher até a menopausa e trata do divórcio com ênfase no amparo da divorciada: "Instalai-as (as divorciadas) onde habitais, segundo os vossos recursos, e não as molesteis, para criar-lhes dificuldades" (Alcorão, 65.6). Portanto, tal como na Bíblia, o Alcorão regula as questões conjugais de separação e recasamento com o devido termo da justiça e do amparo, o que revela as semelhanças entre os grandes monoteísmos quanto à moralidade sexual.

No que se refere à sexualidade dos solteiros, à prostituição e ao adultério, as Sagradas Escrituras islâmicas os tratam semelhantemente às normas do Antigo Testamento. No tema de *Na Nur* (A luz, 24ª Surata), diz: "Quanto à adúltera e ao adúltero, vergastai-os com cem vergastadas (chicotadas), cada um; que a vossa compaixão não vos demova de cumprir a lei de Deus". E arremata: "O adúltero não poderá casar-se, senão com uma adúltera ou uma idólatra; a adúltera não poderá desposar senão um adúltero ou um idólatra" (Alcorão, 24.3). E à prostituição afirma: "As despudoradas estão destinadas aos despudorados, e os despudorados às despudoradas; as pudicas aos pudicos e os pudicos às pudicas" (Alcorão, 24.4). Recomenda que os jovens "celibatários" se casem com as "virtuosas" e vice-versa; e que os que são desprovidos de recursos trabalhem para se prover e depois casar.

Os muçulmanos chamam a lei islâmica de *charia*, um conjunto de normas ou jurisprudências adotadas em cada localidade, com base na lei máxima que é o Alcorão e a Suna que expõem as tradições de orientações do profeta e da cadeia de seus sucessores. A justiça das questões familiares cotidianas, muitas vezes, é levada aos juízes civis-religiosos, e as punições prescritas na lei máxima da *charia* são executadas em público (Motahari, 2008).

O Islã, com suporte de várias outras legislações emanadas de seus líderes religiosos, os profetas, encoraja o casamento como a maneira correta de satisfação das necessidades sexuais e adverte sobre as consequências das relações pré-maritais ou promíscuas, que incluem a gravidez indesejada, a transmissão de doenças sexualmente transmissíveis, a desagregação familiar, o adultério etc. Para o islamismo, os relacionamentos pré-conjugais e extra-conjugais são considerados pecados graves: "Evitai a fornicação, porque é uma obscenidade e um péssimo exemplo" (Alcorão, 17.32).

PARA REFLETIR

Uma discussão sobre uma nova ética sexual no islamismo é encontrada no excelente ensaio do professor Ayyatullah S. M. Motahari (2008), intitulado *A ética sexual no Islam e no mundo ocidental*. No texto, propõe uma nova concepção de ética sexual baseada na lógica e no raciocínio como instrumento de depuração das superstições; na liberdade, como pressuposto de direito individual; e na adequação do prazer à natureza da pessoa, na forma de relacionamento responsável, mesmo condicionando os instintos e desejos sexuais a uma vida espiritual pessoal.

3.3.2 Sexualidade nas principais religiões orientais

Ao atravessar a cadeia setentrional de montanhas da Turquia, que separa o mundo mesopotâmico e arábico, estão o Paquistão, a Índia e, ao longe, a China, com todas as etnias e a diversidade de culturas religiosas que os circundam. Mormente, temos algumas das grandes religiões milenares ainda hoje muito influentes nessas e noutras culturas mundiais, como o hinduísmo, o budismo e o xintoísmo e variantes.

O hinduísmo é certamente uma das religiões organizadas mais antigas do mundo. Desde há milhares de anos ancestrais, o hinduísmo é uma religião muito ligada aos fenômenos da terra e abrange todos os povos indianos sob uma variedade enorme de deuses e deusas, festivais, templos e rituais os mais diversos, que dão um colorido estético especial a toda a Índia. Conforme a *Enciclopédia IstoÉ/Guinness* (1995), a religião hindu tem cerca de 4.000 anos e, juntamente ao judaísmo, é a religião organizada[10] mais antiga ainda praticada. E, embora, a Índia não tenha uma religião oficial, naquele país convivem mais de 700 milhões de hindus, além de cerca de 90 milhões de muçulmanos, 29 milhões de cristãos, e diversas outras minorias religiosas como sikhs, budistas, jainistas, parses, judeus e outras tribos.

As religiões do hinduísmo, budismo, jainismo e sikhismo têm muitas crenças em comum. Todos compartilham da ideia de que há um ciclo contínuo de mortes e renascimentos em uma substância metafísica do mundo (*samsara*) e de que as pessoas sofrem em sua trajetória as consequências de seus atos nesta vida e em vidas passadas (*karma*), processo pelo qual ocorre a redenção da alma (*transmigração*) ao mundo espiritual, para depois reencarnar em outros corpos (humanos ou animais). Há um "caminho" do "dever, lei, natureza" (*darma*) como destino que cada indivíduo deve trilhar para a redenção pela vivência e sofrimento na vida neste mundo. Os "guias" das pessoas pelo caminho de individuação de seus *darmas* são os gurus, mestres espirituais que aprenderam o autocontrole, a devoção e a dedicação total à fé religiosa.

Conforme Spalding (1973), no *Dicionário das mitologias europeias e orientais*, as escrituras sagradas milenares do **hinduísmo** são os Vedas, nos quais estão descritos os rituais e sacrifícios devidos ao papel dos sacerdotes (*brâmanes*), que vivem em retiro nos templos e monastérios. O hinduísmo é uma religião ligada aos ciclos da natureza e é representada por muitos deuses e deusas. Os principais

---

10 No sentido de toda sistematização de elementos fundamentais de uma "religião organizada", conforme exposto, até porque as religiões animistas orais e ligadas à natureza, como a dos aborígenes da Austrália e outros, são muito mais antigas.

são: Brahma, criador, ligado à deusa Saraswati; Vishnu[11], preservador da natureza, que possui dez encarnações ou **avatares** e é casado com a deusa Laksmi; Krishna, o deus-pastor do livro sagrado **Bhagavad Gita**[12] casado com Radha; também Buda, o fundador do budismo, além de Kalki, o "deus que virá", um avatar do futuro. O deus Shiva, da dança, da vida e da fertilidade, é um dos mais celebrados, juntamente à sua consorte Shakti. Há ainda o deus Ganesha, que tem cabeça de elefante, deus da boa sorte e removedor de obstáculo; Hanuman, deus-guerreiro macaco; Kahli, deusa da morte. Os deuses consortes Shiva-Shakti, Vishnu-Laksmi e o deus Ganesha são os mais populares. No período entre 500 a.C. e 500 d.C. houve divisões entre segmentos do hinduísmo. No século VI a.C., por iniciativa da experiência pessoal do líder espiritual Mahavira, fundou-se na Índia o **jainismo** (Enciclopédia IstoÉ/Guinness, 1995).

Assim como o budismo, o jainismo não cultua nenhum deus em particular. Há poucos seguidores desse segmento de hinduísmo. Sua doutrina, a da não violência (*ahimsa*), influenciou líderes de outras religiões, como Mahatma Gandhi. Uma vez que acreditam que todos os animais têm alma, são vegetarianos. A salvação é alcançada pela vida ascética.

No século V a.C., após peregrinações, meditações, jejuns e ações humanitárias, o jovem príncipe Sidarta Gautama (563-483 a.C.), pelas próprias experiências de espiritualidade e interioridade, torna-se "O Iluminado" (Budha), evento em razão do qual surge o **budismo**. O budismo é uma religião aparentemente "sem Deus", que se destaca pela filosofia humanística, pela doutrina pacifista

---

11 Vishnu tem encarnações em peixe (*Matsya*), tartaruga (*Kurma*), javali (*Varana*), homem-leão (*Narasinha*), anão (*Vamana*), Rama (*Ramachandra*), o deus do épico *Ramayana*, casado com Sita e identificado por seu arco e aljava (Spalding, 1973).

12 O *Bhagavad Gita* é o livro sagrado do culto hindu a Krishna. O texto integral e comentado pode ser encontrado na obra clássica de Prabhupada (2020), fundador da Sociedade Internacional para Consciência de Krishna. Conferir também: Prabhupada (1986).

e pelas práticas de autossalvação por meio da iluminação própria alcançada por meditação, devoção e integração com a natureza e o destino; todavia, também mantém ritos oriundos do hinduísmo (Enciclopédia IstoÉ/Guinness, 1995).

Sidarta era um jovem, filho de família nobre, criado para ser príncipe, que um dia, ao sair dos limites do palácio, encontrou-se com o povo pobre que desconhecia e, partindo em peregrinações, não mais voltou para a casa, tendo buscado por si e em si mesmo respostas para as grandes questões da vida e da morte, da sociedade e do sofrimento, mediante visões, sonhos, pobreza e meditação. Já como Buda, fez pregações em diversos lugares, das quais advêm os fundamentos da doutrina budista (Enciclopédia IstoÉ/Guinness, 1995).

Buda atraiu discípulos que formaram uma comunidade budista ou *sangha*, inicialmente como uma ordem religiosa meditativa itinerante. Seus lugares de descanso mais tarde tornaram-se grandes mosteiros. Em algum momento entre os anos 272 a.C. e 232 a.C., o imperador hindu Asoka passou a propagar o budismo como religião da integridade e da não violência, período em que o budismo se difundiu por toda a Índia e pelos povos vizinhos. Para encaminhar o fiel sob o caminho do próprio darma, conforme a doutrina de Buda, o budismo enfatiza que não há um "eu" permanente neste mundo, pois nada é eterno, razão pela qual a consciência da transitoriedade da vida é um dos alvos da espiritualidade budista, o que incentiva uma ética humanística (Enciclopédia IstoÉ/Guinness, 1995).

Há três escolas budistas: a **teravada**, ou dos "Ensinamentos dos Anciãos", religião no Sri Lanka, em Camboja, na Tailândia e em outros países do Sudoeste Asiático, mantém uma disciplina severa de ascetismo religioso; a **maaiana**, ou do "Grande Veículo", é um ramo do budismo na China, Coreia, Japão e Tibete, que inclui o segmento do Dalai Lama, atual líder máximo budista tibetano;

e a **zen-budista**, que reconhece vários gurus como *bodhisattvas* ou "seres-revelação". Há, ainda, outros ramos, como o budismo místico ou **tântrico**, cuja centralidade na sexualidade chama a atenção do Ocidente, popular no Nepal, no Tibete e no Japão.

O **sikhismo**, por sua vez, é um dos segmentos mais recentes na história, pois foi fundada pelo guru Nanak (1469-1539), como uma religião monoteísta, com influências do islamismo. Os sikhistas eram líderes políticos e religiosos críticos dos rituais hinduístas e do sistema de castas, que ainda hoje segrega a população, principalmente os mais pobres. Suas doutrinas são a igualdade entre as pessoas, a partilha do alimento, a vida devota, especialmente no grande Templo Dourado em Amritsar (Hinnells, 1984).

A civilização indiana floresceu ao longo das margens do Rio Indo, no atual Paquistão e no vale do Ganges, alma da Índia. Na Antiguidade, sua cultura foi influenciada pelas culturas babilônicas e persas com o domínio de técnicas agrícolas e com uma influência da cultura grega após a invasão de Alexandre Magno, no final do século IV a.C. Após os gregos, a região foi invadida por nômades da Ásia central. Portanto, essa extensa região sofreu diversas influências cultuais religiosas como já citadas, entre as quais o budismo e o islamismo, muito antes do cristianismo (Enciclopédia IstoÉ/Guinness, 1995).

A sexualidade no âmbito do **hinduísmo**, conforme Scherer (2010), está muito intrínseca ao livro místico-erótico *Kama Sutra*, que mostra a essência da espiritualidade tântrica. O **tantrismo** é uma filosofia religiosa desenvolvida desde o século XV a.C. por mestres místicos das regiões montanhosas da Índia e do Nepal, com base em uma tradição feminina matriarcal, que valoriza a sensualidade como vitalizante e um sagrado natural entre a relação conjugal do casal, mas também extraconjugal. Diversos templos da região espelham essa cultura de sensualidade, onde a sexualidade é vivida como algo positivo e como desenvolvimento espiritual pessoal e conjugal.

Tendo isso em vista, a continência não é um ideal da vida comum, a não ser pela opção de ascetismo por parte daqueles que se consagram à espiritualidade monástica. No entanto, como orientação normativa, essa liberalidade sexual deve restringir-se a relações sexuais responsáveis entre os pares. Cada cônjuge compartilha de dentro de si seu "deus" e sua "deusa" interior na comunhão da intimidade. Essa perspectiva tem atraído muitos terapeutas no Ocidente que tentam adaptar essa visão à realidade ocidental despida de sua religiosidade mística original.

O casamento no âmbito hinduísta é vivenciado com rica liturgia religiosa, regida por sacerdotes e acompanhada de festividade pública, bem como celebrada com contrato entre o homem e a mulher. Os sistemas de divisão que ainda vigoram, especialmente no interior, limitam as relações entre os vários estratos sociais, como castas, e geram certa segregação social. Neles ainda se pratica, tal como no âmbito das culturas muçulmanas, a escolha, pelos pais, do casamento desde a infância. Um casamento contraído sob pressão pode ser invalidado. Quando do fracasso de sua continuidade, o divórcio é permitido e registrado. Condenam-se como abusos sexuais o desrespeito às pessoas casadas, a violação da virgindade, a prostituição, o adultério, o lenocínio etc. Embora, como se tem notícias recentes, sejam muito frequentes os abusos às mulheres e os estupros coletivos, esses atos geralmente são condenados política e judicialmente. No hinduísmo, a disciplina sexual é um mandamento tanto para homens como para mulheres.

Na Índia antiga, conforme Tannahill (1983, p. 218, grifo do original), havia um certo trânsito entre as mulheres consideradas respeitáveis e as não respeitáveis e a liberdade de escolher o marido: "Isso acontecia porque o hinduísmo antigo, ao contrário do cristianismo, por exemplo, não tinha nenhuma moralidade absoluta e possuía bem pequeno conceito sobre o certo e o errado *incondicionais*, em termos de relações humanas". Como registro ilustrado e educativo da intimidade, o *Kama sutra*, na leitura de Tannahill (1983, p. 217): "*Artha* e *Kama* talvez fossem concessões aos instintos humanos básicos, o açúcar na pílula da santificação". Com base na indução à potência de sensualidade incentivada pelo *Kama sutra*, muitos casais em mútuo consentimento incluíam amantes nas relações sexuais. Por isso mesmo, muitos líderes espirituais hinduístas e budistas passaram a criticar esse livro, considerando-o apenas um texto erótico que separaria o amor da sexualidade e, assim, justificava abusos instintuais e violações de limites éticos.

Quanto às relações entre parceiros do mesmo sexo, segundo Scherer (2010, p. 115), a homossexualidade, enquanto forma básica da inclinação humana, não figura como tema na cultura indiana e, por não ser cultural, não precisa ser combatida: "De acordo com uma visão muito difundida na Índia, a homossexualidade é um 'problema' puramente ocidental. Para as castas superiores, todo ato sexual que não sirva à geração é considerado como impureza, que pode ser lavado com um banho ritual". Se os atos homossexuais devem ser condenados, e quais, isso depende da classe, da fase da vida e da situação pessoal. Do ponto de vista da classe sacerdotal brâmane, a atitude dos "eunucos" que tomam o "papel da mulher" (*hijras*) é negativa. Scherer (2010) reflete que essa crescente posição moral dos religiosos hinduístas seja uma atitude de normatização de certa cultura desde há muito conhecida em certas castas como uma espécie de transexualidade, também muito vivida entre os xamãs da estepe siberiana.

No âmbito do **budismo**, a sexualidade é vista como algo natural e essencial da vida humana desde que a autoiluminação seja o ideal espiritual ensinado pelos monges gurus a ser buscado pela população na vida cotidiana. Nesse contexto, o desejo sexual compulsivo ou desregrado é visto como atitude egoica, que pode desviar o olhar do essencial, que é a vida espiritual de plena integração com o universo. O jovem é aconselhado a conviver com o sexo de maneira solta e descomplicada, mas sem causar prejuízo a ninguém. Para os jovens monges que se consagram à ascese da vida monástica, em função da pura espiritual, é imposta a abstinência sexual, conforme recomendado por Buda; monges e monjas devem concentrar-se exclusivamente na vereda da iluminação. Muitos historiadores e pensadores têm considerado essa postura budista oriental uma das fontes de inspiração para a inclusão do ascetismo, do celibato e da castidade como regras da vida monástica cristã católica desde o século II d.C.

Conforme Scherer (2010), nas culturas onde o budismo se consolidou, essa regra espiritual essencial de **alteridade** pelo respeito e pela responsabilidade de não sofrimento ao outro tornou-se aceita e cumprida. Na vida moderna, a parceria sexual e a meditação não mais se excluem: "O que importa aqui é respeitar profundamente o parceiro, não decepcionar o outro sem necessidade, gozar e, mais ainda, visar o gozo do outro" (Scherer, 2010, p. 113). Dessa forma, a conjugalidade é uma mutualidade espiritual consentida.

Quanto às relações de parceiros iguais no âmbito do budismo, ainda segundo Scherer (2010, p. 115), "A homossexualidade recebe valorização neutra. O Buda nunca se manifestou particularmente sobre este tema". Contudo, observa que, "nas lendas de nascimentos anteriores (*jatakas*) de Buda, a relação com seu fiel discípulo Ananda chega muitas vezes a ser envolvida em uma luz homoerótica". Mas, se não há condenação nos ensinos originais, nas ordens budistas há sim, ainda que também haja homoafetividade entre monges no Japão, na China, na Mongólia e no Tibete.

De forma semelhante, desde a Antiguidade, a sexualidade na China é vivenciada em uma cultura que também mistura religião e prazer sexual; primeiro, é restrita à alcova do casamento e ao desenvolvimento do amor familiar, recomendado pela sabedoria confucianista e pelo taoismo; segundo, é muito intensa nos muitos locais de convívio exclusivamente sexual sob a milenar cultura das **gueixas**, na qual a prostituição ganha ares de sacralidade. O confucianismo não é exatamente uma religião, uma vez que é utilizado mais como sabedoria de vida, uma vez que Confúcio é tido como um mestre filósofo na China. Por sua vez, o taoismo é uma poesia de vida que tem muita semelhança aos ensinos budistas. Portanto, toda a extensão região oriental tem proximidades culturais.

Na observação de Tannahill (1983, p. 221), a cultura sexual-religiosa do cotidiano chinês pode também ser espelhada na difusão e no uso do *Kama sutra* como um educativo geral, um "Manual doméstico das senhoras", pois ensinava tudo às mulheres na vida doméstica: a sensualidade de como agradar ao marido, dançar, cantar, costurar, fabricar flores artificiais etc. Nesse contexto, as jovens eram ensinadas a tornar a vida doméstica em tudo prazerosa.

Nas culturas do extremo Oriente, conforme Gregersen (1983, p. 231), de modo geral, a influência da concepção taoista da complementariedade dos opostos, tais como entre os princípios do feminino (*Yin*) e do masculino (*Yang*), espelha a busca de equilíbrio energético e espiritual no cotidiano das relações tanto público-sociais quanto íntimo-amorosas. A concepção de que há um poder/força numinosa no falo e no sêmen masculino (*linghan*), bem como na energia do sexo feminino (*yoni*), que gera e produz saúde no corpo e na alma, a partir da energia vital (*kundalini*) que percorre como na forma simbólica de uma serpente a coluna vertebral, é a essência espiritual do **taoismo**.

Essa visão de natureza física e psíquica oriental foi trazida para o âmbito da psicologia ocidental por meio de muitos textos teóricos do psiquiatra suíço Carl Gustav Jung, especialmente em *O segredo da flor de ouro: um livro de vida chinês*. Jung (2001) transporta muito da filosofia do taoismo para sua teoria e prática de psicologia, especialmente a lei da complementariedade dos opostos, o *Yin* (feminino) como o Arquétipo Anima e o *Yang* (masculino) como o Arquétipo Animus, de onde Jung faz sua psicologia da sexualidade, para além da psicanálise freudiana. Jung afirma (2001, p. 134): "O segredo mais sutil do Tao consiste no ser e na vida (*singming*). O melhor meio de cultivar e fundir ser e vida é reconduzi-los à unidade". Espírito e alma fundem-se na "vesícula germinal" a fim de consumar o "verdadeiro fruto", ou seja, a psicologia humana é compreendida sob a analogia sensual das imagens simbólicas.

PARA REFLETIR

O erótico sagrado e profano

Conforme bem anuncia Reay Tannahill (1983, p. 62), "A literatura do amor tem existido desde o começo da história gravada, às vezes palidamente romântica como no Egito antigo, de outras, alegremente devassa na Grécia". Na verdade, constatamos o valor da sexualidade enquanto vontade e comportamento para o prazer, tanto em pinturas rupestres ancestrais quanto, vastamente, em esculturas em templos de inúmeras culturas e na literatura sagrada e profana. Aliás, como já mostramos, no curso da história, e especialmente pela experiência grega, o **profano** (racional) sai do **sagrado** (religioso), assim também a **arte** (teatro) desloca-se da **religião** (rito) para tornar-se arte pela arte, tal como mostra Nietzsche (2007) em *O nascimento da tragédia* na passagem entre o **dionisíaco** (Dionísio) e o **apolínio** (Apolo). Portanto, de fato, verificamos que, em todas as culturas, floresceu uma *ars erótica* como passagem entre o sagrado e o profano.

Assim, podemos perceber que o citado *Papiro Erótico de Turim*, de cerca de 1500 a.C., descoberto no Egito pela equipe de invasores de Napoleão Bonaparte, pode ser um exemplo de muitas outras literaturas de poesia, música e gravuras da educação erótica para a valorização do prazer nas relações amorosas conjugais.

Por sua vez, o livro *Cântico dos Cânticos*, atribuído ao rei Salomão, por volta do ano 1000 a.C., revela o erótico no âmbito bíblico, servindo de base para a consideração do lugar do prazer tanto para o judaísmo quanto para o cristianismo. Nele, a sexualidade é uma celebração constante entre um casal que se ama explicitamente sob a poesia nos mais variados lugares e das mais diversas formas.

Da mesma forma, o livro ilustrado *Kama sutra* (s.d.), de cerca de 1500 a.C., comum às culturas orientais da Índia à China, é tanto um texto educativo secular, quanto também vinculado à sexualidade tântrica, razão pela qual estimula a sexualidade prazerosa como fonte de vitalidade e equilíbrio, por um sexo performático de um casal se amando em formas diversas a fim de prolongar a mutualidade do prazer.

Também o texto medieval *As fontes do prazer*, publicado originalmente no ano de 1100 pelo sheik Al-Sayed Haroun Ib H. Al-Makhzoumi (1994), destaca a *ars erótica* como educação para o prazer na intimidade da alcova e do harém entre os árabes. Essa arte erótica arábica, já puramente literária, é segmento da cultura literária erótica greco-romana. Ficaram conhecidos os textos poéticos de poetas como o grego Ovídio *A arte de amar* (s.d.), e *Satiricon* (s.d.) do cronista romano Petrônio.

Síntese

Uma vez que, neste capítulo, abordamos nossa temática no entorno do que chamamos de *ethos* bíblico, você poderia agora perguntar: A Bíblia é sexofóbica? O sexo faz parte do ser humano desde sempre, é centro em torno do qual giram a natureza e a cultura a configurar, desconfigurar e reconfigurar a alma humana. Onde há história de pessoas, como você constatou, inevitavelmente, há sexualidade em ação, quer mais livre, quer mais reprimida, pois toda cultura configura no sujeito humano o desejo pela norma. A Bíblia, texto sagrado que serve de fundamento aos grandes monoteísmos, é história de pessoas humanas em lutas entre seus desejos e as normas divinas e sob confronto com a diferença no fundo cultural que os cerca. Então, a resposta categórica para a pergunta feita aqui é *não*, de modo nenhum, pois, especialmente no Antigo Testamento, há um bloco de livros de poesia, música e sabedoria que celebra o amor. O cânone sagrado reserva em especial um livro ao amor e à erótica – o Cântico dos Cânticos.

Ressaltamos, ainda, como, desde os ancestrais, as religiões celebraram a sexualidade e suas formas permitidas na cultura e no local da época. Isso é visto na forma de mitos e ritos, muito mais sexualizados em histórias fantásticas, como nas mitologias das grandes religiões pagãs da Antiguidade, entre as quais a grega é a mais exuberante, luxuriante e próxima dos desejos e das paixões humanas. Crescentemente, desde o Código de Hamurabi, veio-se escrevendo a **norma** em tábuas e **sumas** morais.

Ao percorrermos o texto e o contexto bíblicos, encontramos, na verdade, a implantação de uma normatividade sobre a sexualidade, imposta pela inexorável lâmina da espada da lei. A lei, tomada com algo sagrado e um fundamento de fé, faz interdição a certos comportamentos, como um corte no espírito humano quanto à liberdade de agir. A proibição normativa, que coloca simbolicamente no corpo, tal como a circuncisão, a marca dos "eleitos" do "povo santo", marca também o próprio espírito ocidental, uma vez que a palavra (*dabar/logos*) mostra-se o mais hábil instrumento de inscrição de um registro no profundo da consciência do ser. Portanto, querendo ou não, o homem ocidental recebeu e ainda sofre essa cisão, até porque a moral da revelação casou depois com o rigor das éticas filosóficas, até virar dogmática teológica e fundamento para a triunfante religião global, o cristianismo.

Todavia, no período humanístico (que compreende o período entre 500 a.C. e 500 d.C. aproximadamente), houve um salto de aquisição de consciência e um verdadeiro movimento de **subjetivação** da **lei**, da **moral** e da **fé** em todo o inconsciente coletivo do mundo antigo (egípcios, hebreus, gregos, romanos, persas, árabes, hindus e chineses no Extremo Oriente) pelos sábios e suas reflexões sobre a experiência humana.

INDICAÇÕES CULTURAIS
BIBLIA DE JERUSALÉM. São Paulo: Paulinas, 1980.

Reflita sobre o conflito entre a implantação da moralidade religiosa e o comportamento da liberdade sexual, percebendo o uso pejorativo feito pelos profetas de uma linguagem sexualizada e seus discursos morais ao povo, analisando um exemplo no livro bíblico de Ezequiel 23. Você verá que, nesse texto, de forma metafórica, o profeta compara as duas nações de Judá e Israel a duas mulheres, Oolá e Oolibá, prostituídas desde meninas. Ainda que seja chocante, é um importante exemplo da posição e dos direitos da mulher e do homem no contexto da moralidade na Antiguidade.

ATIVIDADES DE AUTOAVALIAÇÃO
1. Ao citar-se o Código de Hamurabi, criado em 1950 a.c. aproximadamente, como precedente ao Código dos Mandamentos (Êxodo 20), quis-se evidenciar uma importante marca de um tempo na história da evolução cívico-moral humana, que afeta a temática em discussão. Sobre a importância do referido Código, assinale a alternativa correta:
   A] O Código de Hamurabi indica que o sagrado é substituído pela lei.
   B] A lei política sob Hamurabi separa e distancia o sagrado do profano.

c] O Código de Hamurabi inaugura o vínculo do sagrado como a lei escrita.
d] A moral inexistia na cultura dos povos sem a escritura da lei em código normativo.

2. Na medida em que Platão (1999, 83c) preconiza, em *Fédon*, a ética da sexualidade em sua filosofia com base na afirmação: "O supremo mal, o maior e mais extremo dos males, é ser afetado excessivamente pelo prazer [...]", qual seria, então, o lugar do prazer na ética platônica?

   I. A filosofia ética grega condescendendia com a cultura de libertinagem sexual.
   II. Platão preconiza a abstinência porque mostra-se contrário ao prazer sexual.
   III. A ética grega propõe a razão como autonormatização aos excessos do prazer.
   IV. Platão inaugura no ocidente a moral contrária à sexualidade da conjugalidade.

   Qual das quatro afirmações anteriores melhor responde ao questionamento feito?

   a] I apenas.
   b] III apenas.
   c] II apenas.
   d] I e IV apenas.

3. Lê-se no Alcorão: "Ó humanos, temei a vosso Senhor, que vos criou de um só ser, do qual criou a sua companheira e, de ambos, fez descender inumeráveis homens e mulheres. Temei a Deus, em nome do Qual exigis os vossos direitos mútuos" (4ª Surata, 4.3). Com relação ao gênero, como a recomendação anterior pode ser interpretada?

   I. Que a mutualidade de direitos é o bem supremo a ser buscado pelos fiéis humanos.

II. O temor religioso estimula um lugar de inferioridade à mulher em relação ao homem.

III. Semelhante ao texto bíblico, a expressão mostra a necessidade de direitos da mulher.

IV. O fundamento religioso em pauta desconsidera a mulher em relação ao homem.

Com base no exposto, é correto o que se afirma em:

A) I e III apenas.
B) II e IV apenas.
C) II apenas.
D) IV apenas.

4. Sobre a conjugalidade no âmbito das tradições das grandes religiões ocidentais e orientais, leia as afirmações seguintes e indique V para as verdadeiras e F para as falsas.

[ ] Apesar de normativo, o *ethos* bíblico manifesta-se positivamente ao prazer conjugal.

[ ] As culturas das grandes religiões são negativas e condenadoras ao prazer conjugal.

[ ] As grandes culturas produziram sua literatura e arte erótica.

[ ] A homossexualidade não é condenada no âmbito dos grandes monoteísmos.

Agora, assinale a alternativa que apresenta a sequência correta:

A) V, F, V, F.
B) V, V, F, F.
C) F, V, F, V.
D) F, F, V, V.

5. "Conjuro-vos, ó filhas de Jerusalém, pelas gazelas e cervas do campo: não acordeis, nem despertais o amor, até que ele mesmo o queira" (Ct 2,7). Esse é o estribilho dos poemas do Cântico dos Cânticos na Bíblia. Analisando o texto e seu contexto, como você interpreta esse cântico?

A] Denota o amor da Igreja por Jerusalém.
B] Demonstra a inadequação do amor erótico.
C] Não tem validade para os dias de hoje.
D] Mostra o erótico bíblico como natural.

Atividades de aprendizagem

Questões para reflexão

1. Como exercício prático de hermenêutica sobre a temática apresentada, tome diretamente o texto bíblico de 1 Coríntios 7, no qual Paulo normatiza a conjugalidade do casal cristão, anote os pontos salientes exclusivamente sobre a sexualidade e reflita sobre o lugar e o valor, como a questão do prazer, que são referidos pelo doutrinador do cristianismo nessa importante passagem bíblica.

2. Sugerimos, agora, uma atividade racional própria: relacione/articule, com base no texto e, se possível, em algumas das referências relativas ao Ocidente e ao Oriente, as posições dadas sobre a questão da homossexualidade nos fundamentos das grandes religiões e as discussões atuais sobre o tema.

Atividade aplicada: prática

1. Tomando o texto da epístola de Paulo aos Romanos 1 e procedendo à análise do texto com base no exame de seus contextos literário e histórico cultural, esclareça, com argumentos, em que sentido o doutrinador apresenta a sexualidade humana nesse desafiador texto bíblico.

CONFLITOS RELIGIOSOS ATUAIS DE GÊNERO E SEXUALIDADE

Talvez nenhum outro momento histórico, como o que atualmente vivemos, quer no contexto de uma sociedade mundial globalizada, quer, de modo especial, em nossa miscigenada sociedade brasileira, onde os conflitos entre gênero, sexualidade e a religião se mostram mais atuais que nunca, seja tão propício para a reflexão sobre tudo o que temos trabalhado.

Nenhum outro lugar do mundo, de fato, como afirmam alguns antropólogos brasileiros, parece ter sido formado com base em uma diversidade cultural tão grande como a cultura brasileira. Dessa forma, então, é claro que a característica do gênero e da sexualidade brasileira vem desse amálgama, tal como as questões relativas a esses temas que a pessoa brasileira carrega em si desde os fundamentos culturais do próprio inconsciente coletivo. Uma análise dessa temática no âmbito da cultura brasileira, portanto, deve levar em conta essas características de mistura e convívio com a diversidade cultural, que, aliás, é essencialmente religioso.

O Brasil atual, como parte de um mundo global pós-moderno, é um país das Américas, o que quer dizer que é herdeiro de um modo extremamente conflituoso de "conquista" por parte de diversos povos e nações europeias, o qual alijou os habitantes ameríndios, escravizou-os, escravizou outros povos, como os africanos, e utilizou os serviços de diversos povos do mundo convidados a "colonizar" o solo. Aqui, com base nesse primeiro fundamento, há três grandes religiões em conflito por 500 anos: os ameríndios, os africanos e os europeus espanhóis e portugueses. Desde fins do século XIX, como veremos, com o início da expansão econômica brasileira, a vinda de outros povos trouxe também uma ainda maior diversidade cultural religiosa, por orientais, asiáticos e outros europeus céticos, razão pela qual precisamos retroceder a essas herdades.

Neste capítulo, então, objetivamos trazer, primeiramente, uma síntese da herdade teológica cristã e indígena e abordar de modo geral os conflitos dessa mistura forçada. Depois, em rápidas referências, vamos apresentar a situação atual dos confrontos religiosos brasileiros que envolvem sexualidade e gênero, especialmente entre os grupos cristãos católicos e evangélicos e entre as religiões afro-brasileiras. Nesse sentido, buscaremos apontar elementos fundamentais para uma discussão ética das questões atuais sobre os temas aqui abordados, a fim de alcançar melhor convívio social e melhor qualidade de vida.

4.1 Fundamentos antropológicos da formação cultural brasileira

As grandes navegações do século XV trouxeram para cá o sujeito europeu, que, por sua vez, trazia consigo outra forma cultural, sagacidade comercial e força avassaladora para as "terras do novo mundo". Aqui encontrou povos muito antigos, alguns muito evoluídos em termos de linguagem e tecnologia, a maioria dos quais eram aborígenes de vida imanente à natureza, a quem os da Europa chamaram de *índios*. Como sabemos hoje pela antropologia atual, os habitantes deste lado do mundo estão aqui desde provavelmente

13000 anos antes de Cristo, tendo já sido amalgamados por pelo menos três ondas de migrações, provavelmente de povos indo-europeus vindos pelo estreito do Ártico. Sabemos, pela análise acurada de historiadores atuais, que as reais motivações das "conquistas" pelos europeus eram a "fantástica" e fantasiosa riqueza dos povos aqui residentes em termos dos metais valorados como moeda e mercado no Velho Mundo: ouro, prata, cobre e pedras preciosas, além das terras para expansão agrícola. No entanto, sabemos também que o discurso aparente de justificação das conquistas tinha cunho religioso de "salvação" dos povos mediante catequese cristã. O problema era, então, conciliar a posse e a submissão dos povos e da natureza, que exige violência e guerra, com a palavra de amor e paz do Evangelho.

Logo, surge o cerne do conflito: a "verdade" das reais motivações por trás do discurso se impôs por terríveis violências, imposições e extermínios e suplantou a verdade da fé cristã. Aqui entra a questão de reflexão que apresentamos anteriormente sobre religião e espiritualidade: a **religião** é a forma de organização humana social e política da fé das pessoas reais de seu tempo. Portanto, inegavelmente, a unidade da religião racional e politicamente mais organizada, cujos fundamentos "teológicos" e "científicos" justificam e respaldam suas ações, o **cristianismo**, triunfou.

Quanto mais emerge a verdade única, submersa no ser ontológico *a priori*, pelo esclarecimento da razão sapiente, mais se compreende *a posteriori* o sentido dos fatos. Nesse sentido, os conflitos entre religião, gênero e sexualidade, entre nós, apresentam-se sob esse pano de fundo arquetípico. A situação agrava-se ainda com a condição de escravidão de índios e negros, sob a égide da Palavra de Deus e o símbolo da cruz. Essa degradação subterrânea da alma humana ressurge sempre em forma de conflito da subjetividade individual de medo e culpa e em sintomas na subjetividade coletiva social. Acreditamos que esse é o fundamento cultural dos conflitos da sexualidade brasileira.

4.1.1 Conflitos da herança teológica ocidental

Do ponto de vista monoteísta cristão, a **teologia** é a elaboração de uma ciência sobre Deus e as relações do humano com Ele, que se desenrola em um conjunto de ideias, conceitos e normas ao longo da história da cultura ocidental que são tomados como verdade absoluta. O termo *theología* tem origem na junção dos dois étimos gregos *Theós* (Deus) e *lógos* (razão), contexto em razão do qual poderíamos entendê-la como um conhecimento ou um "discurso sobre Deus"; logo, a teologia é mais um ramo de ciência humana.

A teologia como conhecimento racional ou ciência humana (*epistéme*) é essencialmente cristã, pois é pelo cristianismo que se começa a estabelecer compreensão racional da experiência de fé, utilizando-se dos instrumentos lógicos do exame textual e filosóficos da argumentação crítica. Nem o judaísmo, mesmo tendo já ao tempo de Cristo um complexo conjunto de escritos sagrados e doutrinários, era ainda chamado de *teologia*, embora tivesse escolas de interpretação e doutrinação, dada a exclusividade local de sua expressão. Com a entrada em cena da cultura filosófica grega, mesmo no texto bíblico em Paulo já podemos considerar um gérmen de teologia.

Com a expansão da cultura educacional e do cristianismo como religião oficial do Império Romano no mundo antigo, as doutrinas da fé passaram a ser ordenadas em argumentações filosóficas com base no exame do texto sagrado, o que veio gradualmente se tornando em doutrina (*dogmata*) sob a chancela magisterial de sagrado e imposto como verdade absoluta para a obediência total. Por sua vez, ao final do século III, a doutrina da fé estava amplamente consagrada pela instrumentalidade racional de

Santo Agostinho (354-430), da qual se fez a totalidade ortodoxa do monoteísmo cristão.

Do IV século ao final do XIV, de Agostinho a Tomás de Aquino, a dogmática monoteísta cristã estava consolidada e havia se tornado fundamento político das culturas ocidentais. Tomás de Aquino (1225-1274) é considerado pela Igreja Católica o formulador da *"sacra doctrina"* em teologia como ciência do sagrado cristão. Sob o influxo da expansão europeia, desde o início da Idade Média, apoiado e autorizado pela teologia papal do cristianismo, o espírito ocidental cristão foi levado e imposto ao mundo todo pela guerra de conquista e pela catequese religiosa. Quando aconteceram as grandes viagens comerciais às Índias e ao Oriente com Marco Polo, desde 1241, as ambições europeias ampliaram-se. Logo, da era das grandes conquistas, em meados do século XV, resulta a descoberta das Américas com Cristóvão Colombo (1451-1506) em 12 de outubro de 1492, sob a alegação de expandir a religião cristã.

Atualmente, Colombo tem sido julgado por vários historiadores como culpado de tirania, corrupção, crimes de violência, estupro, tortura e genocídio da maioria dos povos nativos indígenas das Américas. De fato, documentos e relatos de sua época dão conta da triste história da chamada "conquista" do Novo Mundo, as Américas. O rastro de eliminação dos povos nativos e cativos, da forçada transformação de suas culturas religiosas e da destruição da natureza, inegável e infelizmente, é parte do legado religioso cristão no projeto de conquista, verdadeiro dilema para a razão teológica.

Como sabemos, o cristianismo católico veio com os primeiros navegantes conquistadores europeus espanhóis, portugueses e franceses, e em seguida o cristianismo protestante com os holandeses e ingleses, entre outros. É bem conhecida a história da influência educadora catequética indígena de ordens cristãs católicas, como a Ordem de São Domingos (dominicanos), a Companhia de Jesus (jesuítas) e a Companhia de São Bento (beneditinos). Em seguida, há influência evangelical de grupos protestantes como os quakers, puritanos, calvinistas e diversas outras denominações cristãs evangélicas. Nesse intermeio de tempo de 500 anos de expansão e povoamento das Américas, ocorreu, ainda, a terrível experiência da escravidão indígena e negra africana destinada à exploração das terras conquistadas para enriquecimento europeu.

Junto ao estabelecimento dos europeus, sob a égide de consolidação religiosa da teologia cristã, semearam-se violências e abusos sexuais e genocídios de gênero. Esses fatos escondidos sob a subjetividade do inconsciente ameríndio ainda doem e repercutem nas motivações de muitos movimentos libertários, como de indígenas, negros, minorias sexuais e feministas.

Para examinar tal legado, usando fontes primárias, tomemos um dos primeiros testemunhos oculares da terrível realidade de abusos e genocídio na entrada de conquista, em seguida à de Colombo, do frei dominicano e jurista espanhol Bartolomé de Las Casas (1474-1566). Las Casas acompanhou pessoalmente as conquistas das ilhas do Caribe desde Cuba até a Colômbia e tornou-se, por isso mesmo, o primeiro ardoroso defensor dos povos indígenas entre os anos 1515-1555. Suas contundentes narrativas são encontradas reunidas na obra *O paraíso destruído* (Las Casas, 2007). Como frei, passou a escrever e publicar na Europa suas narrativas de denúncias. Como jurista, Las Casas apresentou acusação do genocídio em tribunal na Espanha e defendeu novas leis de proteção social e mudanças na concepção da educação dos índios, com base no que conquistou as primeiras mudanças sociais, jurídicas e teológicas. Interessa-nos, portanto, examinar um pouco dessa tão importante referência.

Eduardo Bueno, ao prefaciar a obra que reúne os escritos de Las Casas (2007), apresenta dois discursos controversos que mostram bem a face contraditória da realidade daquela época. Primeiro, o sermão do padre dominicano Antônio de Montesinos no último domingo de novembro de 1511, na primeira igreja erigida nas Américas em São Domingos (República Dominicana), cuja tônica de denúncia impressionou Bartolomé de Las Casas e o impulsionou a pregar contra a destruição.

> Com que direito haveis desencadeado uma guerra atroz contra essas gentes que viviam pacificamente em seu próprio país? Por que os deixais em semelhante estado de extenuação? Os matais a exigir que voz tragam diariamente seu ouro. Acaso não são eles homens? Acaso não possuem razão, e alma? Não é vossa obrigação amá-los como a vós próprios? Podeis estar certos que, nessas condições, não tereis maiores possibilidades de salvação do que um mouro ou um turco [...]. (Bueno, 2007, p. 13)

Por essa declaração podemos constatar que alguns do clero que vieram junto aos conquistadores fizeram a função de denúncia e busca de consciência. O autor afirma que, o que mais incomodou Las Casas, para além da violência, foi o fato de que o genocídio foi realizado por aqueles que tinham sido enviados para "evangelizar" e "salvar" os índios. Mas essa posição é contraditada pelo "discurso oficial" do clero hegemônico, cronistas e conquistadores, tais como do "historiador oficial" Gonzalo Fernandez de Oviedo.

> O almirante Colombo encontrou, quando descobriu esta ilha de Espanhola, um milhão de índios e índias [...] dos quais, e dos que nasceram então, não creio que estejam vivos, no presente ano de 1535, quinhentos, incluindo tanto crianças como adultos, que sejam naturais, legítimos e da raça dos primeiros índios [...] Quanto a mim, eu acreditaria antes que Nosso Senhor permitiu, devido aos grandes, enormes e abomináveis pecados dessas pessoas selvagens, rústicas e animalescas, que fossem eliminadas e banidas da superfície terrestre [...]. (Bueno, 2007, p. 22)

Percebemos que a justificação da tragédia é teológica e, por isso, muito forte para ser aceita pela mentalidade jurídica da época, pois evoca a visão da revelação nas Escrituras Sagradas para a guerra de extermínio (*herem*) exercida pelos hebreus durante o Êxodo e Conquista da Palestina, quando a narrativa do Antigo Testamento propõe a "guerra santa" como mandato a Abraão: "Na quarta geração, tornarão para aqui; porque não se encheu ainda a medida da iniquidade dos amorreus" (Gn 15,16).

Certo é, porém, que Las Casas (2007, p. 41) confirma o genocídio ameríndio, narrando com desconcertantes riquezas de detalhes: "Eu vi ali tão grandes crueldades que nunca nenhum homem vivo poderá ter visto semelhantes". Estupros, escravidão de crianças, queima de pessoas vivas: "Durante três meses e na minha presença morreram mais de seis mil crianças por lhes haverem tirado o pai e a mãe, a quem haviam mandado para as minas. Vi também muitas outras coisas espantosas" (Las Casas, 2007, p. 42). Os testemunhos são contundentes de uma herança sombria no fundo de nosso espírito americano.

Outro aspecto importante da herança da implantação do europeu nas Américas, que aparece em narrativas históricas, é a mística colaboração de Deus em milagres e virtudes que aparecem em relatos de memórias pessoais de exploradores da época. O relato do grande desbravador espanhol Álvar Nuñez Cabeza De Vaca é um dos mais importantes documentos, uma vez que foi o primeiro conquistador a atravessar a pé os três grandes continentes americanos e a cruzar o Brasil ao retornar pelo Paraguai. As duas publicações que fez à época sobre suas memórias, apresentadas em *Naufrágios e comentários* (2009), relatam as conquistas como uma experiência mística de fé em peripécias e perigos constantes e livramentos sob graças divinas.

Entre 1527-1537, juntamente a Pánfilo de Narváes (o violento veterano da conquista de Cuba anos antes, da qual participou e relatou Bartolomé de Las Casas), Cabeza De Vaca chefiou uma expedição que partiu da Flórida (Estados Unidos) e percorreu os continentes norte e central até o Paraguai e a Argentina em busca do Rio da Prata. Nessa primeira narrativa, revelam-se as caraterísticas da terra e da cultura dos povos indígenas nativos onde se verificam as diferenças de gênero e comportamentos. Como também já fizera Las Casas, no geral, os relatos de De Vaca (2009) apresentam os índios de todos os lugares como muito mais amistosos, recebendo os espanhóis de forma alegre e submissa. Seus costumes familiares e sexuais são descritos de forma semelhante ao que os antropólogos ainda conheceram no século XX pelas diversas ilhas oceânicas.

Quanto ao gênero, De Vaca (2009, p. 41, 47) descreve os homens guerreiros assim: "Todos os índios que vimos, da Flórida até aqui, eram fortes, precisos e rápidos; hábeis arqueiros, muito robustos e ágeis"; os chefes "Usavam os cabelos soltos e muito longos, cobertos com mantas de marta". Afirma De Vaca (2009, p. 52) que os índios manifestavam grande sentimento de compaixão: "Ao verem o desastre que nos acontecera (naufrágio), os índios se compadeceram da nossa desventura e miséria, e vieram sentar-se junto a nós, começando todos a chorar". No entanto, na maior parte do tempo, são descritos em festas: "Passada uma hora de nossa chegada começaram a dançar e afazer uma grande festa que durou toda a noite" (De Vaca, 2009, p. 53). As relações de gênero têm diferentes funções para homens e mulheres: "Entre essa gente, as cargas e qualquer coisa pesada são carregadas pelas mulheres e pelos velhos, que eles têm em pouca conta" (De Vaca, 2009, p. 63).

Com relação à sexualidade, Cabeza De Vaca (2009, p. 55) mostra as sociedades indígenas como amorosas entre pais e filhos: "É a gente do mundo que mais ama seus filhos e que melhor tratamento lhes dá. Quando alguém perde um filho, chora sua morte durante um ano". De Vaca (2009, p. 56, 63) descreve a liberdade de expressão corporal: "Os homens aqui andam nus e as mulheres se cobrem com uns tecidos extraídos de árvores. As moças se cobrem com couro de veado"; e a frugalidade das relações matrimoniais: "O costume entre os diversos grupos de índios daquelas terras é o de comprar a mulher ao inimigo quando querem se casar. O casamento pode ser desfeito à primeira briga". A homossexualidade é descrita como tolerada, inclusive com casamento entre homens: "Durante aquele tempo em que estava com eles vi uma coisa extraordinária, um homem casado com outro homem. Estes são homens muito afeminados, apesar de serem altos e fortes. Vestem-se como mulheres, trabalham como mulheres carregando muita carga e possuem o membro maior que os dos outros homens" (De Vaca, 2009, p. 75).

Entre 1540-1545, Cabeza De Vaca empreendeu a primeira travessia do Brasil pelo Caminho do Peabiru dos índios guaranis entre Rio Grande do Sul, Santa Catarina e Paraná. Saiu do porto de São Francisco, em Santa Catarina, e subiu a serra atravessando os campos gerais paranaenses até cruzar os rios Iguaçu e Paraná, tendo sido o primeiro a avistar as cataratas do Iguaçu. Nas narrativas dessa segunda expedição, feitas por seu escrivão Pedro Hernandes, De Vaca (2009, p. 119), agora governador, é descrito como bem recebido pelos povos e como bondoso: "Quando estes índios souberam de sua chegada (agora como governador), saíram para recebê-los, carregando com muitos mantimentos e muito alegres, demonstrando grande prazer com a sua vinda", razão pela qual "o governador dava muitos presentes aos índios, especialmente aos principais, dispensando-lhes um tratamento muito cordial". Entretanto, também descreve os temidos rituais de antropofagia, quando os índios comiam a carne de seus inimigos aprisionados.

Para descrever *in loc* esses rituais de canibalismo, nada melhor do que talvez o maior e mais contundente documento existente no mundo, que são os relatos da experiência passada no Brasil pelo aventureiro cristão protestante alemão Hans Staden. Staden partiu em 29 de abril de 1548 de Portugal e, depois de um ano de viagens, em 18 de novembro de 1549, chegou a São Vicente no litoral paulista em direção à ilha de Santa Catarina. Staden também relatou suas aventuras como experiências de fé em Deus. Em Santa Catarina, Staden (2008, p. 49) fez o mesmo percurso que Cabeza De Vaca fizera uns sete anos antes pelo porto de São Francisco: "Então nos alegramos, pois era esse o porto que estávamos procurando. Por aí, pode-se ver como Deus traz ajuda e salvamento aos que a ele apelam com seriedade quando em apuros". Staden era alemão-holandês navegante em navio espanhol, que, de volta a São Vicente no litoral paulista, estabeleceu-se entre portugueses e, após ser capturado pelos índios, foi salvo pelos franceses aportados no Brasil, sendo, portanto, uma história entre forças europeias ocupantes.

Entre 1553-1555, após uma batalha em defesa do forte português de Bertioga no litoral paulista, Staden foi capturado pelos índios tupinambás e esteve preso por nove meses entre eles e os respectivos inimigos carijós. Após ser libertado pelos franceses, já de volta à Europa, Staden (2008) publicou suas experiências no texto a que hoje temos acesso, porém sob o extenso e sugestivo título de *História verídica e descrição de uma terra de selvagens, nus e cruéis comedores de ser humanos, situada no Novo Mundo da América....* Nele, conta com detalhes e gravuras a experiência de ter sido feito vítima de sacrifício ritual de canibalismo e de como se livrou dele.

Staden põe a história como livramento divino motivado por sua fé em Deus e por suas orações, pelas quais realizou inúmeras curas entre os índios atingidos por maldições causadas por castigo divino contra as condutas destes. Nesse ínterim, porém, Staden (2008, p. 58) relata como assistiu a rituais antropofágicos de outros prisioneiros: "Tão logo mataram, esquartejaram e distribuíram os pedaços dos corpos dos prisioneiros, os ataques retornaram às suas terras". A narrativa da experiência de aventura é entremeada pela fé: "Os homens vieram na minha direção e eu reconheci que se tratava de selvagens. Eles me cercaram, dirigiram arcos e flechas contra mim e atiraram. Então gritei: Que Deus ajude minha alma!" (Staden, 2008, p. 61). Entre orações, cântico de salmos, desafios de fé e espertezas, Staden livrou-se dos índios com ajuda dos franceses e conseguiu voltar à Europa.

> Meu Deus agirá dessa forma (adoecendo-os) com todas as pessoas más que me causaram ou causarão sofrimento! Frente a tais palavras, muitos dos selvagens ficaram temerosos. Para tanto agradeci a Deus todo-poderoso por ter-se mostrado em tudo tão prestativo e misericordioso. Por isso peço ao leitor que preste atenção no que escrevo. Pois não faço esse esforço porque me apraz escrever algo, mas unicamente para trazer à luz do dia as benfeitorias que Deus me concedeu. (Staden, 2008, p. 100-101)

As narrativas do aventureiro alemão em terras brasileiras ocorrem no mesmo tempo e ambiente da colonização e catequese dos índios pelos primeiros padres jesuítas, entre eles Manoel da Nóbrega e José de Anchieta. A questão discutida nessa época é a condição de "incorversão" dos indígenas, que, após evangelizados e catequisados, voltavam à condição original de sua cultura: nudez, canibalismo, poligamia, sexualidade heterossexual e homossexual precoce entre a juventude e sistemas de trocas entre si.

4.1.2 Miscigenação da cultura brasileira

Aqui nasce um desafio ao conceito cristão de "conversão", tal como estabelecido teologicamente com base na compreensão do termo grego *metánoia* e centrado na experiência taumatúrgica de Paulo (At 9), como uma "mudança (racional) de mente", uma vez que não conseguiam compreender a inculcação de "verdades eternas" e o sentido de "absoluto e transcendência" racional que a educação religiosa cristã dos padres catequistas, ou seja, com a implantação da mentalidade cristã católica.

A leitura e a análise desse embate cultural e nessa recusa da alma indígena à teologia cristã, tal como já demonstrado pelos outros povos indígenas das Américas, conforme os narradores espanhóis anteriores, são feitas de modo excelente pelo antropólogo brasileiro Eduardo Viveiros de Castro (2002) no ensaio *A inconstância da alma selvagem e outros ensaios de antropologia*, especialmente no Capítulo 3 ("O mármore e a murta: a inconstância da alma selvagem"). Nesse ensaio, Viveiros de Castro discute o problema da descrença dos índios nas reclamações dos pioneiros jesuítas Nóbrega e Anchieta, com base na análise do *Sermão do Espírito Santo* (1657, citado por Castro, 2002), do Padre Antônio Vieira, em que este compara a inconstância da fé selvagem à metáfora da murta e do mármore:

> Os que andastes pelo mundo, e andastes em casas de prazer de príncipes, veríeis naqueles quadros e naquelas ruas dos jardins dois gêneros de estátuas muito diferentes, umas de mármore, outras de murta. A estátua de mármore custa muito a fazer, pela dureza e resistência da matéria; mas, depois de feita uma vez, não é necessário que lhe ponham mais a mão: sempre conserva e sustenta a mesma figura; a estátua de murta é mais fácil de formar, pela facilidade com que se dobram os ramos, mas é necessário andar sempre reformando e trabalhando nela, para que se conserve. Se deixa o jardineiro de assistir, em quatro dias sai um ramo que lhe atravessa os olhos, sai outro que lhe decompõe as orelhas, saem dois que de cinco dedos lhe façam sete, e que pouco antes era homem, já é uma confusão verde de murtas. Eis aqui a diferença que há entre umas nações e outras na doutrina da fé. (Vieira, citado por Castro, 2002, p. 183-184)

A imagem viva da metáfora permite uma visão nítida da intenção do pregador: a prontidão indígena para a nova religião não durava dias até o retorno à antiga forma cultural; os europeus, ao contrário, após talhados a ferro permanecem obedientes à fé. Viveiros de Castro (2002, p. 185) continua expondo minuciosamente como essa reclamação de Vieira já vem dos pioneiros, inclusive a metáfora: "outros gentios são incrédulos até crer; os brasis, ainda depois de crer, são incrédulos". Isso quer dizer que o selvagem é móvel por "deficiência da vontade" e pela "superficialidade de sentimentos", além de, como Staden, "cruéis comedores de gente". Portanto, a situação diz respeito à condição racional e moral "insuficiente" dos selvagens para a civilização ao estilo europeu.

O problema dessa assertiva da situação de dificuldade de aculturação, que ganha ares de juízo moral do caráter dos nativos como "inconversos", é servir de autorização ao extermínio sob justificativa teológica. Isso era exatamente o que mais irritava Bartolomé de Las Casas: que os que justificavam a conquista o fizessem teologicamente, pela via cristã do Evangelho, a qual, ao contrário, é paz, amor e graça. Nesse sentido, a denúncia do uso consciente de fundamentos religiosos para o abuso político, piorado pela distorção teológica como forma de justificá-los, é o pior dos erros intencionais humanos. Essa é uma face cruel da herdade do cristianismo nestas terras com relação a usos e abusos da religião para com o gênero e a sexualidade humana.

Como dissemos, a análise de Viveiros de Castro (2002) da recusa da natureza selvagem como "inconstância" nos leva a rever o conceito teológico no processo de adesão à fé, como aquela "mudança de mente" (*metánoia*), que faz o indivíduo dar meia-volta em seu caminho (*conversio*) e que, aqui, é imposta como política de massa. Aliás, prática cristã desde que o cristianismo se tornou fé oficial do império romano e primeira experiência de religião global. Como sabemos, a tentativa de conversão em massa dos índios em todas as Américas não só não ocorreu como apressou a dizimação deles. E nisso certamente está também a justificativa à razão da eliminação dos diferentes inconversos.

A ideia é que, ao examinarmos a questão teológica pelos pressupostos antropológicos, podemos vislumbrar não só uma aporia de se aliar fé, amor e controle político das pessoas e seus fundamentos culturais, mas também uma incapacidade de mudança pela via da educação impositiva, resultando ou na morte ou na revolta. Se essa argumentação está correta, então, ainda hoje, o espírito de liberdade cultural da modernidade exige o respeito próprio à pessoa, à sua cultura, ao seu corpo, bem como à sua orientação de gênero e de sexualidade, em relação à adesão de fé, que implique radical mudança de estilo de vida – o que, aliás, nunca se vê imposto no Evangelho, que sempre apela para a compreensão e liberdade de aceitação para a adesão de fé em Cristo.

Embora tivesse sido feita uma lei de abrandamento em 1566, a abolição da escravidão indígena o Brasil só foi realizada mesmo ao final do século XVIII. Nesse ínterim, desde 1542, os europeus colonizadores começaram a traficar negros da África para ocupar as atividades de lavoura, engenhos de cana-de-açúcar e criação de gado. Para a análise da justificativa teológica da dominação como herdade de nossa cultura, é preciso colocar que, infelizmente, o cristianismo pensava que o africano, em sua "animalidade", embora não possuísse "alma como os brancos", apresentava uma característica diferente à dos índios – era mais obediente e sujeitável pela escravidão.

Se, por um lado, já se tinha no amálgama cultural brasileiro colonial a cultura religiosa monoteísta cristã europeia e a animista indígena, agora, assoma-se a cultura animista-politeísta africana. Podemos pensar que todas as atrocidades aplicadas aos índios para dominá-los foram muito maiores contra o africano que já vinha com o destino de escravo. A crueldade dessa situação é uma ferida aberta na alma ocidental.

Como denunciou Harriet B. Stowe (1969, p. 20), em *A cabana do pai Tomás*, o famoso romance que contribuiu para a guerra civil e a abolição da escravatura estadunidense: "O escravo, embora revoltado com a atitude do amo, nada pôde fazer. Afinal, o amo tinha o direito de dispor dele como de um objeto". A escravidão que transforma o ser humano em objeto, pelo sentido de "direito" de "propriedade", justificado pela teologia e passado em cartório é a atitude mais antievangélica que existe.

Todavia, um fato notável é que, durante todos os séculos antes do século XX, o africano escravizado foi esquecido pelos historiadores, cronistas e observadores europeus colonizadores e educadores. Essa é a observação que faz o antropólogo brasileiro Mércio Pereira Gomes (2017, p. 183) quando pergunta: "Mas, e o negro, onde está? Nem mesmo Gonçalves Dias, filho de uma mulata com um português, notou-o conceitualmente. Ninguém o via, a não ser como mão de obra escrava". Segundo Gomes (2017, p. 183), foi preciso que o naturalista alemão Karl Von Martius, que viajara pelo Brasil, descrevesse o país em 1841 como "um grande rio cujos afluentes formadores eram o branco, o negro e o índio". O não pertencimento conceitual do negro era uma negação do branco à condição de dignidade de pessoa humana, diferentemente da condição de dignidade da alma do índio, que, pela atitude de negação, preferia a morte à dominação da cultura branca.

Somente no começo do século XX, com o trabalho de grandes historiadores e sociólogos, a situação da cultura negra no Brasil começou a ser devidamente estudada e denunciada. O historiador Capistrano de Abreu (1859-1927) foi um dos que colocou no mesmo tabuleiro todos os elementos da cultura brasileira, incluindo os mamelucos e mulatos. Além dele, agiu também Silvio Romero (1851-1914), que pôs em xeque a teoria racista da evolução darwinista; o sertanista Euclides da Cunha (1866-1909), com suas descrições da qualidade de vida do caboclo, do jagunço e do mameluco. Entre outros, finalmente surge a denúncia da grande obra de Gilberto Freyre (2003) em *Casa-grande e senzala*.

Dessa forma, coloca-se a herdade miscigenada da cultura brasileira como fundamento para uma discussão mais ampla nos debates atuais sobre religião, gênero e sexualidade.

CURIOSIDADE

Darcy Ribeiro e a face multicultural brasileira

Que é mesmo o brasileiro? De onde vem e como caracterizar a cultura do povo brasileiro? Como descrever a alma brasileira?

Darcy Riberio foi um grande antropólogo brasileiro que se fez essas perguntas e se preocupou em respondê-las. Sua tese era de que o mulato respondia pelo brasileiro mais autêntico, tendo em vista que o brasileiro é o nascido na multiculturalidade racial do Brasil colônia. Esse brasileiro moreno é alegre, festivo e tolerante racial, único no mundo. Antes de tornar-se político, foi um grande pesquisador da cultura brasileira, professor e dos fundadores da Universidade de Brasília. É quase impossível pensar a cultura brasileira sem conhecer a figura otimista de Darcy Ribeiro.

Ribeiro se perguntava quem é o brasileiro e por que o Brasil não deu certo. Após fugir inusitadamente da UTI de um hospital onde estava internado, começa a escrever sua obra mais ambiciosa, *O povo brasileiro* (Ribeiro, 1995). Nessa obra, tenta fazer uma ordenação histórico-antropológica da constituição da cultura brasileira, da origem e da característica única do brasileiro. O brasileiro é, então, um sujeito mestiço, talhado e lavado pelo sangue negro, índio e europeu, mas de um tipo único tropical, mais sofrido, mas mais alegre e festivo, assentado sobre a mais bela província da Terra. Muitos, ainda hoje, acham otimista e utópica essa tese ribeiriana. Contudo, foi a mais entusiasta de uma face multicultural brasileira.

4.2 Religiões brasileiras e conflitos atuais de gênero

Como já exposto, o Brasil é constituído de uma diversidade cultural religiosa. A matriz do *ethos* brasileiro é cristã católica, que veio junto à conquista. Por mais de 300 anos de colonização, a fé católica foi imposta e amalgamada às culturas de matriz indígenas e africanas. Com a expulsão dos holandeses calvinistas após 1650 em Pernambuco, o catolicismo foi, durante todo esse período, a religião oficial do império. As igrejas protestantes só se instalariam aqui em meados do século XIX; na primeira década do século XX, foi a vez das evangélicas pentecostais.

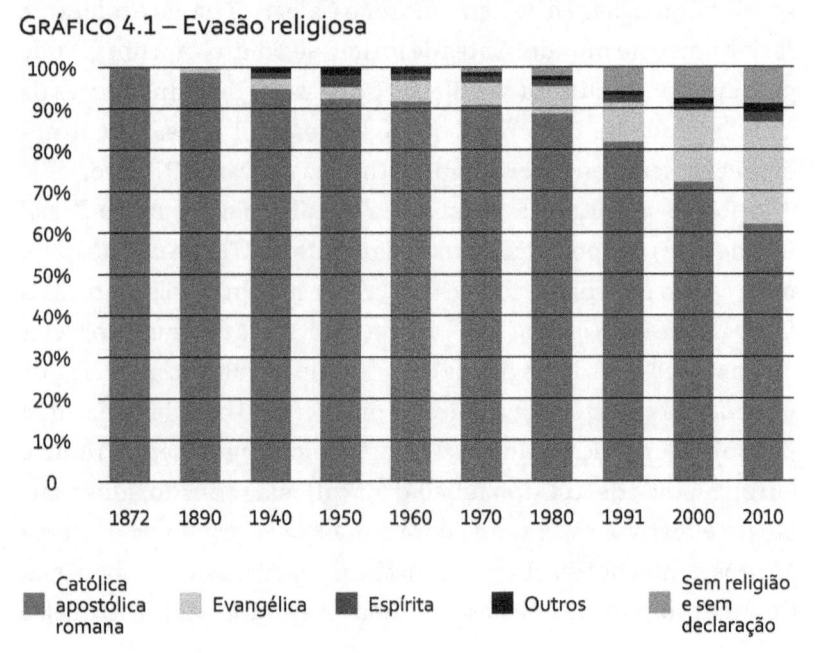

GRÁFICO 4.1 – Evasão religiosa

■ Católica apostólica romana   ■ Evangélica   ■ Espírita   ■ Outros   ■ Sem religião e sem declaração

Fonte: Azevedo, 2020.

Com o impacto do carismatismo durante o século XX, o cristianismo se espalhou, rivalizou com outras culturas religiosas também instaladas e se transformou social e culturalmente. Atualmente, as igrejas cristãs católicas e evangélicas vêm adquirindo influência política. Contudo, há também evasão e trânsito entre as igrejas, como mostra o Gráfico 4.1.

4.2.1 Igrejas cristãs e a sexualidade

A Igreja Católica romana foi a religião oficial durante o período colonial, durante o qual são conhecidas historicamente as lutas dos portugueses para manter a hegemonia dessa fé no Brasil colônia e império. E, como dissemos, em meados do século XIX, em razão das migrações e do comércio, instalaram-se por aqui as principais igrejas protestantes. A partir de meados do século XX, com o fervor evangelístico da fé carismática do movimento pentecostal, as estatísticas passam a mostrar crescente diminuição de fiéis católicos e vertiginoso crescimento de igrejas e fiéis evangélicos.

O primeiro cristão protestante, Heliodoro Heoboano, chegou ao Brasil, mais precisamente a São Vicente, em 1532, porém não constituiu igreja própria. A primeira comunidade luterana só foi instalada em 1824, em Nova Friburgo, no Rio de Janeiro, por Friedrich Osvald Suerbronn, primeiro pastor luterano no Brasil. Mais tarde, em finais do século XIX, a comunidade luterana se espalharia pelo Brasil, especialmente no Sul, graças à imigração alemã. Com a vinda da Família Real portuguesa e a abertura dos portos, as primeiras igrejas protestantes com atividade contínua chegaram ao Brasil (século XIX) – em 1855, a Igreja Congregacional; em 1859, a Igreja Presbiteriana; em 1871, a Igreja Batista; em 1890, a Metodista e a Adventista, vindas dos Estados Unidos. E, a partir de 1910, chegaram as igrejas evangélicas pentecostais Congregação

Cristã e Assembleia de Deus, com base nas quais se criou toda a ramificação de igrejas carismáticas e neopentecostais.

Pesquisas recentes mostram o crescimento, a influência cultural e outras transformações sociais e políticas nos cristãos evangélicos, de origem pentecostal e neopentecostal, mais que outras religiões, como mostra a Tabela 4.1.

TABELA 4.1 – Crescimento dos cristãos evangélicos

Distribuição percentual das pessoas, segundo filiações religiosas, por data de pesquisa Brasil: ago/1994 a dez/2016					
Categorias	ago/94	out/01	out/06	out/10	dez/16
Católicos	75	62	68	63	50
Evangélicos	14	21	20	24	29
Sem religião	5	7	5	6	14
Outros	6	10	7	7	7
Total	100	100	100	100	100

Fonte: IHU, 2017.

Com base nos dados expostos na Tabela 4.1, podemos notar que, nos últimos 30 anos, a população evangélica dobrou, ao passo que a filiação católica diminuiu sensivelmente, tendo, ainda, triplicado a presença dos que se declaram sem religião. Percebemos, de modo geral, que essa realidade atualmente continua se mantendo.

Como já demonstramos nos capítulos anteriores, os fundamentos para a compreensão de gênero e sexualidade no âmbito das igrejas cristãs é basicamente o mesmo, tendo em vista que são ramificações oriundas da mesma tradição teológica, com poucas modificações feitas pela Reforma Protestante em 1515. As grandes tradições teológicas cristãs, como de Santo Agostinho e de Santo Tomás de Aquino são as bases do protestantismo histórico, especialmente nas três vertentes mais influentes: luteranismo, calvinismo e anglicanismo.

Basicamente, o acréscimo que foi acentuado pelos reformadores foi o fim do celibato para padres/pastores e a instituição do casamento e da moral teológica da sexualidade centrada na família, alicerces ainda atuais. A rivalidade entre católicos e protestantes, como mostrou o sociólogo Max Weber (2002) em *A ética protestante e o espírito do capitalismo*, ocorreu mais pela influência do crescimento político-econômico, mormente pela expansão da experiência dos Estados Unidos. Obviamente, então, era inevitável a explosão de missões evangélicas estadunidenses pelo mundo. O que podemos observar é que, o fato de a Reforma ter acontecido em uma época de explosão da filosofia moderna, das ciências e das revoluções industrial e iluminista deu à teologia protestante maior liberdade racional de interpretação bíblica e elaboração de concepções doutrinárias, mais isentas da prisão arquitetônica hermenêutica da tradição católica.

O estudo da religião no âmbito cristão, mormente nas Américas, é praticamente outro complexo arquitetado a partir do século XX, especialmente com a eclosão do carismatismo e do fenômeno do denominacionalismo. A liberdade democrática de expansão ilimitada em forma de infinitas denominações e ministérios, incluindo, atualmente, ramificações da própria Igreja Católica, continua sendo um fenômeno mais mercadológico do que novas formas de fé. Como se disse, as igrejas evangélicas têm as mesmas ideias quanto a gênero e sexualidade que tem a Igreja Católica tradicional, apenas com um engajamento político moral mais acirrado quanto maior for a simplicidade, a popularidade, o fervor de fé e a influência política. E, se na tradição católica se vê a autoridade sob a influência da hierarquia eclesiástica, entre as denominações evangélicas se vê uma autoridade centrada no líder da igreja, muitas vezes assumidamente autoritário e autocrático.

Desse ponto de vista, podemos verificar a história do desenvolvimento da fé cristã no Brasil, mais ou menos estável em termos teológicos durante o período colonial e acentuada e crescentemente diferente na República, com as migrações e o crescimento econômico do século XX. Mas, por baixo do "discurso", há os "trópicos dos pecados".

O historiador Ronaldo Vainfas (1997), em *Trópico dos pecados: moral, sexualidade e inquisição no Brasil*, aplica o método de história da moral preconizado pelo filósofo francês Michel Foucault para escrutinar a realidade social da sexualidade desde o Brasil colônia. Nesse sentido, a sexualidade no Brasil é mostrada e marcada pelas relações de poder, quer dos proprietários das pessoas da família, quer dos senhores de escravos nos engenhos, quer dos políticos do Império e da República, com o aval e o monitoramento das religiões.

O que percebemos, ao que Vainfas (1997) chama de *trópico dos pecados*, tal como também já apontava o antropólogo Darcy Ribeiro, é a que o prazer sexual marcou a realidade sociocultural brasileira de forma que tornasse mais evidentes estereótipos de ginga, leveza, calor emocional e carnalidade na sexualidade, mais do que a face do discurso oficial queria mostrar. Nesse contexto, mulheres e meninas, e também muitos meninos, especialmente negros e pobres, usados e abusados em atenção ao "natural desejo dos homens", constituíam o "nefando" da "degradação", cujos "escrúpulos e culpas" eram desculpabilizados por confissões e ritos religiosos, como na quarta-feira de cinzas após o carnaval.

No âmbito protestante, a moral sexual era mais severamente pregada e cobrada nos cultos, com um esforço maior de respeitabilidade. Isso não significa que não aconteciam abusos e violências contra gênero e sexualidade dos mais frágeis e indefesos, muitas vezes mais escondidos, atrás do aparente discurso.

O que a historicidade do final do século XX mostra é que, muito antes da eclosão das transformações atuais, atrás dos discursos eclesiásticos, políticos e educativos, a realidade sempre foi outra. Nesse contexto, uma coisa é sempre o discurso oficial "oficializante"; outra, a realidade vivida "de fato". Nisso apontamos a contradição já instalada como herança em nosso espírito ocidental americano desde o descobrimento. Os conflitos de sexualidade e gênero, portanto, são agora verificados e evidentes não só pela maior liberdade de expressão dos comportamentos, garantidas por leis, mas também graças ao maior esclarecimento da realidade dos fatos.

A historiadora brasileira Mary Del Priore (2007), após reunir vários pesquisadores em *História das mulheres no Brasil*, fala dos diversos aspectos da vida cotidiana das mulheres, da "Eva Tupinambá", passando pelas mulheres do sertão e imigrantes das fazendas do sul, e chegando até o cotidiano sofrido das trabalhadoras boias-frias dos canaviais. As mulheres, reféns do estereótipo da "boa moça", esperavam nas missas, festas e quermesses o "moço bem intencionado" para namorar e casar, sob a severa tutela da todo-poderosa Igreja, que "adestrava a sexualidade feminina". As mulheres, hoje, querem libertar-se dessa herança.

As pesquisas da ciência, como a sexologia nascida ao final do século XIX, desnudaram a realidade da sexualidade vivida no cotidiano das pessoas, para muito além dos discursos, deixando a moral a descoberto. O historiador inglês Anthony Giddens (1993), em *A transformação da intimidade*, revela como as pesquisas de Alfred Kinsey, em meados do século XX, apontaram que mais de 80% dos homens estadunidenses se masturbavam normalmente e que apenas 50% deles eram "exclusivamente heterossexuais", na sociedade mais radicalmente cristã evangélica.

Conforme Giddens (1993, p. 23): "A 'emergência' da homossexualidade é um processo muito real, com consequências importantes para a vida sexual em geral"; portanto, "um processo reflexivo em que um fenômeno social pode ser apropriado e transformado através do compromisso coletivo". O autor esclarece que, das categorias que mais se transformaram após a segunda metade do século XX, está a família. As formas de organizar e ser família se modificaram muito, incluindo a legislação que autoriza a família homoparental.

A manutenção da integridade da família é o discurso recorrente e unificado de toda a cultura cristã, em especial da tradição evangélica. De fato, a família enquanto *celula mater* da sociedade é a primeira forma do gênero e da sexualidade. A família brasileira ainda é essencialmente religiosa, como vimos no Gráfico 4.1. Estudos e pesquisas recentes mostram como, ainda hoje, mais de 86% das crianças obtêm religiosidade da tradição familiar e a mantêm até na adolescência. Na adolescência, independentemente da tradição religiosa, nas relações sociais, as experiências afetivas e a iniciação sexual são cada vez mais precoces: para as meninas, entre 13 e 16 anos; e, para os meninos, de 14 a 17 anos.[1]

Em 2007, o Instituto DataFolha, no jornal Folha de S.Paulo, publicou um estudo nacional amplo e inovador sobre a realidade da família brasileira. Nesse estudo, os costumes de gênero e sexualidade no interior das famílias aparecem bastante transformados. Os pais se mostram muito mais tolerantes à intimidade dos filhos, uma vez que lhes permitem, por exemplo, dormir com o(a) namorado(a) no mesmo quarto, dentro de casa, em justificação à violência. A homossexualidade, por sua vez, é muito mais tolerada do que em qualquer outra época. Na mesma pesquisa, a religiosidade dos pais também aparece mais flexível para as opções dos filhos, indicando uma maior democracia dos afetos (Folha de S.Paulo, 2007).

---

1   Alguns dados mais recentes sobre esses aspectos podem ser vistos em notícias recentes, como a da Agência Brasil, intitulada *Pesquisa aponta que 28% dos adolescentes entre 13 e 15 anos já tiveram relação sexual* e disponível em: <https://noticias.r7.com/saude/pesquisa-aponta-que-28-dos-adolescentes-entre-13-e-15-anos-ja-tiveram-relacao-sexualnbsp-19062013>. Acesso em: 4 dez. 2020.

A homossexualidade é, ainda, a grande excluída das igrejas cristãs. Se o sexo é o grande pecado no cristianismo, a homossexualidade, especialmente a masculina, é a dor projetiva da consciência cristã, mormente da evangélica. Como já destacamos, a questão da homossexualidade nos fundamentos bíblicos e teológicos é muito bem definida como condenação. A sexualidade cristã ainda hoje é essencialmente familiar, procriadora e restrita ao matrimônio heterossexual[2]. Também vimos que, na tradição cristã, em todas as ramificações, a homossexualidade é plenamente condenada, juntamente à negação de plenitude à erótica heterossexual.

Todavia, as crescentes reinvindicações das chamadas *minorias sexuais*, cada vez mais organizadas em LGBTQI+, clamantes por direitos iguais e igual liberdade, pública e privada, de expressão sexual, têm crescentemente confrontado os fundamentos da tradição cristã da sexualidade e gênero. A partir dos anos 1970, os grupos culturais das mais variadas artes têm se engajado na luta pela liberdade de expressão da vivência sexual. Essa luta também chegou às igrejas.

A Igreja Católica tem feito gradual abertura de discussão e acolhimento às sexualidades homoafetivas e transgêneras, especialmente no pontificado do Papa Francisco. Recentemente, têm surgido diversas iniciativas de grupos de apoio pastoral às pessoas homoafetivas e respectivas famílias. Nas igrejas evangélicas, tem havido, desde os anos 1970 e 1980, iniciativas de aconselhamento pastoral de apoio às pessoas que lutam com as próprias pulsões e a diversidade sexual para viver a plenitude da fé cristã. Diversas literaturas cristãs têm sido escritas nesse sentido pastoral.

---

2   Para uma leitura sobre a posição documental da tradição cristã católica sobre a sexualidade, o matrimônio e a família, em documentos e posicionamentos que também são aceitos por muitas outras igrejas protestantes, sugerimos o excelente trabalho de Robson Stigar (2018), em *Família e sexualidade: uma abordagem teológica*, da coleção desta Editora.

Por outro lado, na ausência de maior abertura de diálogo e acolhimento, e na presença de um crescente conservadorismo e da confrontação política cristã, mormente evangélica, à homossexualidade e à transexualidade, as organizações LGBTQI+ tem dado a essas iniciativas de aconselhamento de ajuda a alcunha pejorativa de *cura gay*. A "cura gay" tem sido amplamente rechaçada pelos conselhos de saúde, incluindo o Conselho Federal de Psicologia, por meio da Resolução n. 01/1999, uma vez que, pela normativa da Organização Mundial da Saúde (OMS), desde 1983, a homossexualidade (e assim também outras formas de sexualidade) não pode ser considerada patologia.

Nesse embate, em todo mundo, tem crescido a confrontação de dimensões políticas globais a uma argumentação filosófica e sociológica sobre o conceito de *gênero* e a formação da identidade do sujeito humano. Como apresentamos no Capítulo 2, a concepção de construção social de gênero mediante fases ao longo do ciclo vital do indivíduo humano, ainda que baseada em um fundamento de natureza ontogenética, é base consolidada das ciências humanas, da saúde e da sexologia moderna, desde meados do século XX. Porém, no embate teológico mais recente entre evangélicos e católicos, como contraponto, essa compreensão tem sido chamada também pejorativamente de *ideologia de gênero*.

A "ideologia de gênero" tem ganhado cada vez menos espaço nas discussões acadêmicas e mais espaço nas dimensões políticas. Na onda atual de anticientificidade, o termo *gênero*, por isso mesmo, tem sido distorcido, tornando-se satanizado. Por essa razão, a discussão afeta todo o programa necessário de educação sexual.

No âmbito teológico e eclesiástico, vale acrescentar os esforços de vários grupos desde os anos 1970 para criar uma compreensão própria das Escrituras em relação às sexualidades, chamada de *teologia inclusiva*, que tem servido de base a várias "igrejas e comunidades inclusivas" organizadas e dirigidas especialmente ao público LGBTQI+. A teologia inclusiva, juntamente à teologia feminista, tem colaborado para críticas da tradição e releituras da expressão da fé cristã. Muitos teólogos e teólogas no Brasil têm se debruçado a refletir sobre a temática.

Recentemente, a jornalista Marilia de Camargo César (2013), na publicação *Entre a cruz e o arco-íris: a complexa relação dos cristãos com a homoafetividade*, fez um bom trabalho de reunião de dados históricos, fundamentos bíblico-teológicos da teologia inclusiva e relatos da experiência de líderes e membros de igrejas inclusivas. No texto, discute as posições de terapeutas cristãos interessados em formas de ajuda psicológica e apoio espiritual a pessoas do universo homoafetivo e transgênero. Apresenta também depoimentos de "ex-ex-gays". Reverbera a atual conjuntura das discussões cristãs de busca de alternativas terapêuticas e pastorais, mesmo alterando posturas teológicas sem, contudo, alterar os fundamentos bíblicos da revelação, o que é, por si mesmo, um grande desafio.

Dessa forma, a sexualidade e o gênero neste momento histórico da sociedade brasileira estão em franco progresso de transformações, ainda que de forma controversa. Todavia, como veremos a seguir, também crescem formas de abusos e violências.

4.2.2 O gênero em outros contextos religiosos brasileiros

Na sociedade brasileira, desde fins do século XIX, também florescem outras culturas religiosas, algumas nascidas por aqui mesmo. Já mostramos que as culturas indígenas e suas atividades religiosas continuam atuantes, livres e amparadas pelas leis brasileiras, e bem assim todas as suas formas originais de expressão corporal, representações simbólicas e expressões sexuais. Pelo interior do Brasil, há muitos cultos de caboclo oriundos dos ritos animistas da cultura indígena misturados às tradições místicas africanas.

Muitas outras formas de cultos nativos da miscigenação cultural brasileira, classificadas antigamente de "espiritismos", nasceram e se desenvolveram como religiões organizadas. É o caso das religiões afro-brasileiras, por exemplo.

O Brasil tem diversos cultos de origem africana que se misturam às várias tradições religiosas aqui existentes, incluindo a religião cristã, mormente católica. Na iconografia simbólica de algumas igrejas católicas, e em algumas religiões espiritualistas, constatamos a configuração dessa miscigenação. Existem várias tradições religiosas afro-brasileiras, como candomblé, umbanda e quimbanda. Os cultos afro-brasileiros são essencialmente vivenciais ricos em musicalidade, ritmos e danças, sendo praticados, por exemplo, em ambientes típicos e específicos chamados *terreiros*, onde se evocam "entidades" de cunho mítico-animista tribal, conforme as raízes africanas. A religiosidade afro-brasileira, apesar dos confrontos com grupos cristãos e do desrespeito constante por parte de alguns radicais, vem crescendo no Brasil e sendo exportada a outros países pelo mundo, como podemos verificar na Tabela 4.2.

TABELA 4.2 – Diversidade religiosa no Brasil

	Total (%)	Homem (%)	Mulher (%)	Diferença entre gênero	Total
Sem religião	7,35	9,02	5,74	2.589.347	12.487.766
Católica	73,89	74,37	73,43	1.158.180	125.469.145
Evangélica	16,19	14,34	17,98	3.518.123	27.487.724
Espiritualista	1,35	1,12	1,56	409.030	2.281.133
Afro-brasileira	0,31	0,27	0,34	67.503	518.814
Orientais	0,29	0,26	0,31	49.994	484.589
Outras	0,62	0,60	0,63	41.750	1.044.662
Residentes*	–	83.559.300	86.214.533	2.655.233	169.773.832
(*) Na convergência de porcentagem para inteiro obteve-se um desvio de 1,5%.					

Fonte: Concla, 2017.

Com base na Tabela 4.2, podemos notar, ainda, uma predominância da cultura religiosa cristã católica e a crescente presença cristã evangélica em relação à diferença acentuada entre estes grupos cristãos e a diversidade religiosa afro-brasileira. Constatamos, mais uma vez, a crescente presença dos que se declaram sem religião. A tabela ainda mostra que a diversidade religiosa tende a se expandir

Na formação cultural brasileira, há vasta documentação a respeito dos sofrimentos infligidos aos homens negros pelo trabalho rigoroso, excessivo, insalubre e sem remuneração, bem como sobre o abuso sexual causado às mulheres e meninas negras, vistas como desafogo fácil sempre à mão para os impulsos e desejos dos patrões. A condução intencional de muitas das jovens mulheres negras aos prostíbulos, a serviço da virilidade masculina, era tolerada aos olhos de clérigos e governantes desde os baixos meretrícios até os altos cabarés.

A cultura brasileira de exploração do elemento africano gerou o conhecido estereótipo de que o corpo do homem negro e da mulher negra representam a sensualidade, a virilidade e o sexo fácil. Ronaldo Vainfas (1997, p. 75) relata a degradação das mulheres negras no Brasil colônia na prostituição: "À fornicação tropical não faltaram, pois, normas bem rígidas. Índias, negras e mulatas reduzidas à prostituição velada ou explícita, degradadas em graus variáveis, assimiladas às 'solteiras do mundo', tais eram as mulheres que 'atenuavam' o pecado da fornicação na sociedade colonial".

Mary Del Priore (2007, p. 181) observa que as mulheres negras, juntamente às explorações dos patrões no interior dos serviços domésticos, também nos comércios, como o de tabuleiros e os mercados populares, aprenderam as "malandragens da sexualidade" como formas de angariar alguma renda extra para manutenção de suas casas e de seus filhos: "Vimos que muitas escravas dedicadas ao pequeno comércio entregavam-se ocasionalmente à prostituição, pressionadas pela obrigação que possuíam de pagar uma determinada quantia acetada com seu proprietário". Esses fatos agravavam o sofrimento imposto às mulheres. Tanto Vainfas quanto Del Priore reconhecem que muitos sociólogos brasileiros fizeram interpretações morais de tais atitudes da exploração da miséria lançando sobre os negros a pecha de caráter fraco ou volúvel.

De fato, Gilberto Freyre (2003), em *Casa-grande e senzala*[3], especialmente nos Capítulos III e IV, quando fala do **escravo negro na vida sexual e de família do brasileiro**, deixa entrever uma visão romântica da "facilidade sexual" com negras e negros no interior da vida cotidiana. Transparece ainda um requinte do desejo da sensualidade exploradora que se utiliza das relações de poder e controle.

Entretanto, a arte negra fez cultura na identidade do Brasil. O carnaval é, segundo o antropólogo Roberto da Matta (1997), uma daquelas instituições perpétuas que nos faz sentir a continuidade como grupo cultural. É verdade que a sensualidade e a malandragem no sentido da capacidade de se adaptar e de tirar proveito das agruras fazem parte da arte negra de saber viver.

Quanto às relações de gênero, as expressões da religiosidade afro-brasileira tinham como base a herdade milenar da alma vinda das raízes da mãe África. Nas aldeias de onde vieram as relações de gênero, guardavam uma igualdade de posições e funções entre homens e mulheres muito mais horizontal que a do branco europeu. A vida de aldeia concentrada no interior único das casas de barro possibilitava uma convivência familiar mais próxima, intensa de relacionamentos e rica de trocas afetivas. Do mesmo modo, a riqueza de expressão corporal nas pinturas e danças, em

---

3   Aqui, as expressões *negro* e *negra* são utilizadas no sentido antropológico das obras da época, sem conotação preconceituosa.

que todos os motivos cotidianos da natureza são marcados por ritos e festas, estava na alma do sujeito negro. A religiosidade afro-brasileira contém uma rica cosmologia de divindades espirituais, entre oguns, orixás, exus e outras entidades, as quais são experienciadas em transes de possessão, como também acontecia em todas as demais culturas aborígenes do mundo inteiro. Para muitos historiadores, é difícil precisar exatamente o tempo de nascimento das grandes tradições religiosas afro-brasileiras. Certamente, o candomblé na Bahia é muito antigo, da época da colonização. Da mesma forma, a quimbanda e a macumba no Rio de Janeiro e noutros lugares do Brasil são manifestações espontâneas do sagrado da alma milenar negra africana que aqui se expressava no espaço do terreiro da senzala. A religiosidade negra era a forma de suportar as agruras da escravidão e repor as energias para o duro trabalho escravo. A experiência direta com as entidades através da possessão ritual é o centro dos cultos afro-brasileiros, conforme relata o pesquisador francês Roger Bastide (2006, p. 225):

> As crises de possessão dós médiuns ainda constituem o centro do culto, mas quem retorna agora são as almas dos antigos escravos mortos (os pretos velhos), Pai João, Pai Joaquim, Tia Maria, etc.; e retornam para 'fazer caridade' para os vivos, trazer-lhes a salvação do corpo (cura de doenças) ou da alma (purificação das paixões).

Algumas narrativas dão à umbanda a categoria de religião exclusivamente brasileira, uma vez que nasceu da miscigenação cultural por volta de 1911. Atualmente, é a religião mais praticada e exportada para diversos países no mundo. Para Bastide (2006, p. 230), a umbanda é a religião da "democracia racial", porque integra um "sincretismo afro-católico-índio-espírita".

Muitos pesquisadores antropólogos e sociólogos, como Roger Bastide e Pierre Verger, observaram que, graças à ausência de uma moral teológica exigente e obrigatória junto às crenças e práticas, bem como em razão da maior leveza e da maior igualdade de relações de gênero típicas da tradição tribal africana, cuja tolerância à homossexualidade e outras formas de sexualidade é também maior, muitos jovens procuram abrigo nessas religiões. Esse fato facilita o senso de pertencimento a uma religião e ao contato com o divino por aqueles que se sentem abandonados pelas outras religiões.

Segundo esses e outros pesquisadores, a homossexualidade nas religiões afro-brasileiras não é incentivada, mas tolerada, tanto a masculina quanto a feminina. Na verdade, é o baixo nível de julgamento que muitas pessoas contam como diferencial. Até casamentos homossexuais são realizados por sacerdotes e sacerdotisas dessas tradições religiosas. Segundo o antropólogo Mércio Pereira Gomes (2017, p. 142), entre as entidades mais populares para os brasileiros estão o culto à deusa das águas e dos mares Iemanjá e a Pomba Gira das rodas de giras, com manifestação de sensualidade.

Com o surgimento da Ciência da Religião como nova disciplina científica para o estudo do fenômeno religioso nos anos 1990, muitos teólogos católicos e protestantes passaram a se aproximar das religiões indígenas, afro-brasileiras e orientais. Essa aproximação desencadeou uma disciplina, o Diálogo Inter-religioso, que se tornou obrigatória nos novos parâmetros nacionais da formação teológica.

Nas décadas atuais do século XXI, a Ciência da Religião tem sido acolhida como a melhor postura de neutralidade científica para o estudo do fenômeno religioso e a educação religiosa pública, exatamente pelo estímulo ao diálogo inter-religioso. Com base nessa nova realidade, muitos projetos de pleno êxito têm sido realizados com alunos escolares de formação básica e média. Nesse ínterim, ainda, a teologia tem se ressentido do desafio de fazer ciência, tanto pela sua falta de clareza de método teológico quanto pela dificuldade de sair do aprisionamento milenar de suas hermenêuticas dogmáticas e das funções eclesiásticas tradicionais.

O embate entre Teologia e Ciência da Religião está na realidade atual do debate religioso, mas, para Afonso Maria Logorio Soares (2008, p. 108), um dos pioneiros pesquisadores, pode haver convergência, pois, "Com efeito, uma teologia (fundamental e dogmática) mais arejada não se furtará a reconhecer, com o auxílio da ciência da religião, a condição e os condicionamentos radicalmente humanos do acesso à fé cristão (e a qualquer outra fé, afinal)".

Esperamos que as questões de gênero e sexualidade também finalmente cheguem ao diálogo inter-religioso, a fim de aproximar as diversas religiões e trazer uma visão mais científica da fé e da moral.

PARA REFLETIR

Ensino religioso e diversidade cultural

O ensino religioso no Brasil sempre existiu nas escolas de confissão cristã, mormente de tradição católica. Segundo a Constituição Federal de 1988, o Estado brasileiro é laico, ou seja, não pode ter confessionalidade religiosa específica a ser imputada a todos. No entanto, a legislação atual põe novamente em destaque o ensino religioso como necessário na formação da criança e do adolescente, em termos de valores sociais e da consciência de diversidade cultural, pelas quais se deve respeitar a dignidade de cada pessoa humana. Nesse contexto é que os temas *gênero* e *sexualidade* estão prontos para entrar nas discussões e nos conteúdos trabalhados. Por esse motivo, instigamos você a ler mais sobre a educação religiosa. Um destacado pesquisador é Sergio Rogerio Azevedo Junqueira, que, junto de Raul Wagner, publicou *O ensino religioso no Brasil*:

JUNQUEIRA, S. R. A; WAGNER, R. (Org.). **O ensino religioso no Brasil**. 2. ed. Curitiba: Champagnat, 2011. Disponível em: <http://pensaraeducacaoemrevista.com.br/wp-content/uploads/sites/4/2017/04/Sergio_Junqueira.pdf>. Acesso em: 4 dez. 2020.

4.3 Para uma ética religiosa inclusiva da sexualidade

Chegamos agora ao ponto de consideramos o lugar do prazer da sexualidade na ética de maneira inclusiva. Para isso, passaremos pelos conteúdos já expostos e buscaremos apontar uma postura ética que prime pela qualidade de vida. O objetivo é fazer imbricar nossa reflexão nos dois termos principais do prazer e da ética.

4.3.1 Religião: por uma moralidade inclusiva do prazer

A ética (*éthike*) e o prazer (*hedoné*) são duas dimensões em permanente conflito na subjetividade do homem ocidental. São tanto categorias opostas de sentimentos quanto polos complementares ao equilíbrio do caráter moral. É possível perceber que esse conflito subjetivo nasce de um contexto histórico no mundo ocidental antigo, correspondente ao centro do mundo bíblico, bem como no desenvolvimento da consciência moral, social e espiritual do homem ocidental.

O prazer é um conceito essencialmente subjetivo, porque é definido com base em um sentimento ou afeto, cujo julgamento moral acaba recaindo sobre os objetos escolhidos para alcançá-lo. Muitos pensadores na Antiguidade – como Platão, Aristóteles, Epicuro, Plutarco, entre outros – buscaram compreender e descrever esse estado de alma, fonte de motivação de conduta humana.

A reflexão sobre o prazer como sexualidade envolve um conceito complexo, pois evoca a necessidade de ideias correlatas sobre a natureza humana, como corpo, sexo, gênero e suas motivações (desejo, paixão e amor), e, ainda, a avaliação do valor destes, como vício ou virtude.

Nas éticas gregas, a felicidade da vida é tomada como critério para o valor e a importância buscada para o uso das coisas. Contudo, esse critério crescentemente qualificou os chamados *prazeres intelectuais*, em detrimento dos *prazeres corporais*. Logo, o lugar do prazer sexual passa da desconfiança à negação.

Na Antiguidade, o conhecimento da vida e a interpretação da realidade ocorriam primeiramente pela via do mito (*mythós*), isto é, pela relação religiosa com a natureza; depois pela razão (*lógos*), como via de compreensão e relação com a realidade. Nesse ínterim é que nasce a ética como categoria racional de compreensão e controle dos impulsos humanos e do caráter pessoal e social do homem ocidental.

Como esclarece Pierre Hadot (2004), a reflexão filosófica passa a ser a própria atividade do espírito grego, um modo de vida reflexivo e espiritual pela interioridade racional da virtude moral. Nesse processo de interiorização ou de subjetivação da moral, o homem do mundo antigo produziu uma cultura de humanismo literário, artístico e de sabedoria sem precedentes, que incluía o prazer enquadrado na ética. No ambiente bíblico, tanto na comunidade judaica quanto na cristã, esse movimento de interiorização ética do sujeito também acontece e é inclusivo do prazer, como aparece na literatura profética e sapiencial, a exemplo da ética dos profetas, colocando a reflexão sobre os atos na prática da justiça, mais que nas oferendas de sacrifícios. O valor do prazer é dado pelo lugar da ética de alteridade e de uma subjetividade humanística. De fato, o prazer sem alteridade mira o desrespeito da pessoa e atinge o abuso da dignidade do ser humano.

A questão principal que se apresenta nesse contexto é que o prazer (*hedoné*) gradualmente passa a ser eleito como foco de um verdadeiro combate de castidade, em função do sagrado, tanto pela ética filosófica grega quanto pela moral religiosa judaico-cristã.

Até Agostinho, houve uma crescente recepção e síntese da herança dessas duas tradições culturais distintas: o cimento da tradição das éticas gregas, em conexão com a tradição da moralidade religiosa judaico-cristã. O próprio Agostinho (1973) vivenciou essa síntese em sua experiência existencial, dada a própria inquietação e dado o conflito que passou para com o gozo do prazer, a que se impõe deixar para abraçar o cristianismo, como bem mostram suas *Confissões*.

A inquietação de Agostinho é também a inquietação de todos os filósofos gregos e romanos e teólogos da Patrística, e ainda hoje de todos nós, só mudam de intensidade. Portanto, o sentimento de culpa, gerado pela manifestação contínua do desejo e pela experiência do gozo do prazer, arremete o filósofo ao sol da razão para refúgio na compreensão, e o teólogo à vida piedosa em busca de solução para esse conflito da alma. Portanto, a interioridade racional trava o combate do domínio de si, o que resulta na extensa produção teológico-filosófica contrária ao corpo e o prazer.

Apresentamos uma síntese desse tema na tradição ocidental, com base em aspectos fundamentais das éticas gregas e do desenvolvimento paralelo de elementos da herança moral no *ethos* judaico-cristão. Mostramos, ainda, como ocorre o conflito entre a ética e o prazer na subjetividade ocidental considerando um contínuo confronto da moralidade bíblica com a moralidade religiosa das culturas circundantes orientais e greco-romana. Nesse contínuo confronto estão, de um lado, a união entre **fé** e **sexo** na prática religiosa de cultos da fertilidade nas culturas do Oriente Médio, bem como os costumes permissivos na sociedade greco-romana, e, de outro, o combate da Revelação do monoteísmo com a simbologia do politeísmo.

Do lado europeu, o desenvolvimento da subjetividade ética ocorre pela reflexão racional; no Oriente Médio, pela experiência histórica da fé. Dessa forma, o fio condutor que percorre a história do pensamento desde a Antiguidade – reflexões sobre o prazer nos clássicos e helênicos, romanos e da moralidade cristã – tem a intenção de mostrar os fundamentos arquetípicos dos modos do ser e os conflitos do sujeito ocidental. Essa visão estabelece um espaço mais amplo à compreensão da dimensão histórica do pensamento ético a respeito do prazer.

Destacamos também como o prazer sempre fez parte das culturas dos povos e esteve ligado ao sagrado e ao religioso. E, mesmo no escopo bíblico do monoteísmo hebraico, esteve presente o prazer como erótica sexual, como revela o texto poético do livro Cânticos dos Cânticos de Salomão. Todavia, em todo o mundo antigo, do Crescente Fértil ao Extremo Oriente, por volta do ano 600 a.C., começou um movimento humanista de liberdade de pensamento, de política republicana e de cultura intelectual, em razão do qual se formou o conceito de ética em contraponto à liberdade de gozo. Isso aconteceu tanto nas éticas filosóficas e na cultura grega quanto no ambiente oriental bíblico e, além, com Confúcio na China, Sidarta e Krishna na Índia. Com a ascensão das éticas reflexivas sobre os desejos e gozos da sexualidade, iniciou-se forte controle da liberdade dos impulsos das relações afetivas e amorosas sociais.

Essa é a questão, portanto, de que o prazer foi cerceado de sua liberdade pela ética para uma moralidade muito além do natural. A transcendência espiritual, quer filosófica, quer religiosa, primou pelo comportamento ascético, monástico e celibatário como padrão religioso e exigência aos seguidores.

Como bem lembra Pierre Hadot (2004, p. 103), para o homem grego, a própria filosofia passa a ser vista "como um modo de vida" e, assim, como "escolha de vida moral", **vida virtuosa** regida por "exercícios espirituais".

Portanto, cedo essa tradição ética dá um **lugar de mal ao prazer!** Como o aduz Sócrates, pelo testemunho de Platão (1999,

83c): "O supremo mal, o maior e mais extremo dos males, é ser afetado excessivamente pelo prazer [...]".

Assim, a ideia grega da *hedoné* (prazer) como desarmonia do cosmos da alma encontra eco e forma uma nova tradição na moralidade cristã, talhada pelos pais cristãos ao longo dos primeiros séculos, como **renúncia de si e do corpo**, tal como declarava Orígenes, na leitura de Boehner e Gilson (1985, p. 68), segundo a qual "Graças ao exercício e à meditação, porém, muitos homens chegam a dominar-se a ponto de menosprezarem todo prazer inferior".

Essa preocupação moral com o prazer que se autoconcede, e o bem-estar que se pode alcançar com seu controle já está presente na tradição filosófica grega, dos pré-socráticos aos clássicos e helenistas. A busca pela compreensão, por intermédio da reflexão, de critérios e valores que orientem a conduta humana para alcançar a felicidade, suscita um contínuo confronto da razão com o **desejo** e com sua manifestação no **prazer**.

Platão (1999) havia dito que as *epithymiai* (desejos) têm caráter de *aplestía* (insaciabilidade) e vêm da *endéia* (deficiência) da alma, quando esta sofre o aprisionamento no corpo pela encarnação. As *aphrodísiai* (prazeres do amor) são *páthe* (paixões), apetites inferiores que vêm da alma concupiscível. Assim, os desejos são irresistíveis e irrefreáveis; por isso, impulsos perigosos!

Com base nesse fundamento, os sistemas éticos gregos buscam saber determinar quais são os bens apropriados à vida virtuosa, com o fim de alcançar a felicidade e dar sentido à vida. Do conjunto da tradição das éticas gregas, as concepções elaboradas por Platão são as mais influentes no pensamento cristão até Agostinho (2000). A virtude do conhecimento é a fonte da iluminação interior, capaz de elevar a alma humana. Também a ideia de ordem e harmonia da natureza da alma é prioridade e o **orgulho** (*superbia*), como perturbação da alma, é a fonte do pecado original cujo sinal no corpo é a **libido**, essência do impulso do prazer.

Vemos, pois, no Ocidente, a consagração dessa tradição platônico-cristã, que privilegia o espírito em detrimento da alma e do corpo e de sua conexão com a natureza, fundamento que estabeleceu uma moral cada vez mais negativa e repressora ao prazer, entendido sempre como fonte do mal, enraizado na corporeidade. Essa é a tradição que precisa ser desfeita ou desconstruída para incluir o prazer da sexualidade sem culpa nas relações conjugais.

Para uma teologia inclusiva do prazer, há de se começar, antes, por uma crítica a toda essa tradição milenar de moralidade religiosa e de ética filosófica, transmitidas em tradições dogmáticas e hermenêuticas consolidadas. Na verdade, a entrada definitiva do prazer na vida diária das pessoas em pleno século XX e na agenda cultural nas últimas décadas já obriga a teologia a essa crítica. O fenômeno se impõe por si. O momento atual é de bastante conflito de sentido e confusão de rumo da teologia. A reflexão, nesse contexto, não deve ser excludente de opiniões, mas revisora dos sentidos. A dogmática é sustentadora do edifício teológico, mas não pode estar acima do valor da vida humana autêntica e da dignidade da pessoa. Dessa forma, novas práticas eclesiológicas e pastorais podem surgir e fazer avançar algumas que já estão em curso. Em seguida, há de se proceder a uma revisão bíblica, fundamento da fé, sob uma hermenêutica mais natural, que não violente o sentido de sagrado da revelação, mas que abra espaço de novas visões sobre o texto e extraia novas possibilidades de sustentação de vivências verdadeiras, honestas em si mesmas e autênticas com relação ao amor humano e à verdade eterna. Nesse sentido, é essencial encontrar e realçar o lugar e o valor do prazer no texto e no contexto bíblicos, tais como: os "namoros no poço" (Gn 24), a "liberdade poética" do afeto e do amor erótico (Sl 45, Pv 5, Ecl 9,

Ct 1-8), o sentido transcendente "mais elevado" do compromisso matrimonial entre o amor *eros-phileo-ágape* (Mt 19,1-12), a "aporia do espírito" em relação à força da "natureza do corpo" (Rm 7), e finalmente um exame mais detido do compromisso de "mutualidade e alteridade" da conjugalidade (1 Cor 7). Um terceiro passo é proceder a uma nova fundamentação por meio da comunhão inter-religiosa e do conhecimento intersubjetivo, com base na reunião de representantes das várias teologias, filosofias e ciências, em permanente e construtivo diálogo, a fim de discutir os dilemas e as soluções às questões do sujeito humano dessa época. Nesse afã já há várias iniciativas em curso no mundo em nossa sociedade a serem amplificadas. Em quarto e definitivo lugar, é preciso começar por práticas sustentadoras do diálogo, pois nada mais é assegurador do estabelecimento de uma realidade do que a experiência.

Por fim, apontamos algumas referências importantes para uma nova abordagem da realidade de gênero e de sexualidade no âmbito da religião, que assegure o equilíbrio de forças entre a tradição da fé e a factualidade do fenômeno.

O teólogo espanhol José Ignácio Gonzáles Faus (1999) apresentou, no pequeno libreto *Sexo, verdades e discurso eclesiástico*, um esboço dessa tentativa. Primeiro, é preciso encarar com realidade a força natural do sexo e seu lugar de verdade na consolidação não só da perpetuação da espécie, mas também do amor, do desejo e da corporeidade, que consolidam o sentido do gênero humano. Segundo, faz-se necessário olhar com racionalidade desapaixonada as saídas oferecidas ao labirinto da questão: a saída pagã e a saída cristã. A saída pagã, ainda residente nas ciências, tipo da psicologia psicanalítica que prima apenas pela aceitação e pelo acoplamento ao desejo, precisa ser questionada; a saída cristã, da primazia do prazer autorizado apenas no matrimônio tradicional, deve rever outras formas autênticas de conjugalidade. É preciso oferecer alternativa aos extremos perigosos tanto da inutilidade ascética do medo incapacitante quanto da irresponsabilidade ética da falta de medo. Finalmente, considerar a verdadeira saída oferecida pelo Evangelho mediante uma autêntica mística pessoal de interioridade.

O teólogo brasileiro Alfonso Garcia Rubio (1993), na obra *Nova evangelização e maturidade afetiva*, oferece uma nova base de interpretação dos afetos e a efetivação de uma evangelização pastoral integral da pessoa. A vivência da sexualidade tem de ser humanizante, e cabe à evangelização pastoral proceder a uma superação do medo sem, contudo, cair na banalização, tão comum nos dias de hoje.

Finalmente, lembramos a encíclica *Deus Caritas Est*, do Papa Bento XVI (2006), na qual o tema da ética e do prazer da sexualidade foi tratado; primeiro, com a revisão do conceito de amor nos termos gregos *eros, philia* e *ágape*; segundo, com o amor descrito no contexto bíblico, acentua a diferença e a unidade entre *eros* e *ágape*.

> Hoje não é raro ouvir censurar o cristianismo do passado por ter sido adversário da corporeidade; a realidade é que sempre houve tendências neste sentido. Mas o modo de exaltar o corpo, que assistimos hoje, é enganador. O *eros* degradado a puro "sexo", torna-se mercadoria, torna-se simplesmente uma "coisa", que se pode comprar e vender; antes, o próprio homem torna-se mercadoria. [...] A aparente exaltação do corpo pode bem depressa converter-se em ódio à corporeidade. Ao contrário, a fé cristã sempre considerou o homem com um ser uni-dual, em que espírito e matéria se compenetram mutuamente [...] Sim, o éros quer-nos elevar "em êxtase" para o Divino, conduzindo-nos para além de nós mesmos, mas, por isso mesmo, requer um caminho de ascese, renúncias, purificações e saneamentos. (Bento XVI, 2005, §5, p. 7)

> **PARA REFLETIR**
>
> **Teologia e gênero**
>
> O grupo de pesquisa Teologia, Educação e Gênero, da Pontifícia Universidade Católica do Paraná (PUCPR), do Departamento de Teologia da Escola de Educação e Humanidades, ligado ao CNPq, orientado pela Profa. Dr. Clélia Peretti, do qual participamos, há cinco anos vem estudando e pesquisando as questões de gênero e suas relações com a teologia, com as religiões e as ciências, em função de novas práticas pastorais e pedagógicas.
>
> Alguns dos estudos produzidos das pesquisas do grupo estão reunidos na publicação *Filosofia do gênero em face da teologia*, organizada pela professora Clélia Peretti (2011). Várias experiências práticas também estão relacionadas nesse trabalho, todas as quais poderão ser inspiradores para aguçar o interesse nesse novo e instigante campo de estudos.
>
> PERETTI, C. (Org.). **Filosofia do gênero em face da teologia**. Curitiba: Champagnat, 2011.

4.3.2 Sexualidade: por uma erótica inclusiva da ética

A moralidade judaica tem raízes na longínqua cultura semítica, cuja história percorre o escopo bíblico. A reflexão sobre o prazer, focalizado nesse ambiente religioso, aproxima o tema da moralidade às religiões e às tradições culturais dessas sociedades, ou seja, a sexualidade tem de ser lida no contexto de cada época[4].

Em todo o escopo histórico do Antigo Testamento, ao longo do desenvolvimento social israelita, há mais **liberdade** e **positividade** para com o prazer que a abordagem filosófica grega, conforme

---

4   Textos e aspectos dessas literaturas são encontrados em: Duby (1992), que reúne grandes historiadores como Jacques Le Goff, Paul Veyne, Claude Mossé, François Lebrun, Georges Duby, Philippe Ariés; e também em Tannahill (1983) e em Flandrin (1988).

as literaturas poéticas orientais sobre o amor e as relações afetivas, como bem exemplifica a coletânea de poemas bíblicos de amor no Cântico dos Cânticos.

No entanto, na medida em que o monoteísmo cada vez mais se debateu contra a poligamia para estabelecer a monogamia, cresce um lugar de negatividade ao prazer na literatura religiosa judaica, no exato momento em que começa a tradição filosófica grega, reforçando a vida moral, justa, piedosa e virtuosa.

Esse processo, a que chamamos de *subjetivação da moral e da fé*, traz como resultado que essa ética de virtudes potencializa a culpabilidade do sujeito moral e religioso. A tradição das éticas cosmológicas gregas ganha a emergência da escatologia judaico-cristã. E, quando o cristianismo traz a mensagem de proeminência da realização do reino de Deus na realidade histórica do indivíduo e da comunidade, aqui e agora, a teologia cristã pecaliza o desejo, proporcionando uma renúncia ao corpo e uma negação ao prazer.

De modo geral, todas as recomendações dos filósofos para a "salvação" do indivíduo dizem respeito à vida moral, que visa dirigir o comportamento, propiciar o bem e levar o ser humano a alcançar a felicidade da vida boa na existência terrena. A singularidade dessa "espiritualidade filosófica", porém, é o fato de ela advir da **reflexão racional**, no pleno exercício de liberdade e autonomia do sujeito moral.

A moral cristã é releitura e aprofundamento da moral judaica veterotestamentária. Contudo, a moral judaica não advém da livre reflexão racional, mas da vivência social da fé religiosa monoteísta ao longo do desenvolvimento do *ethos*. É contrária à autonomia grega, pois pressupõe, de um lado, uma relação de dependência do fiel para com Deus e, de outro, um comprometimento Deste com a comunidade.

A tradição da religião judaico-cristã, como observa Paul Ricoeur (1970/6, p. 682), é essencialmente uma religião da culpa. E essa culpa ganha uma tônica distintamente subjetiva, na simbologia do ser preso a um fardo opressivo, quanto mais é despertada a consciência da condição humana perante a perfeição do divino. Para Ricoeur, essa "interiorização da culpa" traz "progresso à consciência", na medida em que abandona a realidade coletiva externa e focaliza a realidade subjetiva interna, pois a culpa tende a individualizar-se.

Em meio a essa tradição, Jesus surge pregando: "tomai sobre vós o meu jugo [...], pois o meu fardo é leve e o meu jugo é suave!" (Mt 11,29-30), pois o "jugo do amor" alivia a culpa do "fardo da lei", na subjetividade daquele que o segue, imitando seu exemplo. O lugar dessa nova ética da "Boa Nova" de Cristo não é de fácil definição; pois, ao mesmo tempo em que pressupõe **dependência** em obediência filial a Deus-Pai (Mt 6,26-34; Jo 15,7-14), prega a possibilidade da experiência de nova e radical **liberdade** (Jo 8,30-37), tudo sob a regência da "**regra de ouro**" da **práxis** cristã em prol do próximo, à qual Jesus resumiu toda a Revelação: "Tudo o que quereis que os homens voz façam, fazei antes vós a eles, pois isto é a Lei e os Profetas" (Mt 7,12).

O grande texto de ética sexual que Jesus propõe está na declaração enigmática, como quando conclui o discurso sobre o adultério e o divórcio: "Porque há eunucos de nascença; há outros a quem os homens fizeram tais; e há outros que a si mesmos se fizeram eunucos por causa do reino dos céus. Quem é apto para o admitir admita" (Mt 19.12). É a proposta de uma dimensão superior, transcendente ao desejo, a quem for "apto para o admitir" na mente espiritual como **autoética** de **autoeunucoidismo**.

Parece que é essa ética de autoeunucoidismo que Paulo exalta quanto diz: "Quanto ao que me escrevestes, é bom que o homem não toque em mulher", colocando-a em uma posição superior, sendo também a sua opção: "Quero que todos os homens sejam tais como eu sou; no entanto, cada um tem de Deus o seu próprio dom; um na verdade de um modo, outro, de outro" (1 Cor 7.1,7). Essa parece ser a origem da opção pelo celibato, mas "para tempos difíceis (escatológicos)" (1 Cor 7.29).

Nesse ponto, a mensagem da Boa Nova traz uma mudança radical que se imprimirá no modo de vida cristã, ao juntar as exigências morais desse "cosmológico-ético" à expectativa de uma escatologia, ou seja, a iminência do fim dos tempos, que se desenvolve em todo o Novo Testamento, com base na afirmação feita por Jesus de que "voltaria outra vez" (Jo 14,1-3), conhecida como a doutrina da *Parousia*, ou da Segunda Vinda de Cristo. Portanto, o contexto em razão do qual Paulo pensa o prazer e fala sobre o gênero e a sexualidade é de iminência escatológica ou "tempos de fim". Resta saber se a moral religiosa desta nossa época continua sendo tempos escatológicos. E, enfim, essa é a visão bíblica e teológica do prazer da sexualidade que Agostinho herda, como sintetizador da doutrina cristã – basicamente a visão paulina que vigora como ortodoxia doutrinária e tradição de confissão do fiel partir de agora: **pecalização do desejo**, **renúncia ao corpo** e **negação do prazer**.

No entanto, a favor do desejo e do gozo do prazer, lembremos novamente, que fica claro que, apesar de estabelecer normas sociais para a sexualidade, a moral bíblica, especialmente no Antigo Testamento, é menos repressora que a do Novo. Os livros sapienciais trazem uma visão mais humana e integradora da sexualidade, com riqueza poética e valorização do prazer, contendo até mesmo um livro de erótica, segundo a interpretação literal, o já citado várias vezes Cântico dos Cânticos!

Também vale salientar que, em Jesus, porém, vê-se maior liberdade de expressão, comunicação e troca de afetos, com inovadora valorização às mulheres, muito além dos líderes religiosos de sua época, pouco enfatizando questões de moral sexual.

O cristianismo, em termos bíblicos, pela predominância doutrinária dos escritos, parece ser paulino. De fato, em Paulo, como na doutrina da conjugalidade de 1 Coríntios 7, encontramos um esboço de teoria de moral sexual cristã, que é seguida pelos demais escritores neotestamentários e serve de base à teologia patrística, cuja influência se mostraria acentuada no pensamento de Agostinho. Contudo, devemos considerar o fato de que a moralidade sexual preconizada por Paulo tinha o propósito de **valorizar a pessoa e as relações humanas**, em um combate contra a liberalidade da sociedade greco-romana, apoiando-se também em valores éticos gregos, como a opção pela abstinência e o ascetismo estoico.

Ao interpretar o discurso de Jesus, que projeta a **culpa na motivação antes do ato** como forma de desmascarar a hipocrisia legalista judaica (Mt 5,28), Paulo culpabiliza o desejo (*concupiscentia*) como fonte do mal no interior humano. O olhar filosófico de Giulia Sissa[5] nota nisso a diferença de estratégias entre as éticas grega e cristã sobre o prazer e o desejo: o que antes era **insaciável e irrefreável** é agora **facilmente alcançável e corruptível ao corpo**, templo santo!

Concordamos que a ética da Patrística, como reitera Benetti (1998), em meio a esse sincretismo de ideias, imprimiu **novos valores cristãos sobre a sexualidade**, nesta ordem: (a) superioridade da virgindade sobre o matrimônio; (b) o prazer sexual submetido à continência, mesmo dentro do matrimônio; (c) o ato sexual conjugal como concessão somente para a procriação e ilícito com qualquer elevação de gozo; (d) o celibato e a abstinência como virtudes superiores. Os "bens do matrimônio" passam a ser

---

5   Sissa (1999, p. 105) faz importante observação da tradução latina de São Jerônimo para o texto de Jesus (Mt 5,28): "só em olhar [...] já adulterou no coração com ela" (*iam stupravit in corde suo*), em que o termo "*iam*", "já", coloca a realização do desejo na velocidade do tempo presente, na forma de "ato no desejo", e que para a Patrística, desde Jerônimo, o coito passa a ser *stuprum* (estupro, agressão), em sentido pejorativo, no sentido de que a relação sexual é agressão do marido à esposa.

apenas: a procriação, a fidelidade dos cônjuges, o cuidado mútuo dos cônjuges, e o impedimento à fornicação, que é sexo antes do matrimônio.

O surgimento da tradição cristã monástica[6], com base na experiência pessoal de Santo Antônio, no Egito em 270, crescentemente influiu grupos de cristãos a abandonarem a vida secular para tornarem-se padres e freiras em mosteiros e conventos, como opção total de renúncia à sexualidade e fuga da pecaminosidade da sociedade.

Contudo, como diz Meeks (1997), nas relações cristãs dos séculos I e II, o casamento não é abolido, e os milhares de membros comuns da Igreja tinham de se haver com a vida cotidiana, que incluía matrimônio, filhos, família e as interações sociais de sobrevivência, vida essa, como defenderam Aristides e Diagneto, em cartas ao imperador, em tudo "comum e igual" aos demais cidadãos, bem distante da pureza ascética dos "retiros" monásticos[7].

Para um entendimento mais profundo das razões da tradição cristã de negação ao corpo e renúncia ao prazer, devemos levar em conta também as influências de grupos místicos, como o gnosticismo e o maniqueísmo, além da possível contribuição de autopurificação ascética pela metafísica neoplatônica.

Chegamos, assim, já em Agostinho, às portas da Idade Média, a uma consolidação de "novas virtudes na ética cristã", como doutrina de exortação aos fiéis comuns e imposição moral aos sacerdotes: **piedade, castidade, celibato, virgindade** aos solteiros, **abstinência** aos casados, e **proteção** à família.

A "conversão", fenômeno subjetivo da luta do espírito contra a carne, ritualizado publicamente no "batismo", que se torna o rito

---

6   Ver: Brown (1990, p. 182-203); também Salisbury (1995, p. 25-66), com extensa apresentação da sexualidade na Patrística, principalmente sobre os primeiros conventos de freiras e sobre santas virgens, grupos que passam a ser incentivados como opção de santidade radical.
7   Meeks (1997, p. 161) traz sínteses desses importantes primeiros documentos cristãos.

iniciático do cristianismo, impõe ao cristão profundo senso de responsabilidade ética de uma *beata vita*, como **cidadão do céu e peregrino no mundo**.

Portanto, essa é a herança que **Agostinho** receberia e o contexto moral que serviria aos debates teológico-filosóficos dele, centrados na própria experiência, gerando um dos momentos mais decisivos na história da construção ética do Ocidente, que se tornaria alicerce do sentimento ocidental para com a discussão entre a ética e o prazer. Agostinho faz concordar o cristianismo com o platonismo no que se refere à necessidade de o sujeito, por intermédio da razão, depurar a alma de erros, distorções e falsas opiniões que vêm dos sentidos, pois somente a alma racional e intelectual é capaz de usufruir a contemplação da eternidade de Deus e de nele encontrar a vida eterna.

A **alteridade**, ou a aceitação plena do outro diferente de mim, é a grande virtude diferencial do Evangelho de Jesus Cristo. Assim, retornando puramente ao Evangelho e à sua essência, encontramos Jesus dizendo: "Aquele que dentre vós estiver sem pecado seja o primeiro que lhe atire pedra" (Jo 8,7), quando enfrentou a hipocrisia dos acusadores da "mulher adúltera". Inúmeras vezes, Jesus quebrou a tradição machista de seus contemporâneos em favor de desfavorecidos, vulneráveis e pecadores.

A conduta da ética que atualmente preconizamos é de retorno a essência do Evangelho e à atitude amorosa e tolerante de Jesus que nos deixou como exemplo. O grande mal da liberdade desenfreada da sexualidade atualmente, além da perda de valor pela banalização, é o desrespeito à alteridade, impondo-se o gozo egoísta em violência e agressão ao outro. Portanto, sendo o Evangelho o fundamento do cristianismo, muito antes e acima de qualquer hermenêutica posterior, nele devemos estabelecer nossa ética.

> **PARA REFLETIR**
>
> **Gênero, sexualidade e teologia**
> O estudo de gênero e sexualidade está em crescimento neste momento da pós-modernidade, dada a demanda de questões pelas novas formas de relacionamentos, conjugalidades, dificuldades nas definições de identidade de gênero, aumentos de infecções sexualmente transmissíveis (ISTs), agressões, violências, assexualidade ou sintomas psicossomáticos de uma sexualidade demasiadamente performática, sem amor nem alteridade. Apesar de polêmicas com alguns temas politizados, estudos e pesquisas da sexologia atual ganham cientificidade e multidisciplinaridade.
>
> Nesse sentido, o grupo de estudos Sexualidade Humana: Educação e Clínica, do Departamento de Psicologia da Universidade Positivo, há seis anos vêm reunindo diversos profissionais de diversas disciplinas para o debate de temas atuais, no qual se inclui a teologia. Uma das contribuições dos estudos em bioética sobre a saúde do ser está na publicação *Psicologia e bioética: abordagens e encontros* (Andreata, 2017).

SÍNTESE

Neste capítulo, você pôde acompanhar a abordagem da temática deste livro no âmbito atual de nossa cultura e sociedade brasileira. No que se refere à formação religiosa, nossa sociedade de mais de 500 anos é multicultural, contexto no qual, apesar dos percalços históricos, buscamos integrar o outro diferente, tal é a participação de diversas culturas imigrantes instaladas em nosso *ethos*. Todavia, apesar do entusiasmo de alguns estudiosos dessa miscigenação, nossa sociedade também tem problemas como racismos, discriminações e violências religiosas e de gênero.

Uma dessas situações, como você pôde constatar, revela-se no atual debate cultural e político de gênero, em especial na integração de homossexuais, transgêneros e outras diversidades. No meio desse debate estão as igrejas, em especial as igrejas evangélicas, que têm obtido grande influência social e política e que também têm sido desafiadas a abrir espaços de diálogo à alteridade de gênero. A teologia, por sua vez, tem sido muito questionada nesse sentido.

Por fim, discutimos os termos *éthike* e *hedoné*, ou ética e prazer, que são centrais para nós. Inevitavelmente, tal discussão centra-se no *ethos* bíblico onde se encontram as raízes da formação filosófico-religiosa do homem ocidental. Por essa razão, apresentamos a necessidade de uma teologia cuja ética inclua o prazer de forma saudável, como faz parte da natureza.

Indicações Culturais

HANS STADEN. Disponível em: <https://www.youtube.com/watch?v=aE8rz6AzWO8>. Acesso em: 4 dez. 2020.

Para a visualização do documento de Staden citado no capítulo na forma de representação cinematográfica, recomendamos o excelente filme *Hans Staden*, do diretor Luiz Alberto Pereira, de 1999, muito fiel à narrativa histórica original.

Atividades de autoavaliação

1. O historiador Bartolomé de Las Casas (2007, p. 41) afirma: "Durante três meses e na minha presença morreram mais de seis mil crianças por lhes haverem tirado o pai e a mãe, a quem haviam mandado para as minas. Vi também muitas outras coisas espantosas". Sobre esse relato na herança de nossa cultura sobre gênero, analise as afirmativas a seguir.
    i. O gênero dos indígenas foi respeitado pelos cristãos invasores.

II. A crueldade mostra o desrespeito à alteridade dos diferentes desde o início.

III. A ação se justificava pela incredulidade manifestada pelos aborígenes.

IV. As denúncias do autor mostram que alguns religiosos defenderam os índios.

Agora, assinale a alternativa correta:

A] Apenas I é verdadeira.
B] Apenas III é verdadeira.
C] Apenas II é verdadeira.
D] Apenas I e IV são verdadeiras.

2. Quando o Padre Antônio Vieira, conforme Viveiros de Castro (2002, p. 185), reclama da alma inconstante dos selvagens: "outros gentios são incrédulos até crer; os brasis, ainda depois de crer, são incrédulos", qual é a realidade dos "brasis" indígenas "incrédulos" ao recusarem a religião dos escravizadores?

A] Os índios não tinham inteligência racional como os europeus para a religião.
B] Os índios compreendiam que a mesma religião que prega paz não pode escravizar.
C] O estado do selvagem é inferior em evolução ao estado do homem civilizado.
D] A reclamação justifica a ação de eliminação de quem não se converte.

3. Pesquisas recentes mostram o crescimento, a influência cultural e outras transformações sociais e políticas nos cristãos evangélicos, de origem pentecostal e neopentecostal, mais que em outras religiões. Sobre essa realidade atual, analise as afirmativas a seguir:

I. A maior influência social das igrejas tem aumentado os conflitos sobre gênero.

II. A moral religiosa das igrejas cristãs não se implica com as questões de gênero.

III. A participação política dos religiosos pode ser usada para a defesa da alteridade.

IV. As igrejas têm aceitado integralmente a diversidade de gênero em seus ambientes.

Agora, assinale a alternativa correta:

A] Somente I e III são verdadeiras.
B] Somente II e IV são verdadeiras.
C] Somente II é verdadeira.
D] Somente IV é verdadeira.

4. Com relação à consideração do gênero e sexualidade em outras religiões de nossa sociedade, como nas tradições afro-brasileiras, indique V para as afirmações verdadeiras e F para as falsas.

[ ] Conforme suas origens, as tradições afro-brasileiras mantêm posturas mais tolerantes.

[ ] As culturas religiosas indígenas e afro-brasileiras são transcendentes e hierárquicas.

[ ] Muitos homossexuais e transgêneros buscam refúgio em religiões mais colhedoras.

[ ] A homossexualidade é totalmente condenada nas religiões afro-brasileiras.

Agora, assinale a alternativa que apresenta a sequência correta:

A] V, F, V, F.
B] V, V, F, F.
C] F, V, F, V.
D] F, F, V, V.

5. "Aquele que dentre vós estiver sem pecado seja o primeiro que lhe atire pedra" (Jo 8,7). Com relação a essa afirmação de Jesus, qual ideia a seguir mais corresponde à verdade?
   A] Justifica-se às pessoas sem pecado exercer o julgamento.
   B] A verdade moral está acima da condição própria da pessoa.
   C] Todo transgressor merece o julgamento prescrito na lei moral.
   D] A Deus compete o juízo, e ao homem compete a misericórdia.

Atividades de aprendizagem

Questões para reflexão

1. Reflita sobre a seguinte questão: determinada criança, desde os dois anos, manifesta absoluta inversão de gostos, preferências e comportamentos com relação ao seu corpo e sexo biológico e, na adolescência, manifesta o desejo de realizar transformações para adequar seu corpo ao gênero de sua alma. Como a teologia entenderia esse caso?

2. Busque pesquisar sobre as condições dos eunucos nas culturas antigas e depois faça uma interpretação simbólica da metáfora de Jesus em Mateus 19,12, quando diz: "Porque há eunucos de nascença; há outros a quem os homens fizeram tais; e há outros a quem a si mesmos se fizeram eunucos, por causa do reino dos céus."

Atividade aplicada: prática

1. Com base no texto bíblico de 1 Coríntios 7, faça a uma lista das características da conjugalidade recomendadas por Paulo e, dessa forma, proceda a uma reflexão crítica sobre o lugar que o apóstolo cristão dá ao prazer no texto, demonstrando quais dessas recomendações são observáveis no contexto religioso cristão da atualidade.

CONSIDERAÇÕES FINAIS

Ética e prazer na vivência de gênero e religião
Ainda que tenhamos apontado apenas fundamentos para o debate, mais em termos de citação de fontes de pesquisa e caminhos de reflexão, o desenvolvimento da temática, tal como colocamos na Apresentação, pôde passar pela consideração de várias áreas da ciência. Percorremos esse caminho, mesmo que tenhamos nos concentrado na cultura do *ethos* bíblico, contexto mais rico em elementos da Antiguidade cultural politeísta e monoteísta, no decorrer do qual também ocorreram o nascimento e o florescimento da cultura filosófica grega e os fundamentos da religião cristã que permeiam toda cultural ocidental.

Atualmente, do ponto de vista científico, o gênero é considerado um processo de construção constituído de diversos temas em concurso: o aspecto natural ontogenético, o aspecto psicossocial e o aspecto da assunção de consciência. Todos esses sistemas são constituídos também dentro de etapas no ciclo vital, da concepção à morte. Portanto, trata-se de um processo que abrange a vida intrauterina, a interação social desde o nascimento e a adaptação cultural durante a vida. Nesse processo, desenvolve-se a constituição da consciência e ocorrem a construção da identidade de gênero e a expressão da sexualidade pela opção dos objetos de gozo ou prazer.

O **gênero**, então, em sua substância ontogenética, é manifesto na constituição corporal do sexo entre macho e fêmea, que é a parte objetiva da sexualidade. Todavia, o próprio senso de corporeidade é uma construção na subjetividade do sujeito com base em sua interação social, onde o feminino e o masculino se constroem por uma intrincada relação entre a essencialidade ôntica singular do sujeito humano, pela configuração dinâmica da estrutura familiar e, finalmente, pela capacidade de ação e reação do sujeito às estruturas de poder sociais e políticas. Por aí podemos constatar a complexidade do tema. E, nisso tudo ainda, o gênero passa pela orientação do discurso racional do espírito da época. Dessa forma, se a consciência do sujeito está sempre em desenvolvimento, também podemos dizer que homem e mulher são construções pessoais e culturais em evolução.

Então, tendo em vista que cada vez mais o **discurso atual** de gênero tem se deslocado constantemente e que o "sujeito niilista" da atual "sociedade do imediato e da ansiedade" se vê obrigado a uma adaptabilidade em alta rotação, esse sujeito vê a crise atual do gênero que, entre outras formas, manifesta-se em um vazio de desejo e na opção de assexualidade. Portanto, o sujeito atual vive uma crise de gênero sem precedentes.

Nesse ambiente, a teologia, questionada, volta-se para o texto bíblico, no qual tem o sentido do sagrado como verdade revelada. Mas, embora o texto milenar poeticamente declare que "homem e mulher os criou" (Gn 1,27b), essas formas ontológicas são configuradas e reconfiguradas pela cultura ao longo do desenvolvimento humano.

Para pensarmos a **cultura**, como vimos, faz-se necessário uma visão antropológica global, e nela vemos a beleza da multiculturalidade de formas do constituir-se e do viver social humano. O confronto com outras cultuas diferentes, inevitavelmente, leva a questionamentos sobre as hermenêuticas que até aqui se impuseram à nossa mentalidade ocidental. Bem assim também os fundamentos bíblicos e suas interpretações. Todas essas iniciativas são pressões da dinâmica de desenvolvimento do gênero e da sexualidade nos confrontos com as culturas religiosas, fenômeno que não ocorre somente com os grandes monoteísmos.

O principal elemento afetado e afetador desse complexo embate é a **moral**. A moralidade é parte fundamental que sustenta a vida social do *ethos*. Toda mudança cultural implica mudança na moral social, e toda mudança na moral social implica adaptações da subjetividade humana. Contudo, o processo é sempre feito concomitantemente em duplo atravessamento: o discurso da subjetividade do sujeito afeta a coletividade social, e o discurso da cultura social afeta o sujeito humano. Esse é o cerne do embate teológico contra mudanças radicais que põem em perigo de destruição os absolutos de verdade que constituem o sujeito moral.

Para se contrapor e evitar mudanças abruptas, a teologia volta-se ao seu fundamento primeiro e último: a Palavra de Deus. E, mesmo se propondo ao diálogo e à revisão de hermenêuticas e tradições, ela tem compromisso com a arquitetura de sua verdade transcendental e com a continuidade de sua história cultural. No entanto, ao revisarmos os fundamentos da Palavra de Deus, também encontramos lugar de valor para o prazer e o gozo pleno da sexualidade na conjugalidade. Ainda, encontramos o respeito à alteridade do outro como essência do Evangelho, que fundamenta a fé cristã. Com base nisso, ressaltamos a necessidade de uma ética inclusiva do prazer e do diálogo.

Para enfrentar os desafios do gênero e as crises da sexualidade da atualidade, a teologia deverá abrir-se para novas compreensões da formação da identidade humana, sem, contudo, descurar de sua verdade eterna, que é a vontade de Deus. Buscar conhecer a vontade de Deus, na atualidade de cada época, é o desafio teológico de todas as religiões. Cabe, então, à teologia cristã lidar com a rigidez de sua compreensão.

O sujeito humano, do qual se compõe a religião, como vimos, que é sempre um sujeito de desejo e de sagrado, se não é um fim em si mesmo é, no entanto, um fenômeno autônomo por si. Portanto, a vivência e a intersubjetividade são elementos importantes para essa empreitada. Por fim, podemos afirmar que, longe de esgotar o debate, a emergência atual da temática nos desafia a continuar pensando e repensando nossas formas de ser e revigorar nossa fé em Deus, no ser humano e na vida como obra singular da arte de viver.

REFERÊNCIAS

AGOSTINHO, Santo. **Confissões.** Tradução de Angelo Ricci. São Paulo: Abril Cultural, 1973. (Coleção os Pensadores).

AGOSTINHO, Santo. **Da Trindade.** São Paulo: Paulus, 1995.

AGOSTINHO, Santo. **Diálogo sobre a felicidade.** Lisboa: Edições 70, 2007.

AGOSTINHO, Santo. **Dos bens do matrimônio; A santa virgindade; Dos bens da viuvez.** São Paulo: Paulus, 2000. (Coleção Patrística, v. 16).

AL-MAKHZOUMI, A.-S. H. I. H. **As fontes do prazer.** São Paulo: M. Fontes, 1994.

ALMEIDA, M. V. de. Antropologia e sexualidade: consensos e conflitos teóricos em perspectiva histórica. In: SOARES, L. F. C.; VAZ, J. M. (Org.). **A sexologia:** perspectivas multidisciplinares. Coimbra/Portugal: Quarteto, 2003. v. II. p. 53-72. Disponível em: <http://miguelvaledealmeida.net/wp-content/uploads/2008/06/antropologia-e-sexualidade.pdf>. Acesso em: 4 dez. 2020.

ALVES, R. **O que é religião?** 6. ed. São Paulo: Loyola, 2005.

ANAXIMANDRO. **Pré-socráticos:** fragmentos, doxografias e comentários. São Paulo: Abril Cultural, 1978. (Coleção Os Pensadores).

ANDREATA, O. de P. **A individuação na pessoa na ontoteologia de Edith Stein.** Tese (Doutorado em Teologia) – Pontifícia Universidade Católica do Paraná, Curitiba, 2019.

ANDREATA, O. de P. Individuação e experiência religiosa em Edith Stein. **Revista Relegens Thréskeia: estudos e pesquisas de religião**, Curitiba, v. 7, n. 2, p. 152-162, 2018. Disponível em: <https://revistas.ufpr.br/relegens/article/view/61910>. Acesso em: 4 dez. 2020.

ANDREATA, O. de P. **O lugar do prazer na ética de Agostinho.** Dissertação (Mestrado em Filosofia) – Universidade Gama Filho, Rio de Janeiro, 2006.

ANDREATA, O. de P. Suicídio e saúde do ser: desafios à reflexão em Bioética. In: SALGADO, R. de C. F.; NASSER, C. (Org.). **Psicologia e bioética**: abordagens e encontros Curitiba: Prisma, 2017.

ALCORÃO SAGRADO. Tradução de Samir El Hayek. Centro Cultural Beneficente Árabe Islâmico de Foz do Iguaçu: LCC Publicações Eletrônicas, 1994. Disponível em: <http://www.ligaislamica.org.br/alcorao_sagrado.pdf>. Acesso em: 4 dez. 2020.

ARIÈS, P.; DUBY, G. **História da vida privada**. Tradução de Hildegard Fiest. São Paulo: Companhia de Bolso, 2009.

ARISTÓTELES. **De Anima**, II, 1, 412a6, e 412a16. São Paulo: Ed. 34, 2006.

ARISTÓTELES. **Ética a Nicômaco**. 2. ed. São Paulo: Abril Cultural, 1973. (Coleção Os Pensadores).

ARISTÓTELES. **Metafísica**. Porto Alegre: Globo, 1969.

AZEVEDO, R. O IBGE e a religião: cristãos são 86,8% do Brasil; católicos caem para 64,6%; evangélicos já são 22,2%. **Veja**, 31 jul. 2020. Disponível em: <https://veja.abril.com.br/blog/reinaldo/o-ibge-e-a-religiao-cristaos-sao-86-8-do-brasil-catolicos-caem-para-64-6-evangelicos-ja-sao-22-2/>. Acesso em: 4 dez. 2020.

BASTIDE, R. **O Sagrado selvagem e outros ensaios**. São Paulo: Companhia das Letras, 2006.

BEAUVOIR, S. **O segundo sexo**. Rio de Janeiro: Nova Fronteira, 1980.

BENETTI, S. **Sexualidade e erotismo na Bíblia**. São Paulo: Paulinas, 1998.

BENTO XVI, Papa. **Deus Caritas Est**. Roma, 25 dez. 2005. Disponível em: <http://w2.vatican.va/content/benedict-xvi/pt/encyclicals/documents/hf_ben-xvi_enc_20051225_deus-caritas-est.html>. Acesso em: 4 dez. 2020.

BÍBLIA DE JERUSALÉM. São Paulo: Paulinas, 1980.

BOEHNER, P.; GILSON, E. **História da filosofia cristã**: desde as origens até Nicolau de Cusa. Petrópolis: Vozes, 1985.

BRÉHIER, É. **A teoria dos incorporais no estoicismo antigo**. Tradução de Fernando Padrão de Figueiredo e José Eduardo Pimentel Filho. Belo Horizonte: Autêntica, 2012.

BRÉHIER, É. **História da filosofia**. Tradução de Eduardo Sucupira Filho. São Paulo: Mestre Jou, 1978.

BRIGHT, J. **História de Israel**. São Paulo: Paulinas, 1978.

BROWN, P. **Corpo e sociedade**: o homem, a mulher e a renúncia sexual no início do cristianismo. Rio de Janeiro: J. Zahar, 1990.

BROWN, P. **Santo Agostinho**: uma biografia. Rio de Janeiro: Record, 2005.

BUENO, E. **O genocídio de ontem e de hoje**. Porto Alegre: L&PM, 2007.

BUTLER, J. **Problemas de gênero**: feminismo e subversão da identidade. 9. ed. Rio de Janeiro: Civilização Brasileira, 2015.

CANTO-SPERBER, M. **A inquietude moral e a vida humana**. São Paulo: Loyola, 2005.

CASTRO, E. V. de. **A inconstância da alma selvagem e outros ensaios de antropologia**. São Paulo: Cosac Naify, 2002.

CÉSAR, M. de C. **Entre a cruz e o arco-íris**: a complexa relação dos cristãos com a homossexualidade. Belo Horizonte: Gutenberg, 2013.

CHAUI, M. **Introdução à história da filosofia**: dos pré-socráticos a Aristóteles. São Paulo: Companhia das Letras, 2002. v. I.

COLE, W. G. **Sexo e amor na Bíblia**. São Paulo: Ibrasa, 1967.

CONCLA – Comissão Nacional de Classificação. **Diversidade religiosa em sala de aula – Geraldo Vicente da Silva**. IBGE, Cnae, 2017. Disponível em: <https://cnae.ibge.gov.br/en/estrutura/natjur-estrutura/12-vamos-contar/vamos-contar-blog/10113-diversidade-religiosa-em-sala-de-aula-geraldo-vicente-da-silva.html>. Acesso em: 4 dez. 2020.

CROATO, J. S. **As linguagens da experiência religiosa**: uma introdução à fenomenologia da religião. São Paulo: Paulus, 2010.

DA MATTA, R. **Carnavais, malandros e heróis**: para uma sociologia do dilema brasileiro. 6. ed. Rio de Janeiro: Rocco, 1997.

DE VACA, A. N. C. **Naufrágios e comentários**: memórias. Porto Alegre: L&PM, 2009.

DEL PRIORE. M. (Org.). **A história das mulheres no Brasil**. São Paulo: Contexto, 2007.

DUBY, G. (Org.). **Amor e sexualidade no Ocidente**. Porto Alegre: L&PM, 1992.

DUFAUR, L. "Ideologia de gênero": a experiência monstruosamente fracassada dos gêmeos Reimer. **Instituto Plínio Corrêa de Oliveira**, 3 mar. 2016. Disponível em: <https://ipco.org.br/ideologia-de-genero-a-experiencia-monstruosamente-fracassada-do-gemeos-reimer/#.WAodKPkrLIU>. Acesso em: 4 dez. 2020.

DURKHEIM, E. **Sociologia e filosofia**. São Paulo: M. Claret, 2009.

ELIAS, N. **O processo civilizador**: formação do estado e civilização. Rio de Janeiro: J. Zahar, 1993. v. 2.

ELIAS, N. **O processo civilizador**: uma história dos costumes. Rio de Janeiro: J. Zahar, 1990. v. 1.

ENCICLOPÉDIA COMPACTA ISTOÉ/GUINNESS DE CONHECIMENTOS GERAIS. São Paulo: Três Editorial, 1995.

FLANDRIN, J.-L. **O sexo no Ocidente**. São Paulo: Brasiliense, 1988.

FOLHA DE S.PAULO. **Família brasileira**. Caderno Especial, 7 out. 2007.

FOUCAULT, M. **História da sexualidade**: o cuidado de si. Tradução de Maria T. da Costa Albuquerque. São Paulo: Paz e Terra, 2014.

FOUCAULT, M. **História da sexualidade**: o uso dos prazeres. Rio de Janeiro: Graal, 1984. v. 2.

FRAZER, Sir J. G. **O ramo de ouro**. São Paulo: Círculo do Livro, 1982.

FREUD, S. **A interpretação dos sonhos**. Rio de Janeiro: Imago, 1980a. (Obras Completas, v. IV e V).

FREUD, S. **Luto e melancolia**. Rio de Janeiro: Imago, 1980b. (Obras Completas, v. XIV).

FREUD, S. **O ego e id**. Rio de Janeiro: Imago, 1980c. (Obras Completas, v. XIX).

FREYRE, G. **Casa-grande e senzala**: formação da família brasileira sob o regime da economia patriarcal. 48. ed. São Paulo: Global, 2003.

GALIMBERTI, U. **Rastros do sagrado**. São Paulo: Paulus, 2003.

GIDDENS, A. **A transformação da intimidade**: sexualidade, amor e erotismo nas sociedades modernas. São Paulo: Unesp, 1993.

GOBRY, I. **Vocabulário grego de filosofia**. Tradução de Ivone C. Benedetti. São Paulo: Martins Fontes, 2007.

GOMES, M. P. **Antropologia**. 2. ed. São Paulo: Contexto, 2017.

GONZÁLES FAUS, J. I. **Sexo, verdades e discurso eclesiástico**. São Paulo: Loyola, 1999.

GREGERSEN, E. **Práticas sexuais**: a história da sexualidade humana. São Paulo: Roca, 1983.

HADOT, P. **O que é a filosofia antiga?** 2. ed. São Paulo: Loyola, 2004.

HAMURABI. **Código de Hamurábi**. São Paulo: Rideel, 2006.

HEGEL, G. W. F. **Estética**: a ideia e o ideal. Tradução de Orlando Vitorino. São Paulo: Abril Cultural, 1999. (Coleção Os Pensadores).

HEIDEGGER, M. **A sentença de Anaximandro**. São Paulo: Abril Cultural, 1978. (Coleção Os Pensadores).

HEIDEGGER, M. **Fenomenologia da vida religiosa**. Rio de Janeiro: Vozes, 2010.

HEIDEGGER, M. **Identidade e diferença**. São Paulo: Abril Cultural, 1973a. (Coleção Os Pensadores).

HEIDEGGER, M. **Ontologia**: hermenêutica da faticidade. 2.ed. Petrópolis: Vozes, 2013.

HEIDEGGER, M. **Que é isso – a filosofia?** São Paulo: Abril Cultural, 1973b. (Coleção Os Pensadores).

HEIDEGGER, M. **Sobre a essência da verdade**. São Paulo: Abril Cultural, 1973c. (Coleção Os Pensadores).

HERÁCLITO de Éfeso. **Fragmentos**. São Paulo: Nova Cultural, 1978. (Os Pensadores, Pré-Socráticos).

HERÓDOTO. **Los Nueve Libros de La Historia** – Herodoto de Elicarnaso. Editado por elaleph.com, 2000. Disponível em: <http://www.dominio publico.gov.br/download/texto/bk000437.pdf>. Acesso em: 4 dez. 2020.

HESÍODO. **Teogonia**: a origem dos deuses. São Paulo: Iluminuras, 2007.

HINNELLS, J. **Dicionário das Religiões**. São Paulo: Círculo do Livro, 1984.

HIRSCHMANN, A. O. **As paixões e os interesses**: argumentos políticos para o capitalismo antes de seu triunfo. São Paulo: Paz e Terra, 2000.

HUSSERL, E. **Europa**: crise e renovação. Rio de Janeiro: Forense Universitária, 2014.

IUH – Instituto Humanitas Unisinos. A transição religiosa em ritmo acelerado no Brasil. **Revista IHU**, 2017. Disponível em: <http://www.ihu.unisinos.br/186-noticias/noticias-2017/564083-a-transicao-religiosa-em-ritmo-acelerado-no-brasil>. Acesso em: 4 dez. 2020.

JUNG, C. G. **A natureza da psique**. 5. ed. Tradução de Dom Mateus Ramalho. Petrópolis: Vozes, 2000. v. VIII/2.

JUNG, C. G. **Espiritualidade e transcendência**. Tradução de Nélio Schneider. Petrópolis: Vozes, 2015.

JUNG, C. G. **O segredo da flor de ouro**: um livro da vida chinês. Petrópolis: Vozes, 2001.

JUNG, C. G. **Os arquétipos e o inconsciente coletivo**. 8. ed. Tradução de. Maria Luiza Appy e Dora Mariana R. Ferreira. Petrópolis: Vozes, 2013. V. 9/1.

JUNQUEIRA, S. R. A. Educação e história do ensino religioso. **Pensar a Educação em Revista**, Curitiba, v. 1, n. 2, p. 5-26, jul./set. 2015.

JUNQUEIRA, S. R. A; WAGNER, R. (Org.). **O ensino religioso no Brasil**. 2. ed. Curitiba: Champagnat, 2011.

JURBERG, M. B. Conflitos interpessoais e dinâmica do casal: as relações afetivas e sexuais na perspectiva psicossocial. In: ANDRADE SILVA, M. do C. de; SERAPIÃO, J.; JURBERG, P. (Org.) **Sexologia**: interdisciplinaridade nos modelos clínicos, educacionais e na pesquisa. Rio de Janeiro: Editora Central UGF, 1997.

KAMA SUTRA. **Lições de amor**. São Paulo: Círculo do Livro, S.d.

KARNAL, L. **Pecar e perdoar**: Deus e o homem na história. Rio de Janeiro: Harper Collins, 2017.

KIERKEGAARD, S. **O conceito de angústia**. Petrópolis: Vozes; Bragança Paulista: Ed. da USF, 2013.

KIERKEGAARD, S. **O desespero humano**. São Paulo: M. Claret, 2001.

LAS CASAS, B. **O paraíso destruído**. Porto Alegre: L&PM, 2007.

LÉVI-STRAUSS, C. **A antropologia diante dos problemas do mundo moderno**. São Paulo: Companhia das Letras, 2012.

LÉVI-STRAUSS, C. **Antropologia estrutural**. Tradução de Beatriz Perrone-Moisés. São Paulo: Cosac Naify, 2008.

LÉVI-STRAUSS, C. **Tristes trópicos**. Buenos Aires: Defensa, 1988.

LIMA VAZ, H. C. **Antropologia filosófica**. São Paulo: Loyola, 1998. (Escritos Antropológicos I).

LIMA VAZ, H. C. **Introdução à ética filosófica**. São Paulo: Loyola, 2002a. (Escritos Filosóficos I).

LIMA VAZ, H. C. **Raízes da modernidade**. São Paulo: Loyola, 2002b. (Escritos Filosóficos VII).

MALINOWSKI, B. **A vida sexual dos selvagens a noroeste da Melanésia**: descrição etnográfica do namoro, do casamento e da vida familiar entre os nativos das Ilhas Trobriand (Nova Guiné Britânica). 2. ed. Rio de Janeiro: F. Alves, 1982.

MALINOWSKI, B. **Crime e costume na sociedade selvagem**. Petrópolis: Vozes, 2015.

MALINOWSKI, B. **Sexo e repressão na sociedade selvagem**. Petrópolis: Vozes, 1973.

MARX, K.; ENGELS, F. **Manifesto comunista**. RocketEdition, 1999. Ebook.

MAUSS, M. **Sociologia e antropologia**. São Paulo: Ubu, 2017.

MEAD, M. **Adolescencia, sexo y cultura en Samoa**. Barcelona: Laia, 1975.

MEAD, M. **Sexo e temperamento**. Tradução de Rosa Krausz. São Paulo: Perspectiva, 1979.

MEEKS, W. A. **As origens da moralidade cristã**: os dois primeiros séculos. São Paulo: Paulus, 1997.

MOLINARO, A. **Léxico de metafísica**. São Paulo: Paulus, 2005.

MOLINARO, A. **Metafísica**: curso sistemático. Tradução de João Paixão Netto e Roque Frangioni. São Paulo: Paulus, 2002.

MORA, J. F. **Dicionário de filosofia**. São Paulo: Loyola, 2001. Tomo II (E-J).

MOSSÉ, C. Safo de Lesbos. In: DUBY, G. (Org.). **Amor e sexualidade no Ocidente**. Porto Alegre: L&PM, 1992.

MOTAHARI, A. M. **A ética sexual no Islam e no mundo ocidental**. Elaboração, supervisão e apresentação de Sheikh Taleb Hussein Al-Khazraji; tradução e revisão da Equipe do Centro Islâmico no Brasil. São Paulo: Centro Islâmico no Brasil, 2008. Disponível em: <https://www.mesquitadobras.

org.br/arquivos/file/livros/pdf/IslamLivroXIVEticaSexualnoIslam.pdf>. Acesso em: 4 dez. 2020.

MUNIZ, F. **Prazeres ilimitados.** Rio de Janeiro: Nova Fronteira, 2015.

NIETZSCHE, F. **O nascimento da tragédia.** São Paulo: Companhia das Letras, 2007.

OTTO, R. **O sagrado**: aspectos irracionais na noção do divino e sua relação com o racional. São Leopoldo: Sinodal; Petrópolis: Vozes, 2007.

OVÍDIO. **A arte de amar.** Rio de Janeiro: Ediouro, S.d. (Coleção de Bolso Clássicos de Ouro).

PERETTI, C.; ANDREATA, O. de P. A teologia em Edith Stein: vida no espírito. In: PEREIRA, A. P.; COSTA, E. da (Org.). **Ensaios em perspectiva filosófica e teológica.** Jaraguá do Sul: Mundo Acadêmico, 2019. p. 99-133. v. II.

PERETTI, C. **Edith Stein e as questões de gênero**: perspectiva fenomenológica e teológica. Tese (Doutorado em Teologia) – Escola Superior de Teologia, São Leopoldo, 2009.

PERETTI, C. (Org.). **Filosofia do gênero em face da teologia.** Curitiba: Champagnat, 2011.

PETRÔNIO. **Satiricon.** Rio de Janeiro: Ediouro, S.d. (Coleção de Bolso Clássicos de Ouro).

PLATÃO. **Banquete.** São Paulo: Nova Cultural, 1991.

PLATÃO. **Fédon.** São Paulo: Nova Cultual, 1999. (Coleção Os Pensadores).

PLATÃO. **Mênon.** Rio de Janeiro: Loyola, 2001.

PLATÃO. **Parmênides**: o uno e o múltiplo, as formas inteligíveis. Disponível: <http://www.dominiopublico.gov.br/pesquisa/DetalheObraForm.do?select_action=&co_obra=2286>. Acesso em: 4 dez. 2020.

PLATÃO. **República.** 9. ed. Porto: Fundação Calouste Gulbenkian, 1987.

PLATÃO. **Timeu-Crítias.** Coimbra: Centro de Estudos Clássicos e Humanísticos da Universidade de Coimbra, 2010.

PLUTARCO. **Preceitos conjugais.** São Paulo: Edipro, 2019.

PRABHUPADA, B. S. **A ciência da auto realização.** Tradução de Marcio Lima Pereira Posbo. São Paulo: Bhaktivedanta, 1986.

PRABHUPADA, B. S. **O Bhavagad Gita como ele é**. Tradução de Lucio Valera. São Paulo: Círculo do Livro. Disponível em: <http://www.prabhupada-books.de/translations/gita-portuguese/O_Bhagavad-gita_Como_Ele_E_Bhaktivedanta_Swami_Prabhupada.pdf>. Acesso em: 4 dez. 2020.

RIBEIRO, D. **O povo brasileiro**: formação e o sentido do Brasil. São Paulo: Companhia das Letras, 1995.

RICOEUR, P. Culpa, ética e religião. **Revista Concilium**, Rio de Janeiro, n. 56, 1970/6.

RUBIO, A. G. **Nova evangelização e maturidade afetiva**. São Paulo: Paulinas, 1993.

RUBIN, G. **Políticas do sexo**. Tradução de Jamile Pinheiro Dias. São Paulo: ABU, 2017.

SARTRE, M. A homossexualidade na Grécia Antiga. In: DUBY, G. (Org.). **Amor e sexualidade no Ocidente**. Porto Alegre: L&PM, 1992.

SALISBURY, J. E. **Pais da igreja, virgens independentes**. São Paulo: Página Aberta Scritta, 1995.

SCHERER, B. (Org.). **As grandes religiões**: temas centrais comparados. 3. ed. Petrópolis: Vozes, 2010.

SCOTT, J. W. Gênero: uma categoria útil para a análise histórica. **Revista SOS Corpo**, Recife, 1995.

SELLIN, E.; FOHRER, G. **Introdução ao Antigo Testamento**. 2. ed. São Paulo: Paulinas, 1977. v. 1.

SISSA, G. **O prazer e o mal**: filosofia da droga. Rio de Janeiro: Civilização Brasileira, 1999.

SOARES, A. M. L. **No espírito do Abbá**: fé, revelação e vivências plurais. São Paulo: Paulinas, 2008.

SPALDING, T. O. **Dicionário das mitologias europeias e orientais**. São Paulo: Cultrix, 1973.

STADEN, H. **Hans Staden**: duas viagens ao Brasil. Porto Alegre: L&PM, 2008.

STEIN, E. **A ciência da cruz**: um estudo sobre São João da Cruz. São Paulo: Loyola, 2013.

STEIN, E. **La estructura de la persona humana (1932)**. Madrid: Biblioteca de Autores Cristianos, 2007a.

STEIN, E. **Ser finito y ser eterno**: ensayo de una ascensión al sentido del ser (1936). Vitoria: El Carmen; Madrid: Editorial de Espiritualidad & Burgos, 2007b. (Obras Completas, III).

STIGAR, R. **Família e sexualidade**: uma abordagem teológica. Curitiba: InterSaberes, 2018.

STOWE, H. B. **A cabana do pai Tomás**. 10. ed. São Paulo: Ediouro, 1969.

TANNAHILL, R. **O sexo na história**. Rio de Janeiro: F. Alves, 1983.

VAINFAS, R. **Trópico dos pecados**: moral, sexualidade e inquisição no Brasil. Rio de Janeiro: Nova Fronteira, 1997.

VERNANT, J.-P. **As origens do pensamento grego**. 13. ed. Rio de Janeiro: Difel, 2003.

VEYNE, P. A homossexualidade em Roma. In: DUBY, G. (Org.). **Amor e sexualidade no Ocidente**. Porto Alegre: L&PM, 1992.

VIDAL, M. **Moral de atitudes**: ética da pessoa. São Paulo: Santuário, 1978. v. 2.

WEBER, M. **A ética protestante e o espírito do capitalismo**. São Paulo: M. Claret, 2002.

BIBLIOGRAFIA COMENTADA

AGOSTINHO, Santo. **Dos bens do matrimônio; A santa virgindade; Dos bens da viuvez.** São Paulo: Paulus, 2000. (Coleção Patrística, v. 16).
Obra muito importante por ser um conjunto de ensaios do primeiro grande filósofo e teólogo cristão que possivelmente apresenta a primeira teoria geral da sexualidade no Ocidente cristão.

BENETTI, S. **Sexualidade e erotismo na Bíblia.** São Paulo: Paulinas, 1998.
Há ainda muito poucos materiais publicados sobre o tema da sexualidade na Bíblia ou em debate com a teologia, principalmente com uma mentalidade aberta como o texto desse teólogo e psicanalista católico.

BÍBLIA DE JERUSALÉM. São Paulo: Paulinas, 1980.
A edição mais técnica de comentários e análises literárias, históricas, culturais e teológicas de Bíblia editada no Brasil, ótima para leituras críticas de textos difíceis, mas essenciais para análise da temática abordada neste capítulo, especialmente sobre a erótica bíblica e a doutrina paulina do prazer na conjugalidade do casal cristão.

BROWN, P. **Corpo e sociedade:** o homem, a mulher e a renúncia sexual no início do cristianismo. Rio de Janeiro: J. Zahar, 1990.
Por ser um grande historiador de Santo Agostinho e da questão da sexualidade no Ocidente, especialmente na construção dogmática cristã negativa ao prazer, vale ler a obra desse autor.

BUTLER, J. **Problemas de gênero**: feminismo e subversão da identidade. 9. ed. Rio de Janeiro: Civilização Brasileira, 2015.
Este livro é o mais importante e polêmico sobre a questão do gênero e mostra a principal fundamentação filosófica do tema em debate na atualidade.

CROATO, J. S. **As linguagens da experiência religiosa**: uma introdução à fenomenologia da religião. São Paulo: Paulus, 2010.
É um texto amplo sobre todos os aspectos do fenômeno religioso, que permite uma análise científica da religião como fato social.

DURKHEIM, E. **Sociologia e filosofia**. São Paulo: M. Claret, 2009.
Apesar de ser um texto relativamente pequeno, fruto de uma conferência, é fundamental para uma análise sociológica da questão da moralidade.

ELIAS, N. **O processo civilizador**: uma história dos costumes. Rio de Janeiro: J. Zahar, 1990. v. 1.
Esta obra é fundamental para compreender os conceitos de cultura e civilização e sua perspectiva como processo configurador dos indivíduos em sociedade, com base no modelo europeu. Recomendamos uma leitura especialmente sobre o desenvolvimento social da sexualidade nos Capítulos VIII e IX, p. 169-188.

GONZÁLES FAUS, J. I. **Sexo, verdades e discurso eclesiástico**. São Paulo: Loyola, 1999.
Por conter uma exposição ética de equilíbrio, esta pequena obra é de grande importância, especialmente na ausência de abordagens éticas teológicas integradoras do prazer sexual.

HEIDEGGER, M. **Ontologia**: hermenêutica da faticidade. 2. ed. Petrópolis: Vozes, 2013.

Este ensaio, um dos primeiros do pensador, coloca os fundamentos da nova ontologia contemporânea, cuja utilização é apropriada para uma hermenêutica de si, feita pelo próprio sujeito, e para as ciências.

LAS CASAS, B. **O paraíso destruído**. Porto Alegre: L&PM, 2007.

Este texto é fundamental para a compreensão da realidade por detrás dos fatos e das narrativas históricas tradicionais à implantação religiosa nas Américas, tendo em vista ser um documento de uma testemunha ocular dos fatos.

LÉVI-STRAUSS, C. **A antropologia diante dos problemas do mundo moderno**. São Paulo: Companhia das Letras, 2012.

Este ensaio é talvez a última obra do grande antropólogo. Apesar de relativamente pequeno, é um texto leve e muito atual para apresentar a temática sob a visão da antropologia.

MALINOWSKI, B. **A vida sexual dos selvagens a noroeste da Melanésia**: descrição etnográfica do namoro, do casamento e da vida familiar entre os nativos das Ilhas Trobriand (Nova Guiné Britânica). 2. ed. Rio de Janeiro: F. Alves, 1982.

Apesar de antigo, este livro tem relevância não só por ser um clássico da Antropologia, mas principalmente por ainda ser o primeiro e quase único que se destina ao tema com metodologia realmente científica, dando melhores condições de análise da questão da sexualidade em contraponto à filosofia especulativa e à teologia dogmática.

MAUSS, M. **Sociologia e antropologia**. São Paulo: Ubu, 2017.

Este outro clássico é leitura obrigatória para adentrar nos fundamentos da antropologia e sociologia quanto às questões dos costumes religiosos nas culturas nativas, não só pela importância que Mauss tem para essas ciências, mas pela credibilidade de suas pesquisas, principalmente sobre a ideia de trocas entre os povos.

MOTAHARI, A. S. M. **A ética sexual no Islam e no mundo Ocidental**. São Paulo: Centro Islâmico no Brasil, 2008.
Este livro é muito importante não só pela autoridade do autor, mas porque atualiza as discussões da sexualidade no âmbito atual do islamismo.

OTTO, R. **O sagrado**: aspectos irracionais na noção do divino e sua relação com o racional. São Leopoldo: Sinodal; Petrópolis: Vozes, 2007.
Trata-se de um clássico do século XX, obrigatório para quem quer compreender o sagrado em seus aspectos subjetivos, vivenciais e religiosos.

PERETTI, C. (Org.). **Filosofia do gênero em face da teologia**. Curitiba: Champagnat, 2011.
Por ser uma reunião de estudos e ensaios atuais sobre as discussões de gênero e sexualidade no âmbito da teologia e da filosofia, traz a contribuição de atualizar o debate sobre a temática.

PLUTARCO. **Preceitos conjugais**. São Paulo: Edipro, 2019.
Veja como a descoberta arqueológica pode ser útil para a localização histórica da necessidade da normatividade civil às relações conjugais e para uma discussão da atualização desse aspecto da segurança da alteridade tão desusado na atualidade.

RUBIO, A. G. **Nova evangelização e maturidade afetiva**. São Paulo: Paulinas, 1993.

Esta obra traz uma visão integradora da afetividade e da sexualidade no âmbito da evangelização e da pastoral apropriada à realidade atual.

STADEN, H. **Hans Staden**: duas viagens ao Brasil. Porto Alegre: L&PM, 2008.

O vigor fáctico deste texto e sua expressão positiva da fé podem ajudar a entender a questão da verdade humana em relação à justiça divina e a fazer refletir até que ponto o engodo para livrar a própria pele é tolerada por Deus.

VAINFAS, R. **Trópico dos pecados**: moral, sexualidade e inquisição no Brasil. Rio de Janeiro: Nova Fronteira, 1997.

Este texto é uma história bem documentada da realidade social dos primórdios da formação da sociedade brasileira.

RESPOSTAS

Capítulo 1

ATIVIDADES DE AUTOAVALIAÇÃO
1. c
2. d
3. b
4. c
5. a

ATIVIDADES DE APRENDIZAGEM

Questões para reflexão
1. Reflexão livre sobre a compreensão do sentido da vida pela interpretação dos próprios fatos da existência.
2. Autorreflexão sobre a implicação dos fatos vividos com a consciência de identidade própria de gênero.

Capítulo 2

ATIVIDADES DE AUTOAVALIAÇÃO
1. d
2. b
3. b
4. c
5. a

Atividades de aprendizagem

Questões para reflexão

1. Reflexão sobre os aspectos positivos e negativos a respeito das questões de gênero e sexualidade no âmbito bíblico, conforme os dados do texto.
2. Reflexão e relação entre as implicações das descobertas etnológicas da antropologia na compreensão da sexualidade no âmbito bíblico.

Capítulo 3

Atividades de autoavaliação

1. c
2. b
3. a
4. a
5. d

Atividades de aprendizagem

Questões para reflexão

1. Análise, de forma pessoal e livre, do lugar e do valor do prazer dado por Paulo no texto bíblico de 1 Coríntios 7.
2. Relação, conforme o texto, entre as posições sobre a homossexualidade no âmbito das religiões orientais e ocidentais, conforme as referências do texto.

Capítulo 4

ATIVIDADES DE AUTOAVALIAÇÃO
1. d
2. b
3. a
4. a
5. d

ATIVIDADES DE APRENDIZAGEM

Questões para reflexão
1. Reflexão pessoal sobre a questão do transgênero na teologia cristã.
2. Análise pessoal do sentido da metáfora simbólica dos "eunucos do reino", em Mateus 19,12.

Atividade aplicada: prática
1. Avaliação pessoal das características da ética da conjugalidade proposta por Paulo em 1 Coríntios 7.

SOBRE O AUTOR

Ocir de Paula Andreata é pós-doutorando e doutor em Teologia pelo Programa de Pós-Graduação da Pontifícia Universidade Católica do Paraná – PUCPR (2019). É mestre em Filosofia (Ética) pela Universidade Gama Filho – UGF (2006) e especialista em sexualidade humana pela Universidade Tuiuti do Paraná – UTP (2002) e em ciências cognitivas pela Unidade dos Centros de Ensino Superior do Paraná – Unicesp (2003). Tem graduação em: Psicologia pela Universidade Tuiuti do Paraná – UTP (1999), tendo feito residência em Psicologia Clínica, Escolar e Organizacional; em Teologia, pela Faculdade Evangélica do Paraná – FEPAR (2007), com integralização da graduação em Teologia pela Faculdade Teológica Batista do Paraná – FTBP (1993), com ênfase em Exegese e Hermenêutica. É também graduado em Administração pela Escola de Especialistas de Aeronáutica – EEAR (1982), com especialização em Administração de Patrimônio, pelo Instituto de Logística da Aeronáutica – ILA (1988). Trabalha como psicólogo clínico pela abordagem analítica desde 1999, tendo sido coordenador e professor da pós-graduação em Psicoteologia e Bioética, na Fepar-PR, de 2009-2012, e da pós-graduação em Educação Sexual, na Fepar-PR, de 2014-2015. Foi professor de diversas disciplinas de Psicologia, Filosofia e Teologia, na Fepar-PR, de 2005-2015; de Filosofia e Teologia, na Fabapar-PR, de 2012-2014; de Exegese e hermenêutica no Curso de Teologia EAD no Centro Universitário Internacional Uninter, desde 2014. Exerce atividade voluntária de Saúde e Educação na Primeira Igreja Batista de Curitiba – PIBCuritiba, desde 2007, tendo atuado na criação da

Associação Educacional das Assembleias de Deus em Curitiba – AEADC e na implantação e execução da Faculdade Teológica da Assembleia de Deus em Curitiba – FATADC (1990-2003), atual Faculdade Cristã de Curitiba – FCC. Implantou e coordenou o Projeto da Faculdade Aberta à Terceira Idade – Fati (2006-2013), como Extensão na Fepar-PR. Atualmente, é coordenador do curso de pós-graduação em Sexualidade Humana: Educação e Clínica, desde 2016, na Universidade Positivo, professor de Psicologia na Faculdade Uniandrade, pesquisador do grupo de estudos Contribuições Teológico-Filosóficas para a Interpretação do Fenômeno Religioso, na PUCPR, sob coordenação da Dra. Clélia Peretti.

Os papéis utilizados neste livro, certificados por instituições ambientais competentes, são recicláveis, provenientes de fontes renováveis e, portanto, um meio **respon**sável e natural de informação e conhecimento.

FSC
www.fsc.org
MISTO
Papel produzido a partir de fontes responsáveis
FSC® C103535

Impressão: Reproset
Janeiro/2023